"이야기는 우리를 파괴하고 상처 입히며 가난하게 만들 수도 있고, 우리를 해방시키고 구원하며 능력을 줄 수도 있다. 《위대한 이야기》는 이야기가 가진 이러한 힘에 주목했다는 점에서 특별히 훌륭하다. 영성 형성을 가르치는 교사들도 이따금 이야기의 능력을 인정했지만, 그중 누구도 제임스 B. 스미스만큼 이야기의 중요성을 강조한 적이 없다. 《위대한 이야기》를 통해, 개인이나 소그룹, 혹은 교회 공동체가 영성 형성의 깊은 은혜 속으로 큰 걸음을 내디딜 수 있을 것이라고 생각한다."

—**스캇 맥나이트**, 노던 신학교 신약학 석좌교수

"제임스 브라이언 스미스는 '우리는 이야기를 만드는 사람들'이라고 말한다. 하지만 우리가 말하고 살아가는 이야기가 너무 작다면? 복음의 이야기가 여태껏 우리가 생각한 것보다도 훨씬 더 진실하고 선하며 아름다운 이야기라면? 스미스는 노련한 목회자만이 보여 줄 수 있는 현실감각과 열정, 신학적 통찰력과 사랑을 견지한 채 이러한 질문을 하고 답한다. 이 책에서 계속하여 강조하듯, 예수님의 이야기는 단순히 죽음의 순간을 대비하는 이야기가 아니다. 그것은 우리가 숨 쉬고 살아가는 모든 삶의 순간을 위한 이야기다."

—**젠 폴록 미셸**, 《무엇을 원해야 할지 가르치소서 Teach Us to Want》와 《집의 의미 Keeping Place》의 저자

"우리는 복음을 좋은 소식으로 선포한다. 그런데 때로 복음이 그저 잠재적으로 좋을 수 있거나 원칙적으로 좋은 소식, 아니면 '언젠가는' 좋은 소식인 것처럼 받아들인다. 마치 생명보험처럼 말이다. 이 책은 좋은 소식의 선함과 아름다움과 진실함을 바로 여기서, 바로 지금 보고 느낄 수 있도록 도와준다. 하나님의 백성을 위해 준비된 하나님 나라의 환영 선물과도 같지 않은가! 이렇게 힘과 용기를 주는 복음의 비전을 볼 때 감사가 넘친다."
―**앨런 패들링**, 느긋한 삶Unhurried Living의 설립자 및 대표, 《느긋한 삶An Unhurried Leader》의 저자

"만약 '아름다움이 세상을 구원할 것'이라는 도스토옙스키의 말이 옳다면, 제임스 브라이언 스미스는 이 말이 어떤 의미이며 하나님 이야기에서 어떻게 아름다움이 드러나는지를 예리하고 세련되게 설명했다. 그럼에도 그는 이 세상의 분열의 골을 가볍게 여기지 않는다. 오히려 하나님의 아름다움과 거기에 드러난 하나님의 구원을 보고 아는 것은, 바로 이 깊은 아픔에 정면으로 도전하는 것이라는 점을 보여 준다."
―**고든 T. 스미스**, 앰브로스 대학교 총장, 《온전한 성화: 영적 성숙의 길》의 저자

"엔터테인먼트에 대한 이 시대의 집착은 사실 우리가 아름다움에 목마르다는 사실을 보여 주는 증거라고 믿는다. 우리는 정말로 굉장한 아름다움을 갈망한다. 제임스 스미스는 선함과 진실함이 가득한 아름다움에 몸을 푹 담그고, 거기서 풍성한 삶을 누릴 수 있도록 우리를 이끈다."

—**잰 존슨**, 《성경 속에서 하나님 만나기Meeting God in Scripture》와 《풍성함을 누리는 단순한 삶 Abundant Simplicity》의 저자

"제임스 브라이언 스미스는 내가 아는 한 본질적인 영적 통찰력과 열매 맺는 영적 실천을 조화시키는 최고의 작가다. 이 책에서 그는 매우 독특한 이야기를 들려준다. 그가 제시하는 영적 실천은 움츠러든 삶의 이야기를 내던지고, 하나님의 참되고 아름답고 선한 이야기에 우리의 삶을 맞추어 갈 수 있도록 인도한다. 나아가서 하나님이 의도하신 모습의 인간이 되도록 도와준다."

—**토드 헌터**, 타인을 위한 교회Churches for the Sake of Others 교구의 성공회 주교

"당신은 어떤 이야기 안에서 살아가고 있다고 믿는가? 이보다 더 중요한 질문은 없다. 이 질문이 쉽게 간과되는 것은 인류의 비극이다. 가장 깊은 갈망을 직면했을 때 우리는 고뇌하게 된다. 그 이유는 우리 삶의 바탕을 이루고 있다고 (의식적으로든 아니든) 믿는 이야기가 사실 선함과 아름다움과 진실함과는 반대되는 이야기인 탓이다. 그러나 하나님의 은혜로, 제임스 B. 스미스는 이 책을 통해 참되고 장대한 이야기의 휘장을 걷어 내고 그 안에서 우리 자신을 발견하도록 도와준다. 지금 바로 이 순간, 우리 삶의 이야기는 이 책이 필요하다. 선함과 아름다움과 진실함에 목마른가? 그리고 무엇보다 당신의 이야기에서 선함과 아름다움과 진실함을 발견하지 못했는가? 그렇다고 해도 좌절하지 말라. 당신의 삶이 기다려 왔던 대서사시가 이 책에서 펼쳐질 것이다."

—**커트 톰슨**, 《영혼의 해부학*Anatomy of the Soul*》과 《수치심*The Soul of Shame*》의 저자

"제임스 B. 스미스는 이 책을 통해서, 두려움을 바탕으로 한 판에 박힌 이야기가 아니라 그리스도의 놀라운 아름다움을 만나도록 우리를 초대한다. 스미스가 제시하는 '영혼의 훈련'을 통해서 우리의 삶은 아름다움과 선함과 진실함으로 빚어져 갈 것이다. 굉장히 반갑고 유익한 책이다!"

—**브라이언 잔드**, 미주리주 세인트조지프 생명의말씀 교회Word of Life Church 목사, 《아름다움이 세상을 구원한다*Beauty Will Save the World*》의 저자

위대한 이야기

The Magnificent Story
by James Bryan Smith

Originally published by InterVarsity Press as *The Magnificent Story* (AR) by James
Bryan Smith.
ⓒ 2017 by James Bryan Smith. Translated and printed by permission of
InterVarsity Press, P.O. Box 1400, Downers Grove, IL 60515, USA. www.ivpress.
com. License arranged through rMaeng2, Seoul, Republic of Korea.

아름다움
선함
진리에 대한 메타 내러티브

위대한 이야기

제임스 B. 스미스
이대근 옮김

비아토르

하나님의 위대한 이야기 속에서
살아가는 삶을 너무나 사랑하는 딸,
내게 그런 삶에 대한 통찰을 주는 호프에게
이 책을 바친다.

소그룹, 교회학교, 집이나 카페에서 모이는 소모임 같은 공동체 모임에서 이 책을 읽기를 권한다. 다른 사람들과 함께 읽으면 효과가 배가될 것이다. 혼자 읽을 때는 다음 중 처음의 네 가지 제안만 참고하면 된다. 어떻게 이 책을 활용하든, 하나님이 당신 안에 능히 선한 일을 이루시리라 확신한다.

1. **준비:** 공책이나 일기장을 준비하라. 본문 사이사이의 글 상자에 나온 질문들에 대한 답을 이 공책에 기록하라. 그리고 각 장의 끝머리에 있는 영혼의 훈련을 하면서 드는 생각과 느낌도 기록하라.
2. **읽기:** 한 장 한 장 찬찬히 읽으라. 급하게 읽거나 모임 전에 몰아서 읽지 않도록 하라. 내용을 소화하고 적용할 시간을 가지려면 주초에 미리 읽기 시작하는 것이 좋다.
3. **적용:** 그 주의 '영혼의 훈련'을 마쳐라. 그 장의 내용과 관

위대한
이야기

련된 훈련을 함으로써 배우고 있는 개념과 이야기를 더 깊이 이해하게 될 것이다. 영혼의 훈련은 회복하는 시간이 되기도 한다. 하나님께로 인도해 주기 때문이다. 이 책에서 소개하는 영혼의 훈련은 여러 날에 걸쳐서 할 때 가장 효과적이다.

4. **묵상**: 공책에 생각과 감상을 적으며 자신을 돌아보는 시간을 가져라. 평소에 일기를 쓰지 않더라도, 질문에 대한 답과 묵상 내용을 계속 기록하고 쌓아 나갈 방법을 마련하기 바란다.

5. **나눔**: 듣고 나눌 준비가 된 사람들과 모임을 만들어라. 모두가 미리 시간을 내서 질문에 답해 온다면 훨씬 더 풍성하고 유익한 모임이 될 것이다. 나눔의 규칙을 기억하기 바란다. 말하기보다 두 배로 들으려 애써라. 하지만 듣기만 해서는 안 된다. 자신의 이야기를 들려줘라! 다른 사람들은 당신의 생각과 경험을 통해 배울 것이다.

6. **격려**: 모임 시간 외에 따로 시간을 내서 교제를 나눠라. 정해진 모임 사이에 문명의 이기를 잘 활용해 서로의 소식을 나누기 바란다. 메신저에 단체 대화방을 만드는 것도 좋은 방법이다. 한 사람이 생각이나 질문을 대화방에 올리면 모두가 함께 대화할 수 있다. 혹은 매주 일부러 한 명 이상의 사람에게 격려의 말을 담은 메시지를 보내는 것도 좋은 방법이다.

일러두기

• 본문에 인용한 성경은 대한성서공회에서 펴낸 새번역판을 따랐습니다. 개역개정
판을 인용한 경우에는 따로 표기하였습니다.

• 저자의 주는 아라비아 숫자로 표기해 책의 맨 뒤에 설명을 달았고 옮긴이의 주는
해당 페이지에 *로 표시해 아랫부분에 설명을 붙였습니다.

제1장

위대한 이야기를 갈망하다

기독교의 이야기는 어떤 삶을 만들어 내는가? 대단히 중요한 질문이다. 이 질문에
대한 답이 우리 영성의 모습을 결정하기 때문이다.

—사이먼 챈

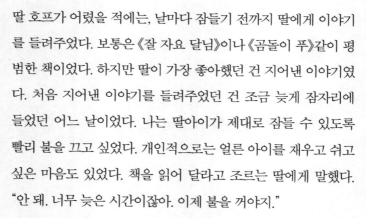

딸 호프가 어렸을 적에는, 날마다 잠들기 전까지 딸에게 이야기
를 들려주었다. 보통은 《잘 자요 달님》이나 《곰돌이 푸》같이 평
범한 책이었다. 하지만 딸이 가장 좋아했던 건 지어낸 이야기였
다. 처음 지어낸 이야기를 들려주었던 건 조금 늦게 잠자리에
들었던 어느 날이었다. 나는 딸아이가 제대로 잠들 수 있도록
빨리 불을 끄고 싶었다. 개인적으로는 얼른 아이를 재우고 쉬고
싶은 마음도 있었다. 책을 읽어 달라고 조르는 딸에게 말했다.
"안 돼. 너무 늦은 시간이잖아. 이제 불을 꺼야지."

아이는 "아빠, 그래도 이야기를 듣고 싶어요"라고 애원했다.

"좋아, 그럼 이야기 하나만 들려줄게." 이렇게 말한 뒤, 이야
기를 생각해 냈다. 그리고 **호프가 주인공으로 등장하는** 이야기
를 들려주었다.

"옛날 옛적에, 어떤 거인이 하늘 위에 있는 콩나무에서 혼자

위대한
이야기

살고 있었어요. 그 거인은 황금알을 낳는 거위를 가지고 있었어요. 어느 날, 호프라는 소녀가…." 딸은 숨을 죽였다. 자기 이름이 등장하리라고는 예상치 못했을 것이다. 아이를 쳐다봤다. 아이도 나를 바라보며 방긋 웃었다. 이야기를 끝까지 들려주고는 "행복하게 오래오래 살았답니다"로 마무리했다. 이제 그만 기도하고 잘 시간이었지만, 호프는 아직 성에 차지 않는 눈치였다. 오히려 생기가 넘쳐 보였다. 얼른 재우려고 꼼수를 부리려다 역효과가 난 것이다.

"한 번 더요, 아빠. 한 번 더 들려주세요."

몇 년이 지나 십 대가 되었을 때, 호프는 자기가 등장하는 이야기를 가장 좋아했다고 말했다. 그 까닭을 생각해 보았다. 그건 딸아이가 이야기를 듣기만 하는 구경꾼 노릇에 그치지 않고 **직접 이야기 속에 등장했기** 때문이 아닐까 싶었다. 우리가 어떤 존재로 지음받았는지 이해하는 데 이 사실은 중요한 실마리가 된다. 우리는 이야기를 단지 즐기는 데서 그치지 않고 그 속에 참여하도록 지음받았다. 우리는 각자의 삶과 이야기를 가지고 또 다른 이야기 안으로 들어가기를 진정으로 갈망한다. 하지만 우리는 침대맡에서 듣는 이야기 이상을 원한다. 우리는 더 큰 무언가를 위해 지음받았다.

당신의 이야기를 들려주세요

◆

"당신의 이야기를 들려주겠어요?"

누군가를 알아갈 때 흔히 던지는 질문이다. 사람들은 "어디 출신이신가요? 결혼하셨나요? 어떤 일을 하십니까?"와 같은 질문을 한다. 이런 정보를 모으면 상대방의 이야기를 알 수 있다. 그러나 나는 다른 의도를 가지고 이 질문을 던진다. 누군가의 이야기를 물을 때, 그들이 어떤 이야기를 따라 사는지 알고 싶다. 어떤 이야기가 그들의 삶을 형성하고 있을까?

우리는 이야기를 만드는 사람들이다. 누구나 '옛날 옛적에…'로 시작하는 이야기를 좋아한다. 이야기는 세상을 이해하는 데 도움을 준다. 인생에서 중요한 질문은 가령 이런 것이다. 하나님은 어떤 분이신가? 나는 누구인가? 인생의 의미는 무엇인가? 어디에 의지할 수 있는가? 선한 삶이란 무얼 가리키는가? 가장 깊은 필요는 무엇인가? 이런 질문에 대한 답을 모으면 하나의 '**메타 내러티브**metanarrative'가 된다. 메타 내러티브는 인생의 중요한 질문에 답할 수 있는 큰 이야기를 일컫는다. 이 이야기는 좀 더 높은 차원에서 작동하며, 받아들이는 순간 무의식의 일부가 된다. 인간은 무의식 속에 있던 메타 내러티브가 위협받을 때 비로소 그 존재를 알아차린다.

이야기는 은연중에 우리 삶을 지배한다. 가족 때문에 자신이 부족한 사람이라고 믿게 되었다고 상상해 보자. 가족들은 여러

위대한
이야기

가지 방법으로 그런 메시지를 전달했을 것이다. 보통 말보다는 실망한 눈빛이나 귀 기울여 듣지 않는 태도 같은 표현으로 그런 부정적인 느낌을 전달한다. 스스로가 부족한 사람이라는 이야기는 자신의 정체성을 결정하는 내러티브가 될 것이며, 이후 오랜 세월 동안 결정과 행동과 감정을 만들어 갈 것이다. 그 내러티브가 진실인지 아닌지는 별로 중요하지 않다. 다만 그것을 진실이라고 믿는지가 중요하다.

지금까지 하나님에 대해 어떤 이야기를 들었는가? 복음에 대해서, 기독교적인 삶에 대해서, 예수님에 대해서, 십자가에 대해서, 자신이 어떤 존재인지에 대해서, 그리고 천국에 대해서는 어떤 이야기를 들었는가? 이런 물음에 대한 답은 하나의 이야기를 이룬다. 그리고 그 이야기가 인생의 방향을 결정할 것이다. 만약 이런 질문에 대한 답을 적어서 보내 주면, 나는 굳이 **만나지 않고도** 그 인생이 어떻게 흘러갈지 가늠할 수 있다.

그 답은 신뢰하고, 사랑하고, 소망하는 능력을 드러낸다. 그 이야기를 통해 용기를 엿볼 수 있으며, 심지어는 얼마나 즐거운 삶을 살고 있는지도 알 수 있다. 우리가 추구하는 이야기는 삶을 지배하기 때문이다. 인생은 그 이야기에 좌우된다.

이게 사실이라면, 우리가 해야 할 일은 올바른 이야기를 따라 사는 것이다. 삶을 내맡길 만한 가치가 있는 이야기는 몇 개의 간단한 시험을 통과해야 한다. 그 이야기는 아름다운가? 선한가? 그리고 진실한가? 이 테스트를 통과한 이야기가 **위대한**

이야기다. 우리는 위대한 이야기를 따라 살도록 지음받았다. 그보다 못한 이야기에 삶을 내맡길 필요는 없다.

아름다움, 선함, 진실함이 가지는 찬양의 힘

◆

'**위대한**magnificent'이라는 단어는 아름답고 선하고 진실한 것을 의미한다. 영어에서 이 단어는 '찬양하다' '확대하다' '개량하다'라는 뜻을 갖는 magnify라는 단어에서 유래했다. 위대한 것은 찬양의 힘을 지닌다. 그 예를 그 유명한 〈마리아 송가Magnificat〉에서 확인할 수 있다. 마리아는 친척인 엘리사벳에게 "내 영혼이 주를 찬양하며"(눅 1:46)라고 말한다. 방금 그녀는 자신이 세상을 구원할 분을 잉태하게 될 것이라는 놀라운 소식을 들었다. 이 좋은 소식을 들은 마리아는 영혼의 가장 깊은 곳에서부터 하나님을 찬양했다. 천사가 기쁜 소식을 전하고 마리아가 찬양하는 이 장면은 아름다움과 선함, 그리고 진실함이 드러나는 한 예다.

이 이야기를 현대 언어로 바꾸어 말하면 이렇다. "잘 들으십시오. 하나님은 인간이 되실 것입니다. 하나님은 믿음이 깊고 사랑스러운 한 여인을 선택하셔서, 이 아이를 잉태하고, 낳고, 기르도록 하셨습니다. 이 아이는 온전히 하나님인 동시에 온전한 인간입니다. 놀랍지 않습니까? 그리고 그녀는 기꺼이 자기에게 그 일이 일어나도록 할 것입니다. 힘든 시간을 보낼 테지만, 후

위대한
이야기

대의 모든 이들이 그녀를 하나님의 복을 받은 자로 여길 것입니다. 하나님은 우리 마을에 오셔서 우리를 구원하시기 위해 우리 가운데에 그분의 장막을 치실 것입니다." 예수님이 오신 이야기, 즉 성탄의 이야기는 아름답고 선하고 진실한 이야기다.

아름다움과 선함과 진실함은 어디서 오는가? 아름다움과 선함과 진실함은 세 가지 **초월적인 요소**transcendentals로 불린다. 물리적인 영역을 초월하기 때문이다. 이 요소는 실재하며, 어쩌면 물리적인 세계보다도 더 분명하게 실재한다. 또한, 굳건하고 견고하며 강력하기 때문에 쉽게 변하지 않는다. 아름다움과 선함과 진실함, 즉 진·선·미를 한데 묶어 다루기 시작한 사람은 그리스의 철학자 플라톤이었다. 영혼을 정화하는 일에 관심이 있었던 플라톤은 세 가지의 초월적인 요소가 영혼을 고결하게 할 것이라고 믿었다. 앞으로 이 책에서 '초월'이라는 단어를 많이 만나게 될 것이다.

아름다움

◆

토마스 아퀴나스는 아름다움을 "보았을 때 즐거운 것"이라고 정의했다. 아름다움은 여러 가지 요소로 이루어지는데, 이 요소들이 적절하게 조화될 때 기쁨과 즐거움을 느낄 수 있다. 내가 가르치는 대학교 캠퍼스에는 장미 덤불이 있다. 장미꽃이 피면 다들 그렇듯이, 나 역시 멈춰 서서 장미꽃의 향기를 음미한다.

아름다움은 어디서 올까? 4세기경 살았던 히포의 아우구스티누스나 13세기경 살았던 아퀴나스와 같은 신학자들은 명료성, 비례성, 총체성, 조화성 등 아름다움의 구성 요소에 대한 글을 남겼다. 대부분의 사람은 장미를 보고 아름답다고 느낀다. 눈에 비치는 건 장미의 빛깔과 모양과 질감이지만, 이런 요소들이 결합하여 장미를 아름답게 만들어 낸다.

장미꽃을 알고 사랑하기 위해서 아름다움의 속성을 이해할 필요는 없다. 어떤 고급 승용차 광고에 이런 카피가 있었다. "성능은 당신을 움직이게 하고, 아름다움은 당신을 길 위에 멈춰 세운다." 비록 광고 카피 문구지만, 여기에는 중요한 진리가 담겨 있다. 아름다움은 매우 강력하다. 아름다움은 실제로 사람을 길 위에 멈춰 세운다. 그랜드캐니언을 본 사람들은 순간 말을 잃는다. 자동차나 집, 꽃, 석양 등의 아름다움을 볼 때, 사람들은 의식하든 의식하지 못하든 영향을 받는다. 그러나 어떤 아름다움은 더 고차원적이고 깊이가 있으며 발견하기 어렵다. 심지어 아예 보이지 않는 것 속에 숨어 있기도 한다.

음악, 건축, 시, 도예, 사진, 요리와 플레이팅, 프레젠테이션, 미술, 목공예, 인테리어 디자인 등은 모두 미적인 감각으로 평가된다. 나는 주택을 리모델링하는 텔레비전 프로그램을 즐겨 본다. 프로그램의 말미에서 리모델링을 마친 집이 공개되는데, 사람들은 항상 똑같이 감탄한다. "우와, 너무 아름다워요!" 언젠가 아름답다는 말이 몇 번이나 나오는지 세 보았는데, 2분 동안 열한 번이나 사용되었다.

아내 메건과 클래식 음악회에 가기 위해 런던의 세인트 마틴 인 더 필즈 교회에 간 적이 있다. 교회에 들어가서 자리에 앉았을 때, 동쪽으로 난 창에 눈길이 갔다. 그 창은 무색의 스테인드글라스로, 투명한 유리를 식각하여 무늬를 낸 창이었다. 중앙에는 살짝 기울어진 타원 모양이 있었는데, 십자가에 달리신 예수님의 기울어진 머리를 현대적으로 형상화한 것이었다. 그 작품은 현대에 제작된 가장 중요한 종교 예술 작품 중 하나로 알려졌다. 해가 떨어지자 촛불로 밝힌 고요한 교회당 안에 다섯 명의 연주자들이 입장했다.

● 당신을 '멈춰 세우는' 것은 어떤 종류의 아름다움인가? 어떤 부분이 가장 좋은가?

그들은 모차르트의 〈디베르티멘토 D장조〉, 파헬벨의 〈캐논 D장조〉, 바흐의 〈예수, 나의 기쁨〉, 그리고 비발디의 〈사계〉 네 악장을 차례로 연주했다. 우리는 황홀감 속에서 그 연주를 들었다. 연주가 끝나고 아내와 나는 서로를 쳐다보았는데, 둘 다 울고 있었다. 왜였을까? 슬픈 건 아니었다. 오히려 그 반대였다. 아름다움에 감동했기 때문이다. 교회의 아름다움, 스테인드글라스의 아름다움, 그리고 정교하게 배치된 현악기의 음률은 마치 천상에 있는 듯한 시간을 선사했다. 아름다움을 만날 때 우리는 이렇게 반응한다. "우와!"

선함

◆

달라스 윌라드는 이렇게 말했다. "아름다움은 오감을 통해 느낄 수 있도록 드러난 선함이다."[1] 그렇다면 선함은 무엇인가? 선함은 다른 것을 이롭게 하고 더 낫게 만드는 것이다. 아퀴나스가 아름다움을 보았을 때 즐거운 것이라고 했다면, 선함은 경험했을 때 유익한 것이라고 할 수 있다. 선한 것은 더 나은 사람으로 만들고 치유하며 회복시키고 발전시키며 강하게 한다. 또한 옳지 못한 것을 올바르게 만든다. 우리 안에 깨어진 부분이 없다면 인간은 근본적으로 선에 이끌리고 악을 멀리하도록 만들어졌다.

나는 사람들의 선행에 관한 미담을 듣는 것을 좋아한다. 내 친구 셰인은 친구들과 함께 낙후된 마을의 버려진 땅을 멋진 공원으로 탈바꿈시켰다. 그 땅은 필라델피아시의 소유였기 때문에 시 관계자들은 그들을 막으려고 했다. 하지만 셰인과 친구들은 밀고 나갔다. 공원이 완성되자, 마을 사람들은 그 공원에 찾아와 즐거운 시간을 보냈다. 셰인과 친구들의 행동은 아름다울 뿐만 아니라 선한 행동이었다. 마을 사람들은 공원으로 모여들었고, 완전히 변모한 공원을 본 시 관계자들은 결국 그곳을

위대한
이야기

철거하려던 마음을 바꿨다.

사람의 선함은 한 가지 특징을 가진다. 바로 사랑이다. 사랑한다는 것은 다른 사람의 선을 바라는 것이다. 고린도전서 13장 4-8절 말씀은 사랑에 대한 최고의 해설을 제공한다. "사랑은 오래 참고 친절하며 질투하지 않고 자랑하지 않으며 잘난 체하지 않습니다. 사랑은 버릇없이 행동하지 않고 이기적이거나 성내지 않으며 악한 것을 생각하지 않습니다. 사랑은 불의를 기뻐하지 않고 진리와 함께 기뻐합니다. 사랑은 모든 것을 참으며 모든 것을 믿으며 모든 것을 바라며 모든 것을 견딥니다. 사랑은 결코 없어지지 않습니다"(현대인의성경). 비록 주례사에서 즐겨 사용되는 말씀이지만, 이 말씀은 결혼에 국한되지 않는다. 이 말씀은 사랑이 어떤 모습인지를 설명해 준다. 바울은 모든 선한 것들과 모든 선하지 않은 것들을 정의하고 있다. 오래 참는 것은 선하다. 오래 참는 것은, 오래 참는 사람과 그 주변의 사람들을 이롭게 한다. 친절, 용서, 믿음, 소망, 인내도 마찬가지다. 한편 질투는, 질투하는 사람과 그 주변의 사람들에게 해를 끼친다. 자랑, 교만, 분노, 불의를 기뻐하는 것도 그렇다.

선한 모든 것은 동시에 아름답다. 어느 날 비행기 위에서 누군가 친절을 베푸는 것을 목격한 적이 있다. 어떤 노부부가 서로 떨어진 자리를 배정받았는데, 옆자리에 있던 사람이 복도 측자리를 포기하고 노부부가 함께 앉을 수 있도록 자리를 바꾸어 주었다. 그가 베푼 친절은 선한 것이었기 때문에, 그 광경을 보고 있던 나는 미소가 흘러나왔다. 사랑하는 것은 다른 이의 선을 바라는 것이다. 동시에 그것은 아름다운 행동이다. 선하지 않은 것을 악이라고 부른다. 조금 진부하게 들릴지도 모르겠지만, 악^{evil}은 '생명^{live}'을 거꾸로 쓴 것이라고 하는 설교를 들은 적이 있다. 따라서 생명을 얻는 것을 방해하는 모든 것은 악이다. 그리고 악은 항상 추하다. 고린도전서 13장을 다시 떠올려 보자. '교만'이라는 단어에서 추한 모습이 그려진다. 악은 또한 진리를 거스른다. 선을 만날 때 우리는 이렇게 반응한다. "감사합니다!"

진실함
◆

우리가 갈망하는 세 번째 초월적 요소는 진실함이다. 우리는 습관처럼 "진짜?"라고 묻는다. 사람들은 나면서부터 어떤 것이 진짜이고 진실인지 알고자 한다. 진실한 것이란 실재에 부합하는 것을 말한다. 어떤 것이 실재에 부합하지 않는다면 그것은 거짓이다. 실재란 잘못된 길을 갈 때 앞을 가로막는 것이다.[2] 실재, 즉 사물이 실제로 존재하는 양식을 사람들이 늘 받아들이는 것은 아니다. 그러나 실재는 결국 드러날 것이다. 실재는 양보하지 않는다. 진실함과 실재를 이렇게 정의할 때, 다음과 같이 말할 수 있다. 진실함은 직면했을 때 작용하는 것이다. 영양학자들은 균형 잡힌 식사를 하는 것이 좋다고 말한다. 이 명제는 진실이거나 거짓, 둘 중 하나다. 그것이 누구의 말인지는 관계가 없다. 예전에는 집을 지을 때 배관에 납을 사용하고, 단열재에 석면을 사용하곤 했다. 하지만 오늘날 두 자재는 모두 치명적인 해를 끼친다는 사실이 밝혀졌다. 진실은 변하지 않는다.

진실은 단순히 사실에 입각한 올바른 서술을 말하는 게 아니다. 진실을 엮으면 실재가 드러난다. 그래서 허구의 이야기로도 진실을 이야기할 수 있다. 〈토끼와 거북이〉 이야기는 가장 잘 알려진 우화 중 하나다. 이 이야기에는 기본적인 진리가 담겨 있다. 바로 느리고 꾸준하면 경주에서 승리한다는 것이다. 이 우화는 비록 허구이지만 진실을 말한다. C. S. 루이스는 이렇게 이야기했다. "그리스도의 이야기는 간단하게 말해 진실된 신화다.[3] 그 이야기는 다른 신화와 똑같은 방법으로 작용한다. 그러나 여기에는 한 가지 엄청난 차이가 있다. 바로 그 이야기는 실제 일어난 일이라는 것이다."

기독교 변증법을 공부하거나, 자신의 믿음을 변호하거나, 아니면 예수가 주님이라는 것을 다른 사람들에게 설득하려는 사람들은 '진리'를 그들의 방패로 삼는 경우가 많다. 나는 예수님에 대한 기독교적인 확신(예를 들어 그가 하나님의 아들이시며 죽은 자 가운데서 부활하셨다는 것)이 진리라고 믿지만, 그렇다고 단지 진리라는 이유만으로 예수님께 끌리지는 않는다. 내가 예수님께 끌리는 이유는 그분이 아름답고 선하시기 때문이다. 그러나 여전히 삶에서 진리는 꼭 필요하다. 선하고 아름다운 삶을 만들어

가기 위해서는 진리가 필요하다. 우리는 쉽게 속지만, 진리를 만나면 이렇게 반응한다. "바로 이거야!"

지금은 세상을 떠난 신학자 한스 우르스 폰 발타사르는 아름다움과 선함, 진실함을 형제라고 부르며 이렇게 기록했다. "아름다움은 다른 두 형제와 분리되지도 않을 것이고, 두 형제에게 쫓겨나지도 않을 것이다."[4] 아름다움, 선함, 그리고 진실함은 마치 삼위일체와 같이 하나의 본질을 공유한다. 아름다움과 선함과 진실함이 함께 드러날 때, 가장 깊은 차원에서 사물의 실체를 보게 된다. 그것은 내면 깊은 곳에서 공명을 일으켜서 우리를 바꾸어 놓는다. 즉, 어떤 것이 진실하다면 아마도 동시에 선하고 아름다울 것이다. 발타사르의 말처럼, 이 셋은 분리되기를 거부한다. 초월적인 세 가지 요소인 아름다움, 선함, 그리고 진실함은 결코 추상적인 관념이나 생각, 혹은 임의로 만들어 낸 개념이 아니다. 이 세 가지는 실재의 핵심을 이룬다.

주관성과 상대성에 대하여

◆

20세기에 새로운 종류의 내러티브가 등장했다. 그리고 20세기 말이 되었을 때 이것은 가장 강력한 내러티브로 자리를 잡았다. 이 내러티브는 이렇게 이야기한다. "아름다움과 선함과 진실함은 주관적이고 상대적인 것이다. 아름다움은 보는 사람의 눈에 달려 있다. 확실하게 진실을 알 수 있는 방법은 없다.

위대한
이야기

그리고 정말로 선한 사람은 아무도 없다." 오늘날 청년 세대는 '나는 나만의 진리를 찾을 거야'와 같은 심리를 공유한다.

주관성이란 어떤 판단을 내릴 때 (개인적인 의견이나 느낌과 같은) 내부적인 요인이 외부적인 요인에 비해서 얼마나 더 영향을 끼치는가 하는 정도를 말한다.

아름다움은 어느 정도 주관적이다. 어느 정도는 보는 사람의 눈에 달려 있다는 것이다. 사람들은 문화와 경험에서 비롯한 고유한 취향 덕분에 어떤 것에서 특별히 더 아름다움을 느낀다. 내 친구 중 한 명은 피카소의 그림을 정말로 좋아한다. 하지만 나는 피카소의 작품에 그만큼 끌리지는 않는다. 그보다는 렘브란트의 그림을 좋아하는 편이다. 그러나 두 화가의 그림은 모두 아름다움을 지니고 있다. 음악, 음식, 문학, 실내 디자인, 건축 등에서 느껴지는 아름다움도 마찬가지다. 전에 엘비스 프레슬리가 살았던 그레이스랜드를 방문한 적이 있다. 그곳은 엘비스 프레슬리가 세상을 뜨기 전의 모습 그대로를 보존해 놓고 있었다. 그의 유명한 정글 방에는 바닥부터 천장까지 초록색의 복슬거리는 카펫이 깔려 있었다. 내 취향과는 거리가 멀었지만, 나는 엘비스 프레슬리가 그 방에서 아름다움을 느끼는 모습을 상상한다. 아름다운 것은 앞에서 말한 속성(명료성, 조화로움, 색조 등)을 지닌다. 그러나 개개인의 취향은 서로 다를 수 있다.

진실함과 선함은 상대적이라고 한다. 상대성은 다른 것과 비교할 때 드러나는 정도의 문제다. 선함은 상대적인 측면이 있다. 감사 편지를 쓰는 것 같은 행동은 선하지만, 장기를 기증하는 것 같은 행동은 매우 선하다고 할 수 있다. 영향력이 있는 진실도 있고 비교적 영향력이 없는 진실도 있기 때문에, 진실함도 상대적이다. 2 더하기 2가 4라는 것은 진실이다. 그러나 받는 것보다 주는 것이 더 좋다는 것은 더 심오한 진실이다. 그러나 주목해야 하는 점은 우리를 둘러싼 소위 포스트모던 문화가 아름다움과 선함과 진실함을 더 이상 삶의 필수적인 요소로 여기지 않는다는 것이다. 하지만 나는 이 세 가지가 반드시 필요하다고 확신한다.

나는 포스트모던한 치과 의사가 되고 싶지 않다. "음, 환자분의 치아가 어떤 상태인지 확실히는 모르겠네요. 아무도 무엇이 잘못되었는지 확실히 알 수는 없으니까요. 제 진단은 주관적일 뿐입니다." 이런 의사에게 어떻게 진료를 맡기겠는가? 나는 내 치아의 상태를 정확히 파악하고 있는 치과 의사에게 진료를 받고 싶다. 물론 누구나 해석을 거쳐서 세상을 이해하고, 그것이 틀릴 여지도 있다(의사들도 한 번씩 사람을 살리다가 피를 낸다). 그러나 결국에 진실은 드러나고 승리할 것이다. 진실은 잘못된 길을 가로막는 것이기 때문이다. 반대로 누구나 옳을 여지도 있다. 나는 내 차를 고치는 정비 기사와, 교각을 놓는 건설 기술자와, 내 가슴을 열고 수술을 하는 의사가 옳기를 바란다.

같은 방식으로, 아름답고 선하며 진실한 삶을 살기 위해서는 아름답고 선하며 진실한 이야기가 필요하다. 다음에는 이야기

위대한
이야기

가 어떻게 아름답고 선하며 진실할 수 있고, 또 그렇지 않을 수 있는지를 살펴볼 것이다.

우리의 이야기를 아름답고 선하고
진실한 그 이야기와 연결하기

◆

매일 밤 〈반지의 제왕〉 영화를 보는 사람을 만난 적이 있다. 그 이야기를 듣고 놀라서 물었다. "매일 밤이요?" 그는 퇴근 후에 집에 가서 저녁을 먹고 나면, 영화를 틀고 졸릴 때까지 본다고 했다. 그리고 다음 날에는 전날 멈춘 부분부터 다시 보기 시작한다고 했다. 한편으로는 아연했지만, 한편으로는 이해가 되었다. 흥미진진한 모험과 선악 간의 웅장한 전투, 그리고 승리로써 마침내 끝나는 비극. 이처럼 훌륭한 이야기는 영혼에 다른 어떤 것도 줄 수 없는 울림을 선사한다.

> ● 몇 번이고 돌려 볼 만큼 좋아하는 영화가 있는가? 그 영화의 어떤 부분에 끌리는가?

인간은 가슴속에 자신보다도 더 큰 신비를 지닌 존재다.[5] 술이나 섹스, 돈, 권력 따위에서 진정한 기쁨과 만족과 의미를 발견할 거라고 생각할지도 모른다. 그러나 이런 데서는 아무도 만족을 찾지 못했다. 인간의 커다란 영혼을 채우기에 이런 것들은 너무 작다. 우리는 신성한 드라마, 웅장한 이야기에 참여하도록 만들어진 존재다. 그런 이야기를 단지 듣기만 하는 것이 아니라, 그 안에서 살아가도록 만들어졌다. 사실 우리는 이야기 그 자체다. 그러나 우리가 갈망하는 그 진짜 이야기의 주인공은 우리가 아니다. 하나님만이 우리 영혼을 채워 줄 그 유일한 이야기의 히어로다.

이 책의 주제는 어떤 위대한 이야기가 있다는 것이다. 그리고 이 이야기는 이 땅 위에서 일어나는 가장 중요한 일이다. 이 이야기는 개인과 공동체와 국가와 인류에게 유일한 희망이 된다. 그러나 여러 이유로 우리가 흔히 듣는 복음의 메시지는 축소되고 왜곡되었다. 주변의 많은 그리스도인이 좌절하고 낙담하는 것은 바로 이 때문이다. 그들이 잘못한 게 아니라, 한 번도 그 위대한 이야기를 제대로 들은 적이 없는 것이다.

복음의 기쁜 소식을 듣는 것은 마치 천상의 아름다운 음악을 듣고 눈물을 흘리는 것과 같다. 복음의 기쁜 소식을 경험하는 것은 마치 처음 보는 사람을 위해 뜻밖의 친절을 베푸는 누군가를 목격할 때 기쁨을 느끼는 것과 같다. 정말 놀라운 소식은, 바로 이런 분이 하나님이시라는 것이다. 이 소식을 듣기 위해서는 복음의 이야기를 아름다움과 선함과 진실함의 렌즈로 살펴보아야 한다.

내 친구 트레버는 이 점을 훌륭하게 이야기했다. "아름다움과 선함과 진실함을 보기 위해서는 겸손한 눈을 가져야 한다."

위대한
이야기

우리 주위를 채우고 있는 아름다움에 잠잠하게 집중할 때에야 겸손한 눈을 가질 수 있다. 그리고 아름다움과 선함과 진실함을 보고 경험하는 법을 배울 때 하나님을 가장 잘 볼 수 있다. 이 세 가지를 통해서 하나님의 모습을 엿볼 수 있다. 우리는 이 셋을 눈으로 볼 뿐만 아니라, 듣고, 냄새 맡고, 만지고, 맛본다. 하나님은 그분의 사랑을 우리가 느낄 수 있도록 물리적인 감각과 영적인 감각을 포함한 모든 감각을 선물로 주셨다.

하나님은 새의 지저귐을 통해 그분의 사랑을 노래하신다. 단풍나무를 통해 미소 지으시며, 초록의 빛깔을 통해 기쁨을 선사하신다. 그분은 우리에게 석양을 볼 수 있는 눈과 빗소리를 들을 수 있는 귀와 장미꽃 향기를 맡을 수 있는 코를 주셨다. 일상의 작은 조각들을 통해 하나님의 거대한 사랑이 드러난다. 하나님은 지금 이 순간에도 우리를 사랑하고 계신다. 설령 알아차리지 못할지라도 말이다.

아름다움과 괴로움: 사라예보의 첼리스트

◆

1992년부터 1995년까지 전 세계는 최악의 내전 중 하나로 기록되는 보스니아 내전을 겪었다. 유고슬라비아가 붕괴된 후, 종교를 등에 업은 세 개의 세력(정교회와 세르비아인, 가톨릭과 크로아티아인, 무슬림과 보스니아인)은 권력을 얻기 위해 서로를 공격하기 시작했다. 처음에는 유고슬라비아 군대의 지원을 받던 세르비아인들이 크로아티아인과 보스니아인을 공격했지만, 곧 크로아티아인들과 보스니아인들 또한 연합하여 반격했다. 종국에는 아무도 그 유혈 사태에서 책임을 면할 수 없었다. 그 내전으로 10만 명 이상의 사람들이 죽었으며, 220만여 명의 사람들이 집을 잃었다. 그리고 약 12,000명의 여성들(주로 무슬림)이 강간당했다고 추정된다.

그 추악함과 괴로움의 현장 한가운데서 등장한 아름다움은 사뭇 다른 이야기를 들려주었다. 박격포가 쏟아지는 사라예보에서, 보스니아헤르체고비나 출신의 첼리스트 베르단 스마일로비치는 자신이 할 줄 아는 유일한 일을 했다. 첼로를 연주한 것이다. 건물이 무너지고 그의 가족들과 친구들이 죽어 가는 도시의 한가운데서 그는 첼로를 연주했다. 완벽한 연주복 차림으로, 부서지고 무너진 건물들의 폐허 속에서 저격당할 위험을 무릅쓰고 첼로를 연주한 것이다.

전투가 계속되는 동안 아무도 그가 언제 어디서 연주할지 알지 못했다. 그러나 그가 연주하는 첼로 소리가 울려 퍼지자마자 곧 사람들이 몰려들었다. 비통함과 굶주림 속에 있던 사람들이 그의 연주를 듣기 위해 모였다. 왜였을까? 스마일로비치는 이렇게 말했다. "그들은 굶주렸지만, 그렇다고 영혼이 없는 건 아니었습니다." 비극의 한복판에서 울려 퍼진 첼로 소리는 마치 다른 세계, 곧 아름다움과 선함과 진실함이 거하는 세계에서 들려오는 소리와도 같았다. 나는 스마일로비치가 하나님의 악기

위대한
이야기

34

폐허가 된 사라예보에서 첼로를 연주하는 베르단 스마일로비치

였다고 믿는다. 그를 통해서 사람들은 희망과 회복을 맛보았다.

스마일로비치는 도시가 포위된 44개월 동안 폐허가 된 도시에서 첼로를 연주하며 전 세계의 사람들에게 깊은 영감을 주었다. 가수 조안 바에즈는 그와 연대하기 위해서 길거리에서 연주하는 그의 곁을 지켰다. 작곡가 데이비드 와일드는 스마일로비치에게 바치는 첼로 연주곡 〈사라예보의 첼리스트〉를 작곡했고, 첼리스트 요요마는 이 곡을 연주했다. 스마일로비치는 어떻게 아름다움이 전쟁의 광기에 맞설 수 있는지 보여 준 하나의 상징이 되었다. 알렉산드르 솔제니친은 노벨상 수상 연설에서 이렇게 말했다. "진실과 선함에서 자라난 매우 분명하고 올곧은 가지가 꺾이고 부서져서 빛에 이를 수 없다면, 여전히 아

위대한
이야기를
갈망하다

마… 뜻밖에도 아름다움에서 자라난 가지가 길을 내고 솟아나서 바로 그곳에 이를 것입니다. 이렇게 진, 선, 미의 과업이 이루어집니다."[6] 어쩌면 도스토옙스키의 말은 정확했다. "아름다움이 세상을 구원할 것입니다."[7]

무엇이 문제인가

이 세상은 위대한 이야기를 찾고 있다. 사람들은 가장 깊은 갈망에 답을 줄 수 있는 무언가를 갈구한다. 내 딸 호프가 그랬던 것처럼, 우리는 모두 위대한 이야기에 참여하고 싶어 한다. 시시한 인생을 살고 싶은 사람은 없다. 그러나 대부분은 그냥 그렇게 살아간다. 기독교인들도 마찬가지다. 우리의 위대한 이야기는 움츠러들고 작아져서, 위대한 삶을 창조해 낼 수 없는 유순하고 무기력한 이야기로 전락하고 말았다.

우리는 비전이 필요하다. 진정한 기독교의 이야기가 필요하다.

● 삶에서 가장 강력한 비전은 무엇인가? 그 비전은 왜 그렇게 강력한가?

위대한
이야기

영혼의 훈련: 아름다움

우리는 아름답고 선하고 진실한 이야기를 위해 만들어진 존재다. 당신이 나와 같다면, 삶의 큰 부분을 차지하는 아름다움, 선함, 진실함 등에 대해 깊이 생각해 본 적이 없을 것이다. 그러나 우리는 항상 무언가를 아름다움("우와, 집 정말 아름답다!"), 선함("아이스크림은 건강에 좋을까?"), 진실함("저 정치인은 진실을 말하는가, 아니면 제 뱃속만 채우는가?")의 기준으로 평가한다. 이번 주의 훈련은 이 책의 다른 훈련들과 더불어서, 주위의 아름다움과 선함과 진실함을 인식할 수 있도록 도와줄 것이다.

아름다움과 선함과 진실함을 더 잘 **인식하기** 위해서는 주변을 더 의식하기 위해 **힘써야** 한다. 일기를 쓰는 것은 아름다움을 더 잘 의식할 수 있도록 도와주는 좋은 방법이다. 뿐만 아니라, 일기를 통해서 이 훈련이 어떤 영향을 미치는지 돌이켜볼 수 있다. 여유가 된다면 좋은 일기장을 한 권 구입하기 바란다 (하지만 그냥 공책도 괜찮다). 이번 주에는 아름다움에 집중할 것이다. 주변의 아름다움을 살피고 기록하라.

또 다른 방법은 사진 일기를 남기는 것이다. 눈으로 보는 것을 사진으로 찍어서 일기장에 붙이거나 휴대전화 사진첩에 차

곡차곡 저장해 보자. 사진첩의 이름은 '내가 본 아름다움'이 어떨까? 잡지를 보다가 아름다운 것을 발견한다면, 그 부분을 오려서 일기장에 붙여도 좋다.

아름다움을 발견하기 가장 쉬운 곳이 자연 속의 피조물이다. 특히 눈으로 보며 아름다움을 느끼는 경우가 많다. 가령 우리는 꽃과 초목, 푸른 하늘, 새들의 날갯짓을 눈으로 **본다.** 하지만 아름다운 **냄새**(인동초의 향기), **맛**(초콜릿의 달콤함), **소리**(빗소리), **감촉**(서늘한 바람의 느낌)에도 마음을 열어 보자. 사람의 목소리 또한 놀랍도록 아름다운 소리가 될 수 있다. 매년 프렌즈 대학교에서 열리는 영성 훈련 연례행사에서, 우리 학교의 학생 합창단 '싱잉 퀘이커스'는 강당에 들어선 뒤 관중을 둘러싼다. 그러고는 아름답고 거룩한 노래를 부르기 시작한다. 무대 위에 앉아서 관중들을 보노라면, 어떤 에너지와 힘, 그리고 빛이 그들의 얼굴을 비추는 것 같다. 많은 사람이 눈물을 흘리는데, 동시에 거의 모든 이의 얼굴에 미소가 가득하다. 아름다움은 "보았을 때 즐거운 것"이라는 점을 기억하라.

선함과 진실함이 그렇듯, 아름다움은 그 자체로 궁극적인 것이 아니라 궁극에 이르는 길목에 있는 것이다. 중요한 것은 아름다운 석양이나 바이올린 협주곡이나 미술 작품이 아니다. 이들은 자칫 아름다움을 궁극적인 것으로 만들어 우상화한다. 아름다움은 그 자체가 아니라 하나님을 가리키도록 만들어졌다. 하나님이야말로 만유의 창조자시며 궁극적인 분이시기 때문

위대한
이야기

38

에, 아름다움을 느낄 때 하나님께 감사드리는 것은 마땅하고 선한 일이다. 따라서 아름다운 것을 경험하면 하나님께 감사드릴 방법을 찾아서 일기에 기록해 보자. 우와, 하고 내지르는 탄성이 감사의 소리가 되도록 하라.

마지막으로, 언제 이 훈련을 할지는 너무 고민하지 않아도 된다. 어떤 사람들은 아직 하루의 기억과 감상이 남아 있는 저녁에 일기 쓰는 걸 좋아할 수도 있다. 그러나 저녁에 쉽게 피곤해지는 사람들은 아침에 일기를 쓰면서 하루를 시작하는 방식을 선호할 수도 있다.

위대한
이야기를
갈망하다

제2장

움츠러든 이야기에 속다

나무는 각각 그 열매로 아나니.

—누가복음 6장 44절(개역개정)

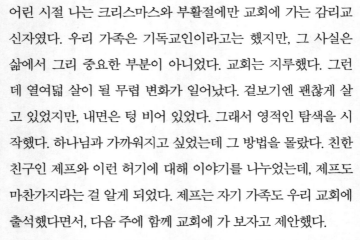

어린 시절 나는 크리스마스와 부활절에만 교회에 가는 감리교 신자였다. 우리 가족은 기독교인이라고는 했지만, 그 사실은 삶에서 그리 중요한 부분이 아니었다. 교회는 지루했다. 그런데 열여덟 살이 될 무렵 변화가 일어났다. 겉보기엔 괜찮게 살고 있었지만, 내면은 텅 비어 있었다. 그래서 영적인 탐색을 시작했다. 하나님과 가까워지고 싶었는데 그 방법을 몰랐다. 친한 친구인 제프와 이런 허기에 대해 이야기를 나누었는데, 제프도 마찬가지라는 걸 알게 되었다. 제프는 자기 가족도 우리 교회에 출석했다면서, 다음 주에 함께 교회에 가 보자고 제안했다.

예배는 냉랭했고, 설교는 건조했다. 교회 게시판에서 수요일에 있는 '구도자 모임' 공지를 보았다. 교회의 가르침을 배울 수 있는 곳이었다. 우리는 모임에 가 보기로 했다.

첫 번째 복음 이야기: 선행을 요구하는 복음

◆

제프와 나는 하나님에 대해 배울 생각에 들떠 있었다. 모임을 통해 우리 기도에 대한 응답을 들을 수 있을까? 우리 둘 말고도 열 명이 더 있었다. 담당 목회자는 우리를 반가이 맞으며 교육실로 안내했다. 그는 간단한 소개 후에 그 교회의 신도들이 무엇을 믿는지 나누기 시작했다. 첫 마디는 충격적이었다. "예수님은 인간을 초월한 신이 아니었습니다. 그분은 하나님의 아들이었지만, 그건 우리 모두가 하나님의 아들딸인 것과 마찬가지예요. 예수님은 훌륭한 교사였어요. 소크라테스나 간디처럼 말이죠."

정적이 감돌았다. 나는 이렇게 물었다. "하지만 성경에는 예수님이 죽은 자들 가운데서 부활하셨다고 나와 있지 않나요?"

"네, 그렇긴 하죠. 하지만 알다시피 성경은 그냥 신화입니다. 사람들이 우주를 설명하기 위해 신화를 만들어 내던 먼 옛날에 기록되었죠. 우리가 사는 20세기는 그 시대보다는 진보했습니다. 이제는 미신 대신 과학이 있습니다."

제프가 반문했다. "그럼 기독교의 메시지는 뭐죠?"

"선한 사람이 되고, 선한 일을 하도록 노력하는 것입니다. 도덕적인 삶을 살고, 사회의 부조리를 고치고, 정의에 헌신하려고 애쓰는 거죠."

굉장히 혼란스러운 시간이었다. 열심히 필기도 했고, 모임 말

움츠러든
이야기에
속다

미에는 담당 목회자의 저서를 한 권씩 받았다. 책 제목은 '끝없는 탐색'이었는데, 인간은 하나님과 인생의 의미를 영원히 알 수 없을 거라는 내용이었다. "인생은 끝없는 탐색입니다. 어떤 확신에 다다르는 것은 절대 불가능합니다."

나중에 제프와 나는 눈이 내리는 날, 차 안에 앉아서 한 시간 정도 이야기를 나눴다. 마지막에 제프에게 모임에서 들은 이야기를 어떻게 생각하는지 물었다.

"시간 낭비 같은데." 제프가 말했다.

"나도 그래."

잘못된 내러티브

◆

구도자 모임에서 들은 이야기는 이렇게 정리할 수 있다. "하나님은 멀리 우리와 상관없는 곳에 계신다. 따라서 이 세상을 더 낫게 만드는 것은 우리 손에 달려 있다."

달라스 윌라드는 이것을 '좌파 복음'이라고 불렀다. 이른바 진보적이라고 하는 교회에서 쉽게 이런 종류의 복음을 만날 수 있다. 진보적인 교회는 이성과 사회정의를 강조하기 때문에 많은 사람의 마음을 사로잡는다. 예수님은 사랑과 친절, 가장 낮은 곳에 있는 헐벗은 자들을 위한 정의와 자비를 가르쳤으며, 궁극적으로는 이를 위해 자기 생명을 내주셨기 때문에 설득력 있고 중요한 인물이 되었다. 예수님이 행하신 기적은 문자 그대

위대한
이야기

로 받아들이면 안 되며 상징적인 서술로 보아야 한다고 말한다.

이성은 하나님의 선물이고, 과학은 인류에게 엄청난 유익을 끼쳤으며, 사회정의는 하나님이 원하시는 것일 뿐만 아니라 모두가 마땅히 추구해야 하는 것이다. 그러나 이성도, 과학도, 사회정의도 인간의 영혼을 채우기에는 역부족이다. 내가 '선행의 복음'이라고 부르는 이런 종류의 복음은 인간에게 너무 큰 소망을 두기 때문이다. 선행의 복음은 부활의 진리를 건너뛰고 십자가와 구속의 아름다움을 무시한다. 그렇게 '선함'만 덩그러니 남는다.

진보와 보수 모두 무엇이 **선하고** 무엇이 **진실한지**에 대해서 논쟁한다. 그러나 실제로 변화를 이끌어 내는 **아름다움**의 능력은 가지고 있지 않다. 사회윤리학자들은 올바른 일에 대해서는 설명할 수 있지만, 사회 개혁을 지속시키는 치유와 변화에 대해서는 설명하지 못한다. 그들은 죄를 용서할 수도 없고, 무너진 마음을 치료할 수도 없으며, 어떤 마음을 가져야 다른 사람을 가엾게 여길 수 있는지 알려 주지도 못한다.

이런 모습의 움츠러든 복음은 특히 20세기에 들어 전성기를 누렸다. 그러나 두 차례의 세계대전을 비롯한 수많은 전쟁과 테러리즘, 교내 총기 사고는 우리가 사실 생각만큼 그다지 진보하지 못했다는 사실을 보여 준다. 이 이야기는 너무 작고, 연약한 인간을 중심에 두고 있다. 한때 인기를 끌었지만, 결국 너무 부족한 이야기라는 사실이 드러났다. 영혼은 선함만으로는 살 수 없다. 선함은 쉽게 무너지며, 영혼을 구원할 능력이 없기 때문이다. 의도는 좋지만, 이 복음은 초대 기독교인들을 고무했던 온전한 복음에 비하면 한참 움츠러든 복음이다.

두 번째 복음 이야기: 부끄럽고 두려운 복음

◆

'선행을 요구하는' 교회에서 그런 일을 겪고 얼마 지나지 않아 예수님은 나를 만나 주셨다. 1년 가까이 믿음을 찾아 헤매고 있었기에, 내면의 공허함을 채워 준다면 어떤 것이든 받아들일 준비가 되어 있었다. 졸업 후 여름 동안 팻이라는 사람과 많은 시간을 보내게 되었는데, 그는 열심히 노방 전도를 하던 전도자였다. 우리는 함께 성경을 읽었다. 그는 C. S. 루이스의 책《순전한 기독교》도 선물해 주었다. 여름이 끝나 갈 무렵, 나는 예수님이 하나님의 아들이시며 죽은 사람들 가운데서 살아나셨다는 사실을 거의 믿게 되었다. 예수님과 그분의 부활 이야기에 매료되었고, 몇 주 후에는 (성령의 일하심을 힘입어) 예수님이 진짜로 죽은 자 가운데에서 부활하셨다는 사실을 믿을 수 있을 것 같았다. 아마도 믿을 수 있을 것 같았다. 그래서 침대 옆에서 무릎을 꿇고 기도했다. "예수님, 당신이 정말 부활하신 그리스도라면, 제가 믿을 수 있도록 뭐라도 해 주세요."

바로 다음 날부터 2주 동안, 날마다 어떤 일이 일어났다. 성경을 읽으면 곧바로 그 의미를 이해할 수 있었다. 기도를 하면

구한 대로 (때로는 더 좋은 방향으로) 이루어졌다. 2주 동안의 실험이 끝난 뒤, 기독교인이 되기로 결심했다. 기독교인에 대해 아는 것은 별로 없었지만, 어쩐지 보석을 좋아할 것 같아서 근처의 기독교 서점에 가서 물고기 모양의 목걸이를 하나 샀다. 그때는 물고기가 어떤 의미인지 몰랐지만, 그게 예수님과의 새로운 관계에 대한 예의인 것 같았다. 매일 아침 나는 구원자이자 교사이며 주님이고 친구이신 그분과의 시간을 고대하며 자리에서 일어났다.

마음속에서는 따뜻함이 느껴졌고 발걸음은 너무나 가벼웠다. 이전에는 느껴보지 못한 기분이었다. 그런 이야기를 제프에게 들려주었다. 정말 놀랍게도 제프도 똑같은 일을 경험하고 있었다. 부모님께도 이 일을 말씀드렸다. 조금 놀라고 염려하시는 눈치였지만, 동시에 좋아하시는 것 같기도 했다. 나와 제프는 친구인 팀과 함께 성경 공부 모임을 만들었다. (팀은 내 친구 가운데에서 가장 독실한 기독교인으로, 1년 전에 내게 성경을 선물해 준 친구였다.) 내가 예수님을 만났다고 하자 팀은 매우 기뻐했다. 다른 친구들도 모임에 초대했는데, 신기하게도 다들 흔쾌히 와 주었다. 우리는 복음서에서부터 함께 성경을 읽고, 예수님의 부활과 각자의 삶에서 일어나는 변화에 대해 이야기를 나누었다. 나와 제프가 예수님을 만났던 것처럼 많은 친구가 그리스도인이 되었다. 모임은 정말 폭발적이었다.

몇 주 후에 고향을 떠나 대학교에 입학하게 되었다. 고등학교 때부터 알던 어떤 친구를 캠퍼스에서 만나게 되었는데, 내 목걸이를 보더니 기독교인이냐고 물었다. 이제 막 신앙에 발을 들여놓은 초신자였던 터라 잠깐 머뭇거리다가 그렇다고 답했다. 그러자 그는 캠퍼스 기독교 동아리 모임에 오라고 초대했다. 사실 어린 시절 경험한 교회에 대한 기억이 별로 즐겁지 않았기에 선뜻 발걸음이 떨어지지 않았다. 하지만 비슷한 경험을 한 사람들이 동아리에 많다는 것을 알게 되었다. 갑작스러우면서도 부드럽게 자기 삶에 찾아오신 예수님을 만난 이들이 나 말고도 많이 있었다. 이내 마음이 열렸고, 즐거운 마음으로 모임에 함께할 수 있었다.

믿음은 날로 성장해서 어느덧 예수님은 내게 굉장히 현실적인 존재로 느껴졌다. 그 무렵 프레드라는 사람을 만나게 되었다. 학생이 아닌데도 캠퍼스에 머물면서 학생 선교 단체 사역을 하고 있는 사람이었다. 내가 초신자라는 것을 듣고, 과연 내가 구원에 이르는 **올바른 믿음**(그가 쓰는 용어였다)을 가지고 있는지 궁금해했다. 그는 함께 커피를 마시다가 내게 '죄인의 기도'를 한 적이 있는지 물었다. 없다고 했다. 죄인의 기도가 무엇인지도 몰랐다. 그러자 죄인의 기도를 한 적이 없다면 구원을 받지 못한 것이라고 했다. 그가 말하는 '구원'이 무엇인지 물었다. 구원이란 죽었을 때 천국에서 영원히 살게 될 것이라는 약속이며, 올바른 기도를 올바른 방법으로 하지 않는 이상 구원을 받을 수 없을 것이라는 답이 돌아왔다.

그 기도가 왜 그렇게 중요한지 물었다. 나를 포함한 모든 살아 있는 존재는 영원히 지옥에서 불타 마땅한 부패한 죄인인데, 예수님이 은혜로 내 죄를 감당하신 것이라고 프레드는 설명했다. 내가 지옥에 떨어질 부패한 죄인이라는 점을 인정하고 예수님이 나를 위해 죽으셨다는 것을 믿는다고 고백할 때 비로소 구원을 얻을 수 있고, 그밖에 다른 길은 없다는 설명이었다. 나는 여름 내내 복음서를 읽으며 예수님이 놀랍고 대단한 분이심을 깨달은 경험을 이야기했다. 예수님이 살아 계심을 분명히 알 수 있도록 내 삶에 들어와 달라고 기도했던 이야기도 했다. 예수님은 기도한 대로 내 삶에 들어오셨고, 이제는 나와 매일 교제하는 관계가 되었다.

"정말 멋진 이야기네요. 하지만 형제님은 구원을 받지 못했어요. 형제님이 오늘 죽는다면 지옥에 가게 될 거예요." 프레드가 설명했다. 너무 놀랍고 혼란스럽고 두려워서 되물었다. "뭐라고요? 왜죠?"

"부패할 대로 부패한 죄인이기 때문이에요." 그는 무표정한 얼굴로 말했다. 밑져야 본전이라는 마음에, 부패할 대로 부패한 나는 그 기도를 드리기로 했다. 프레드는 기도문이 인쇄된 작은 소책자를 주었다. 나는 그 기도를 크게 읽고 나서 프레드를 쳐다봤다. 내가 그 **올바른** 기도를 드리기로 했다는 사실에 흡족한 모양이었다. 나중에 알게 된 사실이지만, 프레드는 나 말고도 많은 사람들에게 그 기도를 하도록 종용했다.

"이제 구원받은 건가요?" 프레드에게 물었다.

"네, 지금은요. 하지만 **잃어버릴** 수도 있어요." 프레드가 말했다.

"어떻게 하면 잃어버리죠?" 내가 물었다.

"살아가다가 죄를 짓고 고백하지 않으면 구원을 잃어버리게 됩니다. 고백하지 않은 죄는 다 장부에 남아요."

"저한테 장부가 있어요?"

"네, 누구나 죄를 기록하는 장부를 가지고 있죠."

"그럼 어떡해야 하죠?" 다시 물었다.

"빚을 진 게 있다면 빠르게 청산해야죠."

"하나님께 빚을 져요?"

"네, 죄를 지을 때마다 장부에 빚이 생깁니다. 빚을 청산하려면 죄를 고백해야 해요."

"모든 죄를요? 영원히?"

"네. 고백하지 않은 죄가 있으면 지옥에 갈 수도 있어요."

"맙소사. 절대 못 할 것 같은데요. 어떻게 그럴 수 있죠?" 내가 물었다.

"음, 우선 죄짓는 걸 멈추는 데서부터 시작하세요."

"하지만 제가 부패할 대로 부패한 죄인이라고 하셨잖아요. 죄인이니까 죄를 지을 수밖에 없지 않나요?" 내가 항변했다.

"음, 맞아요. 하지만 죄짓는 횟수를 줄이려고 노력해 보세요. 죄를 지으면 어떤 죄든지 고백하시고요. 도움이 될 만한 비법을

위대한
이야기

알려 드릴게요."

오, 비법이라! 구미가 당겼다.

"영적 호흡이라고 부르는 방법입니다." 프레드가 말했다. "죄를 짓지 않는 데 집중하는 게 아니라, 죄를 짓고 나면 바로 고백하는 겁니다. 먼저 죄의 고백을 내쉬세요. 그런 다음 사죄와 용서를 들이쉬세요. 이게 영적 호흡입니다. 하나님께 죄의 빚을 지지 않는 제일 좋은 방법이죠."

그래서 나는 영적 호흡을 연습하기 시작했다. 영적 호흡은 곧 영적 **헐떡거림**이 되었고, 결국 영적 **과호흡**이 되었다. 죄를 짓지 않는 데에 너무 집중한 나머지 오히려 더 죄를 지었던 것 같다. 몇 달 동안 예수님과 가졌던 사랑과 신뢰의 시간이 어느새 두렵고 불안한 재판의 시간으로 돌변했다. 프레드의 이야기는 꽤 그럴듯했다. 부패한 죄인, 노하시는 하나님, 예수님의 희생, 그리고 마지막 날 천국에 들어가기 위한 끝없는 싸움. 그날 나는 프레드의 이야기를 받아들였고, 그 이후 12년 동안 그 이야기는 나의 이야기가 되었다. 주변의 다른 사람들도 똑같은 이야기를 들려주었기 때문에 그것이 진리라고 생각했다. 대학교와 신학대학원을 졸업해서 사역을 시작할 때까지, 나는 그 이야기 안에서 살았다.

그러던 어느 날, 문득 내가 기독교인으로 살기 싫어한다는 사실을 깨달았다. 더는 그 이야기 속에 살고 싶지 않았다. 하나님께 이제 사역을 그만두겠다고 했다. 사역만 아니라면 뭘 해도 더 행복해질 것 같았다. 그리고 예수님께 삶에 변화를 일으킬 수 있는 마지막 기회를 드리기로 했다. 예수님은 내 제안을 받아들이셨다. 예전에 내게 행하셨던 것처럼, 금세 놀라운 변화가 일어나기 시작했다. 하나님은 사람들과 훌륭한 책을 통해서, 생각지도 못했던 말씀을 들려주셨다. 기독교인으로 사는 게 문제가 아니라는 것이었다. 문제는 그 이야기, 즉 프레드의 이야기였다. 그건 선하지도, 아름답지도, 진실하지도 않았다.

거짓된 내러티브
◆

프레드의 복음은 이렇게 요약할 수 있다. "너는 악하고 하나님은 화가 나 계시지만, 예수님이 대신 매를 맞으셨다. 그러니 더 열심히 노력해라. 그러면 천국에 들어갈 수 있다."

초대교회에서 따랐던 애초의 복음은 속죄(속죄란 하나님과 하나가 되는 것을 의미한다)를 이런 식으로 설명하지 않았다. 예를 들어 4세기의 신학자 아타나시우스는 예수님이 죄와 죽음을 이기셨다는 점을 강조했다. 예수님의 구원 사역은 다양한 방법으로 설명할 수 있다. 우리 삶의 수많은 영역에서 구원이 필요하기 때문에, 예수님의 속죄에 관한 이론은 무엇이든 살펴볼 가치가 있다. 초기 기독교인들은 확신을 가지고 순교의 칼날에 맞섰다. 그들이 맞서는 압제자의 권세가 이미 무너졌다고 믿었기 때문이다. 또한 예수님을 죽은 자 가운데 살아나셔서 온 세상을 통

위대한
이야기

52

치하시는 왕이라고 믿었다. 프레드가 추구하는 방식의 복음도 교회사에 간혹 등장하지만, 한 번도 예수님의 혁명을 설명하는 주류 이론이 된 적은 없었다.[1]

> ● 프레드식의 복음이 익숙한가? 이렇게 냉정한 설명을 들으면 어떤 느낌이 드는가?

19세기 말 대각성 운동이 시작되었고, 복음의 이야기를 설명하는 여러 방법 중 하나가 **유일한 방법**이 되고 말았다. 그 결과, 복음의 이야기는 광고 문구 정도로 움츠러들어 버렸다. 그것은 아주 손쉽게 구원을 설명하는 방법이기도 했다. 우리는 악하고 하나님은 화가 나 계시지만, 예수님이 우리 죄를 대신하셨으므로 그분의 희생을 믿으면 언젠간 천국에 가게 되리라는 것이다. 20세기 중반까지 대부분의 복음주의 개신교인은 이런 식의 복음의 틀에 갇혀서 그리스도의 이야기를 이해했다. 실제로 내가 강의하는 대학교 수업 시간에 학생들에게 설문 조사를 한 적이 있다. 자라면서 이런 종류의 복음 외에 다른 복음을 들어 본 적이 있는지 물었을 때, 열다섯 명의 학생 중 열다섯 명이 없다고 답했다.

거짓된 이야기가 꾸준히 힘을 얻는 이유

◆

왜 이런 이야기들은 힘을 얻을까?

첫째로, 움츠러든 이야기라 하더라도 어느 정도는 진리를 담고 있기 때문이다. 우리는 실제로 죄인**이다**. 예수님은 실제로 우리를 위해 **죽으셨다**. 과학의 진보는 실제로 인류에게 큰 축복이 **되었다**. 우리는 실제로 세상을 더 나은 곳으로 만들어야 **한다**. 이런 이야기가 설득력 있는 이유는 어느 정도 진리를 담고 있기 때문이다.

둘째로, 이런 위축된 이야기를 전하고 가르치는 이들의 원래 의도가 좋을 수 있기 때문이다. 그들 역시 예수님을 향한 뜨거운 사랑의 마음을 갖고 있을 것이다. 예를 들어, 프레드의 마음과 열정은 훌륭했다. 다만 자기가 들은 이야기를 전했을 뿐이다. 처음 교회에서 만난 목회자도 사람들을 돕고 싶어 했다. 1950년대에 신학대학원에서 복음을 배운 그는 최선을 다해 자신이 이해한 진리를 가르쳤을 뿐이다. 이런 이야기가 무엇이 부족한지 안다고 해서 더 잘났거나 더 똑똑하거나 더 기독교적인 사람이 되지는 않는다.

셋째로, 이런 이야기들이 힘을 얻는 가장 중요한 이유는 바로 통제권을 주기 때문이다. 선행을 요구하는 복음은 이렇게 말한다. "세상을 구원하는 건 내게 달렸다. 나를 중심으로 세상이 돌아가면 좋겠다." 한편 부끄럽게 하는 복음은 이렇게 말한다.

위대한
이야기

"나의 타락을 올바로 이해하고, 속죄에 대한 올바른 시각을 가지며, 천국에 이르는 올바른 기도를 함으로써, 나는 하나님을 통제할 수 있다." 결국, 우리 자신과 우리의 통제력에 관한 이야기다. 사실 두 이야기는 모두 개인주의적이어서 신비나 공동체가 들어설 여지가 없다. 심지어 그 속에서 하나님은 작고 하찮은 존재가 된다.

이러한 이야기는 진실한가

◆

두 복음은 모두 어느 정도 진실을 담고 있다. 예수님의 말씀과 바울의 편지에서도 사회적 복음을 찾아볼 수 있다. 그러나 연민이나 정의는 그보다 더 크고 좋고 강력한 이야기에 참여할 때 맺히는 열매다. 바울의 말을 빌리자면, 만약 예수님이 죽은 자들 가운데에서 살아나지 않으셨다면 우리는 여전히 죄 가운데 있고 우리의 믿음은 헛된 것이다. 부끄럽게 하는 이야기도 어떤 면에서는 예수님의 십자가 사역을 잘 설명한다. 예수님의 십자가 죽음이 우리의 죗값을 치렀다는 선포는 진리다. 하지만 그게 **유일한** 이야기가 된다면 더 이상 진리가 아니다. 왜 그런지 살펴보자.

잘못된 로마서의 길.* 최근 어느 토요일 오후에, 지역 교회에 다니는 두 여성이 사무실 문을 두드렸다. 그들은 〈캔자스에서도 천국에 이를 수 있습니다〉라는 제목의 소책자를 건네며 기독교인이냐고 물었다. 그렇다고 하자 소책자를 도로 가져가며, "그렇다면 안 드려도 되겠네요"라고 말했다. 그래도 소책자를 받을 수 있는지 물은 뒤 한 권을 얻었다. 소책자를 펼쳐 보자 그 것이 부끄럽게 하는 복음이라는 것을 바로 알 수 있었다. 책자 에는 지도 위에 점 네 개가 그려져 있었고, 그 옆에는 로마서 말씀이 적혀 있었다.

1. 당신이 죄인이라는 것을 깨달으라(롬 3:23).
2. 죄에는 대가가 따른다는 것을 깨달으라(롬 6:23: "죄의 삯은 사망이요").
3. 예수님이 그 대가를 치렀다는 것을 깨달으라(롬 5:8).
4. 죄를 회개하고 예수님을 구주로 받아들이라(롬 10:13).

로마서 구절을 문맥과 상관없이 책자를 만든 사람이 하고 싶은 이야기에 맞추어 뽑아 만든 책자였다.

이야기의 첫 번째 요점은 당신이 죄인이라는 사실을 깨달으라는 것이다. 로마서 3장 23절은 우리가 모두 죄인이라고 말한다. 하지만 이는 유대인이 이방인보다 더 우선하는가 하는 문제

---

* 〈구원에 이르는 로마서의 길(Romans Road to Salvation)〉이라는 자료를 가리킨다. 이는 로마서에서 네 개의 구절을 뽑아 만든 교육용·전도용 자료로, CCC의 〈네 가지 영적 원리(사영리)〉와 비슷한 내용을 담고 있다.

위대한
이야기

(서신서를 통틀어 가장 중요한 문제다)를 논하는 맥락에서 나온 말씀이다. 인간은 모두 같은 처지에 있다고 바울은 말한다. 이방인이든 유대인이든 율법을 통해서는 의로움을 얻을 수 없었다. 인간은 누구나 죄를 범했다. 그러나 이것은 핵심이 아니다. 바울이 전하고 있는 이야기의 핵심은, 하나님이 새길을 내셨다는 것이다. 바로 부활하신 예수님을 믿는 것이다.

두 번째 요점은, 우리가 죄로 인해 지옥에 갈 수밖에 없다는 사실을 깨달으라는 것이다. 소책자에 나와 있는 대로, 로마서 6장 23절에는 그렇게 기록되어 있다. 하지만 로마서 6장 전체의 맥락은 지옥과는 무관하다. **지옥**이라는 단어는커녕 비슷한 개념조차 등장하지 않는다. 로마서 6장은 그리스도인도 여전히 죄를 지을 수 있는지, 그러나 어떻게 하나님의 은혜가 우리를 지키는지의 문제를 다룬다. 바울은 두 가지 방법으로 답한다. 1절부터 14절까지의 말씀은 그리스도 안에 있는 사람들이 그리스도와 함께 죽었다가 부활했다고 설명한다. 따라서 이제 우리는 죄와 아무런 상관이 없다. 15절부터 23절까지의 말씀에서 바울은 조금 다른 시각에서 답한다. 죄는 우리를 종으로 삼고 결국 우리를 죽이는데, 왜 죄를 짓느냐는 것이다. 죄의 대가는 죽음이다. 바울은 진실을 이야기하고 있다(즉, 실재와 일치한다). 죄는 항상 죽음을 만들어 낸다. 나중에 가게 될 지옥이 아니라, 현재의 삶에 관해 이야기하고 있는 것이다.

세 번째 요점은 예수님이 우리를 위해서 죽으셨다는 것으로,

로마서 5장 8절을 토대로 하고 있다. 겉보기에는 진리처럼 보인
다. 하지만 로마서 6장이 지옥과는 전혀 무관하듯, 로마서 5장
은 천국에 관한 이야기가 아니다. 예수님은 '지금' 우리를 위해
죽으셨다. 그는 어둠의 권세에서 우리를 구하셨다(골 1:13). 바울
에게 구원은 이미 시작된 것이었다. 예수님은 이미 우리를 구원
하셨다. 하나님과의 화해는 예수님의 십자가 위에서 이루어졌
지만, 구원은 그분의 부활로써 임한다. 로마서 5장 8절의 다다
음 구절에서 바울은 "우리가 하나님의 원수되었을 때 그리스도
의 **죽으심으로** 하나님과 **화목하게** 되었다면 화목을 이룬 우리
가 **그의 살으심으로 구원받게** 될 것은 뻔한 일입니다."(롬 5:10, 저
자 강조)라고 말한다. 예수님의 죽으심으로 화해했지만(우리가 예
수님의 죽음을 믿어서가 아니라, 예수님이 죽으심으로써 화해가 이루어졌다),
그분이 살아나심으로써 구원을 얻는다! 바울과 초대교회 성도
들에게 예수님의 부활은 모든 것을 바꾸어 놓은 핵심적 현실
이었다.

이야기의 마지막 요점은, 먼저 하나님께 회개하고, 그다음에
는 예수님을 믿어야 한다는 것이다. 이 부분은 사도행전 20장
21절을 바탕으로 하고 있다. 여기서 쓰인 '회개'라는 단어에 해
당하는 그리스어 '메타노에오*metaneō*'는 '마음을 바꾸다'라는 뜻
이다. 보통 회개를 더 나은 사람이 되는 것, 방향을 바꾸는 것,
혹은 의롭게 살려고 노력하는 것으로 해석한다. 부끄럽게 하는
복음과 잘 어울리는 해석이다. 하지만 바울의 의도와는 다르다.

문맥상 사도행전 20장 21절은 바울의 메시지를 요약한 구절과도 같다. 하나님을 향한 마음을 바꾸고 부활하신 예수님을 믿으라는 것이다. 다시 말하지만, 천국이나 지옥과는 아무 관계가 없는 말씀이다.

부끄럽게 하는 복음을 이야기하기 위해 사용된 마지막 구절은 예수의 이름을 부르는 자마다 구원을 얻을 것이라는 로마서 10장 13절의 말씀이다. 이 말씀도 겉보기엔 맞는 것 같다. 그러나 이 말씀은 죽음 후의 천국이 아니라, 유대인이 이방인보다 더 나은 점이 있는가 하는 문제를 다루는 맥락 안에 있다. 바로 앞의 구절은 이렇다. "유대인과 이방인 사이에 차별이 없습니다. 그것은 주님께서 모든 사람의 주님이 되셔서 자기 이름을 부르는 모든 사람에게 넘치는 복을 주시기 때문입니다"(롬 10:12). 다시 말하지만, 구원은 죽음 이후에 일어나는 어떤 일이 아니라 지금 예수님의 이름을 부르는 바로 그 순간에 경험하는 생명에 관한 것이다. 일단 죽은 자들 가운데 살아나신 예수님을 믿으면, 온 세상은 (그리고 우리의 온 삶은) 근본적으로 달라진다.

성경 해석에 관해서는 성 아우구스티누스의 금언에 주목할 필요가 있다. "그렇다면 누구든지 성서나 성서의 일부분을 이해한다고 여기면서, 자신의 해석을 성서보다 위에 두고 하나님과 이웃을 향한 이 이중 사랑을 행하려 하지 않는다면, 그는 성서를 잘못 이해하고 있는 것입니다."[21] 성경 해석을 통해 하나님과 이웃을 더욱 온전히 사랑할 수 있다면 말씀을 제대로 읽고 있는 것이다.

● 네 단계 복음의 잘못된 해석에 대한 설명을 어떻게 받아들이는가? 이러한 잘못된 해석은 어떤 결과를 낳을까? 이런 해석은 무엇이 문제인가?

이러한 이야기는 선하거나 아름다운가
◆

만약 이러한 복음이 진리가 아니라면, 결코 선하지도 아름답지도 않을 것이다. 이 셋은 서로 분리될 수 없기 때문이다. 선한 것은 유익을 끼친다. 선함을 마주하면 고마움과 감사를 느낀다. 앞서 살펴본 두 종류의 복음은 모두 어느 정도는 선하다. 사회적 복음은 더 좋은 세상을 만드는 것에 관해 이야기한다. 분명히 선한 일이다. 그러나 좋은 세상을 만드는 것이 우리 손에 달려 있다. 이것은 선하지 않다. 부끄럽게 하는 복음은 우리를 위해 죽으신 예수님에 관한 이야기라는 점에서는 분명히 선한 이야기다. 그러나 결국 항상 화가 나 있는 하나님 아버지의 모습만 남고, 성령의 역사는 언급되지 않는다. 이것은 선하지 않다. 두 이야기 모두 진실하지도 않고 진짜 선한 이야기는 아니다. 기껏해야 공포심을 부추기고 우리를 노예 상태로 만들 뿐이다.

위대한
이야기

마지막으로, 두 이야기 모두 경외와 경탄을 불러일으키지 못한다. 즉, 두 이야기는 모두 아름답지 않다. 아름다운 것을 만날 때 우리는 우와, 하고 감탄하게 된다. 영혼을 채울 만큼 커다란 단 하나의 이야기 앞에서 우리는 탄복하며 길 위에 멈춰 선다. 그 이야기는 사랑과 선함의 온기로 우리의 차가운 가슴을 녹인다. 그리고 그 이야기는 우리 삶을 영원히 쌓아 올릴 만큼 충분히 견고하다. 한스 우르스 폰 발타사르는 이렇게 말했다. "아름다움 **안에** 있으면 온 인격이 떨린다."[3] 두려움이 아닌 기쁨에 떨게 만드는 이야기가 필요하다. 다 파악할 수 없을 정도로 크고, 모든 악과 고통의 그림자를 감당할 수 있을 만큼 방대하며, 암과 테러리즘을 이겨 낼 수 있을 만큼 거대한 이야기가 필요하다.

잘못된 복음은 무엇이 문제인가

앞서 살펴본 두 가지의 움츠러든 복음은 모두 다음과 같은 특징을 가지고 있다.

- 둘 다 초기 그리스도인들이 해 온 이야기가 아니다.
- 둘 다 우리의 마음과 정성과 뜻과 힘을 다해서 하나님과 우리 스스로와 다른 사람들을 사랑하도록 (가장 큰 계명을) 이끌지 못한다.

움츠러든
이야기에
속다

- 둘 다 올바른 곳에서 시작하지 않는다.
- 둘 다 핵심 메시지와 사명에 삼위일체가 빠져 있다.
- 둘 다 창조를 하나님께로 통하는 문으로 여기지 않는다.
- 둘 다 예수님의 온전한 모습을 보지 못한다.
- 둘 다 자연스럽게 제자도의 삶으로 인도하지 않는다.

초기 그리스도인들은 이런 움츠러든 복음이 말하는 일부 메시지에 익숙하긴 했지만, 그것을 전파하지는 않았다는 것을 기억하기 바란다. 그들은 단순히 예수님의 부활을 인정하는 것을 넘어 모든 것을 부활의 실재 위에 쌓아 올렸다. 프레드의 복음은 예수님의 희생에만 초점을 맞추었지만, 초기 그리스도인들은 예수님의 승리에 집중했다. 십자가를 통해 죽음 자체를 보기보다는, 부활을 통해 이루실 새 창조를 보았다.

사회적 복음에서는 하나님이 멀리 계신다(만약 존재하신다면 말이다). 그것은 하나님을 사랑하고 싶게 하는 이야기가 아니다. 부끄럽게 하는 복음에서 하나님 아버지는 화를 내신다. 하나님을 사랑하기보다 두려워하도록 만든다. 그것은 삼위일체 공동체로서 사랑을 나누시며 모든 사람을 그 공동체로 초대하시는 삼위 하나님의 이야기가 아니다. 사랑을 나누시는 삼위일체의 이야기만이 하나님을 온전히 사랑하도록 이끌 수 있다.

두 이야기는 다 너무 왜소하다. 인간에게서 시작하는 이야기이기 때문이다. 사회적 복음은 인간을 우주의 중심에 놓는다.

위대한
이야기

과학을 발전시키고 사회 진보를 이루며 정의를 구현하는 것은 인류다. 부끄럽게 하는 복음도 마찬가지다. "**당신은** 죄인입니다." 구원은 **우리가** 천국에 가는 것이다. 초대교회의 복음은 지금 도래한 천국을 누리는 삶에 관한 이야기였다. 그 삶은 인간의 어떠한 행위로 주어지는 것도 아니고, 그저 십자가 때문에 시작된 것도 아니다. 예수님이 모든 창조 세계를 재시작하셨기 때문에 천국이 도래한 것이다.

> ◆ 인간에게서 복음의 이야기를 시작하는 것은 어떤 부분에서 매력적이고, 어떤 부분에서 매력적이지 않은가?

마지막으로, 두 복음은 예수님의 제자가 되도록 인도하지 않는다. 사회적 복음에서 예수님은 이미 세상을 떠난 교사일 뿐이다. 오늘날 그분의 수업을 듣는 것은 불가능하다. 부끄럽게 하는 복음에서 예수님은 죄를 계수하는 사람으로 존재할 뿐이다. 죽음을 이기신 예수님, 온 세상을 구원하셔서 새 창조를 기다리는 새 왕국에 들어가게 하신 예수님의 모습은 볼 수 없다.

좋은 소식이 있다. 이 소식은 우리에게 위안을 주고, 놀라게 하고, 겸손하게 만들며, 격려한다. 이 위대한 이야기를 통해 우리는 하나님과 우리 자신, 그리고 다른 사람을 사랑하게 된다. 이어지는 장에서 나는 최선을 다해 이 소식을 전할 것이다. 이 소식은 사랑의 공동체이신 삼위 하나님에 관한 이야기이자, 하

움츠러든
이야기에
속다

나님의 영광을 선포하고 하나님의 사랑을 드러내는 창조에 관한 이야기이고, 죄로 인해 빛이 바랬음에도 하나님과 관계를 맺으며 선한 일을 하는 하나님의 형상을 지닌 인간에 관한 이야기이며, 왕으로 성육신하신 예수님과 흔들리지 않는 그분의 나라에 관한 이야기이고, 하나님의 구원 사역에 관한 이야기이며, 궁극적으로는, 만물의 회복에 관한 이야기이다. 우리가 간절히 바란 이야기, 살아가야 할 이야기이다.

영혼의 훈련: 선함

관찰 훈련은 매우 효과적이다. 그러나 하나에 집중하기는 결코 쉽지 않다. (스마트폰이라고 부르는) 매우 강력한 교란 무기는 우리의 관심을 끌기 위해 애를 쓴다. 이번 주에는 주변에서 선함을 발견하는 훈련을 하게 될 것이다. 일기를 쓰고 있었다면 계속해서 일기장에 아름다움과 선함과 진실함을 기록하라. 이번 주에는 특별히 선함에 집중하라. 선함은 유익한 것, 무언가를 더 좋게 만드는 것이다. 셀 수 없이 많은 선행을 주위에서 발견할 수 있다. 손을 맞잡은 노부부를 보면, 그들의 신실함과 사랑, 인내에서 선함이 드러난다. 타인의 유익을 위해 희생을 감수하는 사람을 통해 선함을 목격한다. 최근에 책을 쓰기 위해 어떤 오두막에 머물게 되었다. 주인 부부인 짐과 제니는 일주일 동안 흔쾌히 방을 내주었다. 제니의 아버지 존은 지금도 종종 내게 들러 안부를 묻는다. 이런 행동에서 선함이 드러난다.

아름다움과 마찬가지로, 선함을 관찰하고 기록할 때에도 하나님께 감사하는 것을 잊지 않도록 하라. 하나님은 우리를 선을 갈망하는 존재이자 선한 존재로 지으셨다. 우리는 공의를 실천하고 인자를 사랑하며 겸손히 하나님과 함께 행하도록 만들어졌다. 창조주는 이렇게 선함을 드러내기 원하신다. 사랑의 행동을 찾아보라. 보통 다른 사람들과 함께 보내는 시간이 많기 때문에, 관계 속에서 드러나는 친절, 환대, 관심, 경청 등을 목격할 수 있다. 그러나 아름답지 않은 순간을 볼 수도 있다는 점에 유의하라. 타락한 이 세상에서는 분노와 인색함, 험담, 다툼 등을 쉽게 볼 수 있다. 이런 순간을 볼 때도 일기장에 기록하라. 그리고 그것이 선함의 반대 모습이라는 것을 기억하면서, 선함이 부재한 환경 가운데 있는 이들을 위해 기도하는 기회로 삼으라.

위대한
이야기

제3장

삼위일체에 참여하다

몸이 하나요 성령도 한 분이시니 이와 같이 너희가 부르심의 한 소망 안에서 부르심을 받았느니라. 주도 한 분이시요 믿음도 하나요 세례도 하나요 하나님도 한 분이시니 곧 만유의 아버지시라. 만유 위에 계시고 만유를 통일하시고 만유 가운데 계시도다.

—에베소서 4장 4-6절(개역개정)

성 패트릭이라는 성인은 5세기 무렵 아일랜드에서 뱀을 퇴치했다는 전설로 유명하다. 초록색 옷을 입고 콘드비프와 양배추를 먹는 모습과 함께 그의 축일인 3월 17일에 열리는 성대한 축제와 행진도 떠오른다. 하지만 뱀이나 행진보다도 중요한 건 그가 아일랜드를 **영적으로** 살리는 데 크게 이바지했다는 사실이다. 성 패트릭은 믿지 않는 사람들에게 삼위일체를 설명하기 위해서 토끼풀을 사용했다고 한다. 한 분이시며 동시에 세 위격으로 계신 하나님을 설명하면서, 그는 토끼풀을 들고 청중에게 이렇게 물었을 것이다. "이 토끼풀은 이파리가 한 개인가요, 세 개인가요?"

"한 개이기도 하고, 세 개이기도 합니다." 청중은 대답했을 것이다.

"하나님도 마찬가지입니다." 그는 이렇게 마무리한다.

위대한
이야기

정말 멋진 설명이지만, 삼위일체의 신비를 온전히 풀어내지는 못한다. 삼위일체는 개념적으로는 이해할 수 있어도, 온전히 알 도리는 없다. 초월적인 세 가지 요소, 즉 아름다움과 선함과 진실함도 마찬가지다. 아름다움은 "보았을 때 즐거운 것"이라고 정의할 수 있다. 그러나 더 깊이 들어가 보면, 쉽게 이해되지 않는 신비의 영역이 있다. 그것이 바로 관계다. 삼위일체든, 초월적인 세 가지 요소든, 오직 관계를 통해서만 깨닫고 경험할 수 있기 때문이다. 예수님은 하나님 아버지가 계시기에 성자가 되시며, 성령은 성부와 성자 사이의 사랑이 되신다.

　　아름다움과 선함과 진실함은 마치 삼위일체처럼 셋이 하나를 이룬다. 아름다움이 느껴진다면 선함과 진실함도 함께 경험할 수 있다. 하나님 아버지를 만날 때에는 예수님과 성령님도 함께 만나게 된다. 초월적 세 가지를 각각 세 위격에 견주어 생각해 볼 수도 있다.[1] 창조를 통해서 하나님 아버지의 아름다움이 드러난다. 성자 예수님의 자기 희생을 통해서 선함이 드러난다. 성령님이 우리를 진리로 인도하실 때 진실함이 드러난다. 그리고 이들은 하나다. 태초에 하나님이 천지를 창조하시며 말씀하셨다. "빛이 생겨라." 그 후에 "하나님의 영은 물 위에 움직이고 계셨다"(창 1:1-3). 그리고 골로새서 1장 16절은 "모든 것이 그분으로 말미암아 창조되었고, 그분을 위하여 창조되었다"고 예수님을 언급한다.

위대한 이야기의 시작

◆

셋. 그리고 하나. 관계를 통해서만 알게 되는 신비. 아름다움이 눈길을 사로잡을 때 우리는 비로소 아름다움을 느낀다. 마음에 힘을 얻을 때 선함을 경험하며, 밝히 드러날 때 진실함을 경험한다. 우리는 성부와 성자와 성령의 이름으로 기도하고 세례를 베푼다. 이들은 모두 위대한 이야기의 일부분이다. 더 정확히 말하면, 삼위일체 없이는 위대한 이야기도 없다. 이제 그 이야기의 시작을 살펴보자. 태초의 일이다.

"태초에 하나님이…"(창 1:1).

위대한 이야기는 하나님이라는 이야기꾼이 등장하면서 시작한다. 그리고 우주가 창조된다. 하나님은 빛과 어둠을, 하늘과 땅을, 물과 뭍을, 물고기와 새를, 그리고 모든 살아 있는 것들을 창조하신다. 그 후에 인간을 만드신다. 이 부분의 성경 말씀에 슬쩍 끼어 있는 단어에 주목하라. "하나님이 말씀하시기를 '우리가 우리의 형상을 따라서, 우리의 모양대로 사람을 만들자'"(창 1:26).

우리가 만들자. 우리. 유대교처럼 지독한 유일신 종교에서 어떻게 말씀의 시작에 **우리**라는 말이 등장했을까? 어떤 학자들은 이것이 하늘에 있는 많은 천사를 가리키는 표현이라고 믿는다. 그러나 나는 **우리**라는 단어가 성부, 성자, 성령의 삼위일체를 가리킨다고 믿고 싶다.

다음 말씀에서 예수님이 천지의 창조자라는 것을 알 수 있다. "모든 것이 그로 말미암아 창조되었으니, 그가 없이 창조된 것은 하나도 없다"(요 1:3). 따라서 나는 천지를 창조하신 분이 삼위일체라고 믿는다. 인간을 창조하신 분도 삼위 하나님이다. 그리고 인간은 하나님의 형상을 "따라서" 지음받았다. 삼위일체는 만유의 핵심이다. 우주의 구조는 삼위일체적이며, 삼위일체는 모든 생명의 열쇠다. 사실, 인간을 향한 하나님의 거룩한 계획도 삼위일체에서 찾을 수 있다. 마크 매킨토시는 이런 글을 남겼다.

> 진리의 성령은 예수님의 제자들을 더욱더 멀리 인도하여, 그들의 현재 능력을 넘어 하나님 아버지의 충만한 삶에 이르게 한다. 그것은 오직 이 성령의 권능을 통해서 하나님이 예수님께, 예수님이 온 세계에 전하신 삶이다. 삼위일체 하나님을 믿는 기독교의 믿음과 **그 삼위일체의 삶에 참여하는 기독교의 영성**은 여기에 뿌리를 두고 있다.[2]

우리는 삼위일체의 삶에 참여하도록 지음받았다. 예수님이 제자들에게 가서 제자를 삼고 "아버지와 아들과 성령의 이름으로 세례를 주라"(마 28:19)고 하신 말씀은 사람들에게 물을 뿌리라는 것이 아니라, **삼위일체의 임재 가운데 푹 잠기게** 하라는 것이었다.

삼위일체에
참여하다

그런데 한 가지 문제가 있다. 엄청난 문제다. 삼위일체가 실종된 것이다.

삼위일체 결핍 장애[3)]

◆

내가 가르치는 조사이어 브라운이라는 학생은 학생복지팀을 이끌고 있는데, 다른 몇 명의 학생들과 함께 청소년들에게 기독교 영성 훈련에 대해 가르치는 일을 한다. 그들은 영성 훈련이 무엇이며, 예수님의 제자로 사는 게 어떤 것이고, 영성 훈련에서 내러티브가 어떤 역할을 하는지를 다룬다. 잘못된 하나님 내러티브에 중독된 이들이 숱하다는 사실을 알게 된 조사이어는 재밌는 활동을 하나 준비했다. 칠판 왼쪽에 '하나님'이라고 쓰고는 이렇게 묻는다. "하나님을 어떤 단어로 묘사할 수 있을까요?" 누구나 이 질문을 들으면 **성부 하나님**에 대해 묻고 있는 거라고 생각한다. 실제로도 하나님 아버지를 염두에 두고 던진 질문이다.

청소년들은 '심술궂은' '화내는' '전지전능한' '멀리 계시는' 같은 표현을 꼽는다. 조사이어는 '하나님' 아래에 이러한 표현을 적는다. 그리고 칠판 오른쪽에 '예수님'이라고 쓴 뒤에 다시 묻는다. "예수님은 어떤 단어로 설명할 수 있을까요?" 이번에는 '인자한' '사랑이 많은' '용서하는' '지혜로운' '능력 있는' 같은 단어가 나온다. 조사이어는 잠시 멈추고 요한복음 14장 9절

위대한
이야기

을 읽어 준다. "나를 본 사람은 아버지를 보았다."

잠시 정적이 감돌고, 조사이어는 뜸을 들였다가 묻는다. "예수님은 자신과 하나님 아버지가 마치 거울 같다고 말씀하십니다. 그렇지 않나요? 그렇다면 우리는 왜 하나님은 심술궂고 화를 내는 분으로 생각하고, 예수님은 인자하고 용서하는 분으로 생각할까요?"

정말 궁금하다. 왜일까?

삼위일체는 초대교회에서 만들어진 교리로, 하나님이 성부와 성자와 성령의 세 위격으로 계신다는 주장이다. 첫 그리스도인들은 유대인이었고, "주 하나님은 한 분이시다"라는 교리는 유대교의 핵심 교리 가운데 하나였다. 따라서 예수님이 곧 하나님이라는 주장은 쉽게 믿을 수 있는 게 아니었다. 어떻게 하나님이 **둘**일 수 있는가? 예수님은 요한복음 14장 9절을 비롯해 자신이 하나님임을 여러 차례 암시하셨다. 또한 "내가 진정으로 진정으로 너희에게 말한다. 아브라함이 태어나기 전부터 내가 있다"(요 8:58)라고 말씀하셨다. 나를 신앙으로 이끌어 준 전도자 친구 팻은 이 구절에 유독 집중했다. 그는 예수님이 두 가지 방법을 통해 자신이 하나님이라는 사실을 말씀하고 계신다고 말했다. 첫째로, 예수님은 아브라함보다 자신이 먼저 계셨다

삼위일체에
참여하다

고 말씀하셨으며, 둘째로, 하나님이 모세에게 가르쳐 주신 하나님의 이름 '스스로 있는 자'를 자신을 가리켜 사용했다("내가 있다")는 점을 지적했다. 바로 다음 구절에서 바리새인들은 신성 모독을 저지른 예수님을 죽이려고 돌을 집어 든다.

부활 이후에 제자들은 그동안 예수님께 들었던 모든 말씀을 새로운 시각으로 바라보기 시작했다. 그리고 십자가 곁에 섰던 백부장처럼 "참으로, 이분은 하나님의 아들이셨다"(마 27:54)라고 고백했다. 이처럼 하나님은 아버지인 동시에 아들이셨다. 그 후 몇 세기가 지나고, 기독교인들은 성령 또한 하나님의 한 위격이라는 사실을 이해하기 시작했다. 마침내 몇 명의 주교들이 모여서 삼위일체를 설명하는 언어를 정교하게 다듬었다. 삼위일체는 세 가지 측면에서 참으로 신비롭다. 첫째로, 삼위일체는 인간이 이해할 수 있는 범위를 넘어선다. 하나님이 어떻게 셋이면서 동시에 한 분이신지를 이해할 길이 없다. 둘째로, 삼위일체는 놀랍고 감격스럽고 강력하다. 서로에게 온전히 복종하는 하나님의 세 위격은 그 공동체 안으로 세상을 인도하는 사명을 띠고 있다. 얼마나 멋진 사명인가! 셋째로, 교회는 삼위일체를 아예 잊어버렸거나, 아니면 받아들이기 힘든 모습으로 왜곡해 버렸다.

두 가지 거짓 내러티브

◆

첫 번째 거짓 내러티브: "삼위일체는 필요 없어." 입 밖으로는 말하지 않더라도, 대부분 기독교인의 삶에서 이런 모습이 발견된다. 신학자 카를 라너는 "기독교인은 실제 삶에서는 그냥 '일신론자'나 다름없다"라고 말했다.[4] 삶의 어떤 부분에서도 삼위일체의 사귐이 보이지 않는다면 삼위일체를 믿는다는 것을 어떻게 알 수 있겠는가? 그런 이들은 사회적 복음을 받아들였는지도 모른다. 사회적 복음에서 말하는 하나님은 멀리 하늘에 계시면서 세상에 간섭하지 않는 늙은이이며, 예수님은 죽어서 세상을 떠났기 때문에 먼 과거에만 존재하는 위대한 선생이다. 그리고 성령님은 등장하지도 않는다. 아니면 부끄러움을 주는 복음을 받아들였을 수도 있다. 예수님이 십자가에서 죽으셨으니 우리는 천국에 갈 수 있게 되었다. 그러니 이제 (화가 가라앉은) 아버지나 (제 역할을 끝낸) 예수님이나 (오순절파나 은사주의자가 아니라면 애초에 이야기에 등장하지도 않았을) 성령님은 전혀 필요 없게 된 것이다.

두 번째 거짓 내러티브: "예수님은 하나님의 진노의 불길에서 우리를 지켜 주는 방화복이다." 부끄러움을 주는 복음에 이런 시각이 스며 있다. 거룩한 지배자이자 우주의 재판관이신 하나님 아버지는 인간의 죄로 인해 분노하며 인간을 없애 버리려고 하신다. 자애롭고 인자하신 성자 예수님은 우리 대신 죽기를 자

처하신다. 성부와 성자는 한마음이 아니다. 두 분은 싸우고 있다. 결국 아버지는 마음을 누그러뜨리고 아들에게 값을 치르게 한다. 하나님은 오직 정의 실현에만 관심이 있고, 예수님은 아버지를 달랜다. 이 이야기에는 삼위일체가 없고, 오직 대립하는 성부와 성자만이 있을 뿐이며 성령은 등장하지도 않는다. 하지만 삼위일체는 대립하지 않는다. 삼위일체는 말 그대로 **하나**이기 때문이다. "왜 우리는 하나님 아버지는 심술궂고 화내는 분으로 생각하고, 예수님은 인자하고 용서하는 분으로 생각하는 걸까요?"라고 물은 조사이어의 질문에 이제 답할 수 있다.

이 두 가지 내러티브는 점점 널리 퍼지고 있다. 이제 우리는 물어야 한다. 이 이야기들은 아름다운가? 선한가? 그리고 진실한가?

아름답고 선한가

◆

아름다움부터 시작해 보자. 아름다움은 "보았을 때 즐거운 것"이다. 난 이런 내러티브를 들어도 전혀 즐겁지 않다. 삼위일체를 필요 없다고 생각하든 집안싸움이라고 여기든 간에, '우와' 하고 감탄할 정도의 감동은 없다. 즉, 아름답지 않다. 그렇다면 선한가? 선함은 경험했을 때 유익한 것이다. 이런 이야기에서는 어떤 유익도 찾을 수 없다. 없어도 되는 삼위일체라면 별로 유익하지도 않을 것이다. 징벌을 대신 받는 예수님을 숭

고하고 고맙게 여길 수는 있지만, 하나님 아버지는 여전히 화가 나 있다. 결국, 재판정의 이미지는 사랑을 불러일으키기보다는 안도감을 줄 뿐이다. 두 내러티브는 모두 아름다움과 선함의 테스트를 통과하지 못한다. 그렇다면 마지막 질문이 남는다. 이 이야기들은 진실한가?

진실한 내러티브

◆

존 웨슬리는 '웨슬리 사변형'이라는 선물을 교회에 남겼다. 웨슬리 사변형은 진실성을 검증하기 위한 네 가지 방법으로, **성경**(말씀의 가르침), **전통**(오랜 세월에 걸쳐 전해진 교회의 가르침), **이성**(인간의 논리적인 사고력), 그리고 **경험**(체험을 통해 얻게 되는 지식)을 가리킨다. 앞서 진실한 것은 동시에 아름답고 선해야 한다고 말한 것처럼, 웨슬리는 진실한 것이라면 성경의 토대 위에 서 있고, 교회의 가르침과 일치하며, 우리가 이성적으로 받아들일 수 있고, 삶의 경험에 비추어 이해할 수 있어야 한다고 주장했다.

웨슬리 사변형은 믿음의 대상을 검증하기에 유용한 방법이다. 다만, 웨슬리는 교회의 전통보다는 성경에 더욱 무게를 두었으며, 사람의 이성과 경험은 그보다도 덜 강조했다는 점을 밝힐 필요가 있다. 역사와 삶의 경험이 방증하듯, 인간은 모두 거짓에 속을 수 있기 때문이다. 이러한 점을 염두에 두고 웨슬리 사변형을 통해 진실함을 검증해 보려 한다.

삼위일체에
참여하다

성경. 어느 날, 집에 여호와의 증인이 찾아왔다. 옷차림이나 태도가 아니라 대본을 읽는 듯한 전도 방법에서 여호와의 증인이라는 것을 알 수 있었다. 내게 기독교인인지 묻는 그에게 그렇다고 답했다. 그가 "그렇다면 성경을 가지고 계시겠죠?"라고 물었다. 내가 그렇다고 말하자, 그는 성경을 가져와 줄 수 있겠냐고 물었다. 조금 짓궂은 마음이 들어서, 다음 대사가 무엇인지 알면서도 호응해 주었다. 성경을 가지고 오자 그가 이렇게 말했다. "기독교인들은 삼위일체를 믿죠. 하지만 재밌는 건 성경 어디에서도 삼위일체는 언급되지 않는다는 것입니다. 성경을 펼쳐서 삼위일체라는 말이 어디 등장하는지 찾아보세요."

이것은 기독교가 전부 틀렸다는 것을 증명하기 위해서 여호와의 증인이 흔히 사용하는 방법이다. 그리고 그 말은 사실이다. **삼위일체**라는 말은 성경에 없다.[5] 이 용어가 탄생한 것은 3세기의 일이다. 하지만 삼위일체 자체는 성경에 수도 없이 등장한다. 가장 뚜렷하게 삼위일체를 보여 주는 말씀은 예수님의 대위임령이다. "아버지와 아들과 성령의 이름으로 세례를 주고"(마 28:19). 사실 삼위일체가 처음 등장하는 것은 예수님의 세례 장면이다.

예수께서 세례를 받으시고, 곧 물에서 올라오셨다. 그때에 하늘이 열렸다. 그는 하나님의 영이 비둘기같이 내려와 자기 위에 오는 것을 보셨다. 그리고 하늘에서 소리가 나기를 "이

위대한
이야기

는 내가 사랑하는 아들이다. 내가 그를 좋아한다"하였다(마 3:16-17).

성자가 물에서 올라오고 성령이 하늘에서 내려오며, 성부의 목소리가 들린다. 성부 하나님은 마태복음 17장 5절의 변화산 사건에서와 똑같은 말씀을 하신다. 삼위일체는 복음서 전반에 걸쳐 등장한다. 예수님은 성령에 이끌려 광야로 가신다. 예수님은 늘 아버지 하나님과 교제했으며, 이 점은 겟세마네 동산과 십자가 위에서 가장 뚜렷하게 드러난다.

서신서도 (삼위일체라는 단어는 사용하지 않지만) 삼위일체에 관해 이야기한다. 가장 직접적으로 삼위일체가 드러나는 말씀은 갈라디아서 4장 6절이다. "그런데 여러분은 자녀이므로, **하나님**께서 그 **아들**의 **영**을 우리의 마음에 보내 주셔서 우리가 하나님을 '아빠, 아버지'라고 부를 수 있게 하셨습니다." 삼위일체가 어떤 일을 하시는지에 주목하라. 우리를 사귐으로 부르신다. 하나님 아버지는 예수님의 영을 우리의 마음에 보내 주셔서 하나님을 "아빠, 아버지!"라고 부를 수 있게 하셨다. 성령은 삼위일체가 누리는 사랑의 사귐으로 우리를 인도하시며, 그곳이 우리의 자리다.

여호와의 증인은 옳았다. **삼위일체**라는 단어는 성경에 등장하지 않는다. 하지만 삼위일체 자체는 신약성경의 모든 곳에서 발견된다. 반면 부끄럽고 두렵게 하는 이야기는 성경을 아무리

삼위일체에
참여하다

뒤져도 찾을 수 없다. "하나님은 사람들에게 잔뜩 화가 나 있지만 예수님이 등장해서 그 벌을 대신 받았습니다"라고 이야기하는 말씀은 어디에도 없다. 성경은 오히려 그 반대를 말한다. 하나님 아버지께서 자기 아들을 내어 주신 것이다. 바울은 이 사실을 통해서 하나님의 계속되는 신실하심과 사랑과 자비하심을 보여 준다. "자기 아들을 아끼지 않으시고, 우리 모두를 위하여 내주신 분이, 어찌 그 아들과 함께 모든 것을 우리에게 선물로 거저 주지 않으시겠습니까?"(롬 8:32) 이 내러티브는 부끄러움을 주는 복음과는 정반대다. 삼위일체 하나님은 십자가의 구원 사역에 함께 헌신했다. 성 보나벤투라는 십자가에 달린 예수님의 이면에 감춰진 아버지의 사랑의 신비를 보아야 한다고 주장했다. 그 신비를 볼 수 있는 눈이 있다면, 성부, 성자, 성령 하나님의 뜨거운 사랑이 십자가에서 타오르는 것을 볼 수 있다.

전통. 교회는 서기 325년에 열린 니케아 공의회에서 삼위일체에 대한 이해를 확립했다. 주교들은 신학적, 교리적으로 중요한 문제를 결정하기 위해 공의회를 소집했다.[6] 그들은 성부와 성자가 하나임을 나타내기 위해 '호모우시오스*homoousios*'라는 그리스어 단어를 사용했는데, 이는 '본질적으로 같다'라는 뜻이다. 초대교회는 삼위일체를 어떻게 이해하는지에 따라서 하나님과의 관계가 완전히 달라질 수 있다는 사실을 알고 있었기 때문에 이 문제를 놓고 치열하게 싸웠다. 니케아 공의회가 열린 뒤 50년이 지나자, 기독교의 가장 위대한 신학자 중 한 사람인 니사의 그레고리우스도 삼위일체를 하나이신 세 분, 모든 존재에서 연합을 이루신 분으로 이해하고 가르쳤다. 그는 "성부에게 있는 모든 것은 성자에게도 있으며, 성자가 가진 모든 것은 성부의 것이기도 하다.[7] … 따라서 성자의 위격은 마치 성부를 아는 지식이 형태와 얼굴을 갖춘 것과 같으며, 성부의 위격은 성자의 모습을 통해 알려진다"라고 기록했다. 하나님 아버지는 정확히 예수님과 같다. 예수님의 모습은 하나님 아버지의 본성을 온전히 드러내 준다. 예수님을 통해서 아버지의 **형태와 얼굴**을 볼 수 있다. 따라서 하나님 아버지를 잔뜩 화가 난 분으로, 예수님을 인자하기 그지없으신 분으로 구분해 생각할 수는 없다. 두 분은 하나이며, 같은 분이시기 때문이다.

초대교회의 신학자들이 삼위일체를 설명하기 위해 사용했던 두 개의 훌륭한 그리스어 단어가 있다. 케노시스*kenōsis*와 페리코레시스*perichōrēsis*다. 케노시스는 다른 사람을 위해 자신을 내어 주는 행동이다. 빌립보서 2장에 실린 초대교회의 찬송에 이 단어가 등장한다.

[예수님은] 하나님의 모습을 지니셨으나,
하나님과 동등함을
당연하게 생각하지 않으시고,

오히려 자기를 비워서

종의 모습을 취하시고,

사람과 같이 되셨습니다(6-7절).

7절의 **비워서**는 '케노시스'의 동사형을 번역한 것이다. 예수님은 다른 사람을 위해 자신을 내어 주셨다. 초대교회의 신학자들은, 만약 예수님이 자신을 내어 주는 분이시라면 하나님과 성령님 역시 그럴 것이라고 생각했다. 이를 설명하기 위해서 '상호복종'이라는 뜻을 가진 '페리코레시스'라는 단어를 사용했다.

즉, 성부와 성자와 성령은 서로에게 복종하며 살고 계신다. 이렇게 타인의 유익을 위해 자신을 내어 주는 것이 삼위일체의 핵심이다. 자칫 삼위일체를 계급으로 이해하고, 성부 하나님이 대장 역할을 한다고 상상하기 쉽다. 그런 이미지를 설명하기 위해 성부가 위쪽 꼭짓점에 있고 성자와 성령이 아래쪽 꼭짓점에 있는 피라미드 모양이 사용되기도 한다. 그러나 삼위일체의 본질적 특징인 '케노시스'와 '페리코레시스'는 이런 계급 이미지를 타파한다. 달라스 윌라드는 이렇게 말했다. "삼위일체 안에는 계급이 없다.[8] 삼위일체 하나님이 그것을 견디지 못하실 것이기 때문이다." 삼위일체에는 동그라미가 더 어울린다.

그렇다면 삼위일체의 안은 어떤 모습일까? 또다시 '페리코레시스'가 실마리가 된다. '페리코레시스'에는 상호 복종이라는 뜻 외에도 '역동적인 어울림'이라는 뜻이 있다. 마티 폴섬 박사는 이런 측면을 아름답게 설명한다.

> 각자의 정체성을 잃어버리지 않는 연합이 있다. 누군가가 눈물을 흘릴 때, 다른 이는 짠맛을 느낀다. 오직 성부와 성자와 성령의 삼위가 누리는 관계 안에만 이런 조화를 이루는 인격적 관계가 존재하며, 초대교회는 이런 관계를 묘사하기 위해 '페리코레시스'라는 단어를 사용했다. 좋은 소식은 우리도 이 관계에 들어가 있으며 우리를 비롯한 모든 피조물이 그 관계를 온전히 누리게 될 거라는 사실이다.[9]

삼위일체의 세 위격은 서로를 완전히 드러내며 어울린다. 성부와 성자의 어울림은 이 세상의 어떤 관계보다도 좋고 진실하며, 참되고 친밀하다. 정말 멋진 사실은 인간은 누구나 이 어울림에 함께하도록 창조되었으며 그 관계 속으로 부름받았다는 것이다. 놀랍지 않은가!

◆ '케노시스'와 '페리코레시스'라는 단어를 이해하는 방식은 하나님과의 관계에 어떤 영향을 주는가?

이성과 경험. 삼위일체는 인간이 이해할 수 있는 범위를 넘어서지만, 그나마 경험을 통해 가장 잘 이해할 수 있다고 믿는다.

나는 기도할 때 삼위일체의 임재를 가장 깊이 느낄 수 있었다.
바울은 내 경험을 이렇게 묘사한다.

> 이와 같이, 성령께서도 우리의 약함을 도와주십니다. 우리는
> 어떻게 기도해야 할지도 알지 못하지만, 성령께서 친히 이루
> 다 말할 수 없는 탄식으로, 우리를 대신하여 간구하여 주십니
> 다. 사람의 마음을 꿰뚫어 보시는 하나님께서는, 성령의 생각
> 이 어떠한지를 아십니다. 성령께서, 하나님의 뜻을 따라, 성도
> 를 대신하여 간구하시기 때문입니다. …
> 누가 감히 그들을 정죄하겠습니까? 그리스도 예수는 죽으셨
> 지만 오히려 살아나셔서 하나님의 오른쪽에 계시며, 우리를
> 위하여 대신 간구하여 주십니다(롬 8:26-27, 34).

나는 성령께서 나를 통해 기도하시는 것과, 예수님이 나를
위해 기도하시는 것을 느꼈다. 진실한 기도는 반드시 삼위일체
와 함께한다. 우리는 **성령 안에서 예수님을 통해 아버지께** 기도
한다.

무엇에 대하여 무엇을 위해서 기도할지 성령님께 구할 때,
나는 가장 풍성한 기도의 시간을 누린다. 성령님은 **내 마음을
살피셔서** 하나님이 사랑하시는 것을 나도 사랑할 수 있도록 이
끄신다. 그런 기도는 항상 선하고 아름다우며 진실하다. 그런
기도는 나와 다른 사람을 위해서 (성령의 열매인) 사랑, 기쁨, 화

위대한
이야기

84

평, 친절과 같은 것을 구한다.

카를 라너는 기독교인들이 실질적으로는 일신론자와 같다고 했다. 믿은 지 얼마 되지 않았을 때는 나도 그랬다. 그러나 지금의 나는 실제 삶에서 철저하게 삼위일체를 따르고 있다. 삼위일체는 내 인생의 중심이다. 교회에서 삼위일체를 배웠기 때문에 믿는 것이 아니다. 내가 삼위일체를 경험했기 때문에 믿는다.

아름답고 선한가

삼위일체가 진실하다는 것을 알아보았으니, 이제 아름답고 선한지 살펴보자. 나는 세상에서 삼위일체만큼 아름답고 선한 것이 없다고 생각한다. 삼위일체의 아름다움에 "우와"라고 감탄하고, 삼위일체의 선함에 "감사합니다"라고 외치게 된다. 후기 켈트 신학을 연구한 신학자 존 오도너휴는 이렇게 말했다.

삼위일체로서 신이라는 기독교의 개념은 사귐을 둘러싸고 영원히 흐르는 타자성과 친밀성에 대한 가장 탁월한 설명이다. 이런 관점은 "보아라, 나는 너희를 친구라고 부른다"라고 하신 예수님의 말씀을 통해서, 어떻게 인간의 영원한 갈망이 아름답게 채워지는지를 보여 준다. 하나님의 아들이신 예수님은 우주에서 처음으로 계신 타자다. … 그분과 사귐을 누림으로써 우리는 삼위일체의 온화한 아름다움과 사랑에 들어

간다. 이 영원한 사귐이 우리를 품을 때, 우리는 감히 자유를 얻는다.[10]

삼위일체 하나님, 사랑의 공동체는 더할 나위 없이 아름답고 진정으로 선하다. 하나님의 형상을 따라 지음받은 인간이 삼위일체의 공동체 가운데로 초대받았다는 사실은 그 어떤 것보다도 멋진 일이다.

루블료프의 〈삼위일체〉 이콘. 나는 유명한 루블료프의 〈삼위일체〉 이콘을 보며 시간을 보내곤 한다. 아브라함과 사라를 찾아온 세 천사가 나오는 창세기 18장의 장면을 묘사했는데, 사라가 식사를 준비하는 동안 세 천사는 식탁에 앉아 있다. 여기 나오는 세 천사는 성부와 성자와 성령을 나타낸다. 다른 이콘처럼 여기에도 상징이 가득하다. 성부의 금색 옷은 완벽함, 즉 만유의 기원을 상징한다. 성자의 파란색 옷은 하늘과 바다, 즉 인간의 위치를 상징한다. 성령의 초록색 옷은 생명과 풍요로움, 성장을 상징한다. (부디 루블료프의 〈삼위일체〉를 검색해서 색깔을 보기 바란다.) 세 천사는 서로에게 복종하는 의미로 고개를 숙이고 있는데, 이는 '페리코레시스'와 '케노시스'를 표현한 것이다. 세 천사는 모두 손에 같은 길이의 지팡이를 들고 있는데, 그것은 세 분의 동등함을 의미한다. 가운데 앉으신 예수님은 두 손가락을 펼치고 있는데, 이는 신성과 인성의 이중성을 나타낸다. 배

위대한
이야기

86

루블료프의 〈삼위일체〉 이콘

경에 있는 나무는 십자가를 예시한다.

　수년 동안 이 이콘을 보아 왔지만 이해할 수 없었던 것이 있었는데, 최근에야 그 답을 찾았다. 세 천사가 앉아 있는 식탁 앞에 난 네모난 구멍의 의미가 나는 항상 궁금했다. (이콘에는 허투루 있는 것이 없다. 모든 것이 상징이다.) 그런데 미술사를 연구하는 학자들이 이 사각형에 접착제 성분이 남아 있다는 걸 발견한 것이다. 루블료프가 식탁 앞에 거울을 붙였던 게 아닐까 생각해 볼 수 있다. 확실히 알 수는 없어도(이런 경우는 흔치 않으니까), 정

삼위일체에
참여하다

말 멋진 설명이다. 이콘에 거울이 붙어 있다면, 이콘을 보는 사람은 식탁 앞에 비친 자기 얼굴을 볼 수 있다. 설령 거울이 붙어 있지 않더라도, 삼위일체가 원하시는 것의 핵심에 도달하게 된다. 삼위일체의 사귐에 우리가 참여하는 것이다.

> ● 이콘에 실제로 거울이 붙어 있었는지에 관계없이, 삼위일체 하나님이 당신을 그 식탁으로 초대하신다는 사실에 어떤 생각이 드는가?

　루블료프의 이콘에 관한 이야기가 하나 더 있다. 나는 처음에 천사들이 여성인 줄 알았다. 하지만 자세히 보니 남성도 여성도 아니었다. 꽤나 중요한 사실이다. 삼위일체를 표현하는 데 **아버지**나 **아들**과 같은 남성 단어가 사용되기 때문이다. 비록 예수님도 남자로 오셨으며 하나님을 '아버지'라는 호칭으로 부르셨지만, 삼위일체 하나님은 남성도 여성도 아니다. 성경은 많은 부분에서 하나님을 여성의 이미지로 묘사했다. 신명기 32장 11절은 하나님을, 새끼를 먹이고 보호하는 어미 독수리에 빗대어 표현한다. 또한 히브리어에서 성령을 뜻하는 '루아흐*rûaḥ*'라는 단어는 여성형이다. 신학자 사이먼 챈은 성령을 "우리 안에서 거룩한 삶을 잉태하는 엄마,[11] 그리고 그리스도 안에서 부활한 삶의 충만함으로 우리를 돌보는 엄마"로 그려 볼 수 있다고 말한다. 하나님을 부르는 단어는 남성이지만, 삼위일체의 여성적인 면도 함께 보는 것이 지혜롭다.

하나님의 여성적인 모습은 위대한 이야기의 지평을 더욱 넓힌다. 예를 들어, 기독교가 약세인 일본을 생각해 보자. 일본에서 기독교인은 전체 인구의 1퍼센트 미만이다. 어떤 이론에 따르면, 부끄러움을 주는 복음과 같이 엄격한 아버지상을 강조하는 기독교가 일본의 남성 중심적인 문화에서 반감을 불러일으켰다고 한다. 예로부터 일본인들이 가장 두려워하는 네 가지가 있다고 하는데, 바로 '불, 지진, 번개, **아버지**'다. 일본에서 아버지는 자고로 엄격하고 권위적이며 자존심이 센 존재로 여겨지고, 실제로 대부분이 그렇다. 반면 어머니는 고통을 감내하고 양육하며 돌봄을 제공하는 존재다. 그래서 일본인들은 (특히 남자들은) 어머니를 필요로 한다. 일본 작가 엔도 슈사쿠는 일본에서 인정받은 유일한 기독교 작가인데, 하나님의 여성적인 이미지를 강조했기 때문에 가능한 일이었다.[12] 위대한 이야기를 제대로 전한다면, 서구가 만든 화난 하나님의 이미지를 거부했던 사람들의 마음도 열 것이다.

무엇이 또 문제인가

이 시대 교회와 우리 삶에서 삼위일체가 실종됐다고 앞서 말했다. 삼위일체를 이해하지 못하거나 삼위일체와 교제하지 않으면 어떤 문제가 생길까? 수많은 문제 가운데 제일 심각한 문

삼위일체에
참여하다

제는 하나님과의 단절이다. 부끄러움을 주는 복음 안에서는 예수님이나 하나님과 단절된다. 생명을 주고 함께 교제하시는 예수님보다 피 흘리시는 예수님이 필요하다. 하나님 아버지는 화가 나 계신데, 예수님은 그 분노를 달래고 곧 승천하셨다. 성령님은 아예 등장하지도 않는다. 인간은 여전히 단절되어 있다. 용서받았지만, 단절되어 있다.

나는 리처드 로어가 한 다음의 말에 전적으로 동의한다. "바로 지금 인류가 마주하는 가장 큰 질병은 깊고 고통스러운 단절감이다."[13] 삼위일체를 제대로 이해한다면 하나님이 우리와 관계 맺고 교제하며 친밀한 사귐을 누리길 원하신다는 것을 알게 될 것이다. 또한 하나님은 멀리서 화를 내는 재판관이 아니라는 것을 알 수 있다. 삼위일체를 올바로 이해하면 그 공동체에 참여하게 되고, 하나님은 기쁨과 슬픔, 즐거움과 고통이 있는 삶의 구석구석에 임하실 것이다.

무엇이 문제냐고?

경외심.

놀라움.

즐거움.

좋은 소식은…

◆

예수님은 아름답고 선하고 진실하시며, 하나님은 정확히 예수님 같은 분이라는 것이다.

나의 친구이자 동료인 키스 키즐러는 그의 영성 훈련 수업에서 모두 눈을 감고 하나님을 떠올리도록 했다. 잠시 후, 눈을 뜨고 어떤 모습을 떠올렸는지 나누도록 했는데, 대부분 같은 것을 떠올렸다. "구름 위에 떠 있는 흰 수염의 노인"이었다. 키스는 이렇게 덧붙였다. "만약 여러분이 떠올리는 하나님의 모습이 예수님과 다르다면, 하나님에 대해 잘못된 이미지를 가지고 있는 것입니다."

예수님이 아름다우신 것처럼, 하나님 아버지와 성령님도 아름다우시다. "그 말씀은 육신이 되어 우리 가운데 사셨다. 그것은 아버지께서 주신, 외아들의 영광이었다. 그는 은혜와 진리가 충만하였다"(요 1:14).

예수님이 선하신 것처럼, 하나님 아버지와 성령님도 선하시다. "하나님께서 나사렛 예수에게 성령과 능력을 부어 주셨습니다. 이 예수는 두루 다니시면서 선한 일을 행하시고, 마귀에게 억눌린 사람들을 모두 고쳐 주셨습니다. 그것은 하나님께서 그와 함께하셨기 때문입니다"(행 10:38).

예수님이 진실하신 것처럼, 하나님 아버지와 성령님도 진실하시다. 예수님은 도마에게 "나는 길이요, 진리요, 생명이다. 나를 거치지 않고서는, 아무도 아버지께로 갈 사람이 없다"(요 14:6)라고 말씀하셨다. "내가 아버지께로부터 너희에게 보낼 보혜사 곧 아버지께로부터 오시는 진리의 영이 오시면, 그 영이

삼위일체에
참여하다

나를 위하여 증언하실 것이다"(요 15:26).

삼위일체 하나님은 아름답고 선하며 진실하시다. 삼위일체가 들려주는 위대한 이야기도 그렇다.

영혼의 훈련: 진실함

계속해서 주변을 관찰하고, 아름다움과 선함과 진실함의 일기를 꾸준히 쓰도록 노력하라. 이번 주에는 진실함(진리, 참된 것)에 집중해 보자. 진실함은 늘 현실을 반영한다. 진리는 믿을 만하다. 진리에는 힘이 있다. 하나님의 피조 세계에는 진리가 가득하다. 원자나 미립자, 화학 법칙 등을 떠올려 보자. 중력은 참이다. 광합성도 참이다. 2 더하기 2는 언제나 4가 된다. 그건 믿을 만한 진리다.

우리는 또한 다른 사람들이 진실을 말하길 기대한다. 누군가 거짓말을 하면, 관계에 금이 가고 신뢰가 무너진다. 이번 주에는 하는 말에 더 신경을 써 보라. "'예' 할 때에는 '예'라는 말만 하고, '아니오' 할 때에는 '아니오'라는 말만"(마 5:37) 하도록 노력하라. 즉, 생각하는 바를 말하고, 말하는 대로 생각하라. 늘 그렇듯이 진실도 사랑 안에서 말해야 한다. 나는 진실하지 않은 말을 하면 그 자리에서 곧바로 회개하려고 한다. "죄송합니다. 제가 방금 한 말은 진실이 아니었어요. 진짜 진실은 여기 있어요." 진실을 말할 때 사람들은 기분이 상하기는커녕 그렇게 말해 주어서 고맙다고 했다.

삼위일체에
참여하다

아름다움이나 선함과 마찬가지로, 진실함을 관찰하고 기록할 때에는 하나님께 감사하는 것을 잊지 말라. 하나님은 진실을 바라고 스스로 진실한 존재가 되도록 우리를 창조하셨다. 우리는 진실을 말하도록 만들어졌다. 진실의 화신인 것이다. 진실을 말하는 사람들을 찾아보라. 사회학자들에 따르면 사람들은 보통 인지하는 것보다 더 많은 거짓말을 한다고 한다. 최대한 사랑을 담아 진실을 말하도록 하라.

보너스 훈련. 수세기 동안 가톨릭과 정교회에서는 십자성호를 그렸다. 보기에 따라서는 성호를 긋는 것이 이상하거나 위험해 보일 수도 있다. 하지만 그건 단순한 미신이 아니라, 삼위일체를 인식하고 거기에 참여하겠다는 상징적인 몸짓이다. 손을 이마에 댔다가 아래로 내리면서 "성부와"라고 말하고, 가슴을 지날 때 "성자와"라고 말한다. 이렇게 손을 내리는 몸짓은 예수님이 우리와 함께하시기 위해 자신을 비워(케노시스) 이 땅에 내려오신 것을 상징한다. 그 후에는 손으로 가슴에 가로선을 그으며 (가톨릭은 왼쪽에서 오른쪽으로, 정교회는 오른쪽에서 왼쪽으로) "성령의 이름으로"라고 말한다. 가슴에 긋는 가로선은 성령께서 우리 마음속을 운행하시는 것을 상징한다. 십자성호는 우리가 속한 삼위일체의 실재를 일깨워 준다. 또한 성호를 그을 때 우리 몸은 성령이 거하시는 성전이 되는 영광을 누린다.

제4장

아름다움에 잠기다

눈 돌리면 어디나
변화산처럼 빛나는 세상
달리 무엇이 필요하랴,
보고자 하는 사소한 의지밖에.
―매릴린 로빈슨

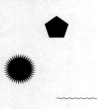

캘리포니아 남부의 샌게이브리얼 산기슭에는 한때 수도원이었
다가 이제는 마터 돌로로사라고 불리는 수련원으로 사용되는
장소가 있다. 언덕길을 따라 조성된 정원에 나무와 꽃이 가득한
정말 아름다운 곳이다. 난 1997년 여름에 그곳에서 보름 정도
머물렀다. 수도사들이 사용하던 작은 독실에 묵었는데, 가구라
고는 탁자와 침대, 의자뿐이었다. 하루는 아침 6시에 일어나서,
식사와 수업 전에 기도를 하고, 성경을 읽고, 일기를 쓰는 시간
을 가지려 했다. 커피를 한 잔 따라서 책상에 앉자마자, 왠지 의
자를 창 쪽으로 돌려 창밖을 응시하고 싶은 충동이 일었다.

　푸릇푸릇한 잔디밭 건너편에는 연노랑 잎을 단 나무가 줄 지
어 서 있었다. 떠오르는 해가 서서히 잔디밭 건너편의 나무들
을 비추었다. '좋아, 자연을 바라보는 건 이만하면 됐으니 이제
진지하게 기도할 시간이야.' 이렇게 혼잣말을 하고는 눈을 감고

기도하기 시작했다.

잠시 후, 마음속에서 속삭이는 소리가 들렸다. '저길 봐!' 창밖을 바라보자 이젠 나무 위에서 햇빛이 반짝거리고 있었다. 연노랑색 나뭇잎이 산들바람에 흔들리고 금빛으로 반짝이며 춤을 췄다. 환한 빛이 비치는 듯 내 영혼도 빛나기 시작했다. 무슨 말이라도 하고 싶었지만, 그저 "와!" 하는 소리만 터져 나왔다. 5분 동안 그저 감탄사만 연발했다.

해가 더 높이 떠오르자 반짝거리던 나뭇잎의 금빛이 사라지고 다시 연노랑색이 되었다. 마치 하나님이 모세에게 그 영광의 광채만을 잠깐 보이셨을 때의 풍경 같다는 생각이 들었다(출 33:22-23). 너무나 황홀했다. 그러나 이내 사라졌다! 계속 그 황홀감을 맛보고 싶었다. 그리고 더 큰 황홀감에 잠기고 싶었다.

나중에 이것이 아름다움의 두 가지 속성이라는 걸 알게 되었다. 아름다움은 영원하지도 않고, 온전히 만족시키지도 못한다. 그러나 조금 아쉬웠을지언정 그날 아침의 경험은 나를 바꾸어 놓았다. 하나님의 영광이 지닌 엄청난 무게를 목도했다. C. S. 루이스는 《영광의 무게》라는 글에서 내가 경험했던 것을 정확하게 글로 표현했다.

물론 아름다움을 보는 것만도 대단한 혜택이지만, 우리는 그 정도에서 만족하지 않습니다. 말로 표현하기는 어렵지만, 다른 무언가를 원합니다. 우리가 보는 아름다움과 연합하고, 그 안으로 들어가고, 그것을 우리 안에 받아들이고, 그 안에 잠기고, 그 일부가 되기를 원합니다.[11]

딱 그랬다. 영혼에 스며드는 아름다움과 하나가 되고 싶었다. 일기에도 기록하고 싶었지만, 그 경험을 온전히 말로 옮기는 건 불가능했다. 하나님의 영광이 나를 껴안는 듯했다고 표현할 수밖에 없었다.

그렇다면 세상을 아름답게 하는 건 무엇인가? 본질적으로 아름다운 것이 있는가? 혹은 그냥 보는 사람의 눈이 만들어 낸 막연한 느낌일 뿐인가? 아름다움은 하나님과 관련이 있는가? 기독교인의 삶과는? 아니면 아름다움은 (많은 기독교인이 믿듯이) 유혹하는 요부처럼 피해야 할 존재인가?

아름다움은 하나님과 어떤 관련이 있는가

◆

● 영혼을 휘젓는다고 느껴질 만큼 놀라운 아름다움을 언제 느껴 보았는가?

"아름다움은 하나님이나 기독교인의 삶과는 관련이 없다. 그리고 아름다움은 인간을 하나님에게서 멀어지게 할 수 있다."

위대한
이야기

기독교인들은 이런 내러티브에 익숙하다. 아름다움은 굉장히 강력하다. 감정 깊은 곳에서 사람의 마음을 사로잡는다. 때론 아름다움에 완전히 압도당하기도 한다. 그래서 아름다움을 경계한다. 많이들 아름다움에 미혹당하지 않도록 거리를 두는 것이 하나님의 뜻이라고 믿는다. 그래서 아름다움을 부적절하거나 위험하다고 여기는 기독교인들이 허다하다. 종교개혁 이후에 유럽의 많은 개신교인은 교회를 온통 하얗게 칠했다. 로마교회의 화려한 건축물과 조각상을 비롯해서 우상숭배라고 생각되는 모든 흔적을 지우고 싶었던 나머지, 모든 예술 작품을 없애 버린 것이다. 남은 건 하얀 벽과 십자가뿐이었다.

논리는 이랬다. "아름다움은 사람들을 하나님께 이끌기보다는 멀어지게 한다. 따라서 아름다운 것은 우상이 될 것이다." 심지어 개신교인들 중에는 악기 소리에 마음을 빼앗길까 우려해 예배당에서 악기를 모두 없애 버린 이들도 있다. 오직 사람의 목소리만이 하나님께 집중할 수 있게 해 준다는 논리였다. 예술가들과 그들의 작품도 교회에서 눈총을 받았다. 분명 오랜 세월 동안 교회와 예술은 밀접한 관계를 맺어 왔다. 웅장한 예배당과 렘브란트의 그림, 미켈란젤로의 조각상, 바흐의 〈나단조 미사〉, 그리고 헨델의 〈메시아〉는 모두 하나님을 높이는 예술 작품이다. 그럼에도 기독교인들은 대체로 아름다움을 불편하게 여긴다. 관능적인 것과 죄스러운 것은 종이 한 장 차이이기 때문이다.

아무도 내게 영적인 삶에서 아름다움이 어떤 역할을 하는지

아름다움에
잠기다

가르쳐 준 적이 없다. 기독교인으로서 내 삶은 아름다움의 위험을 감수하기보다는 아름다움을 무시하는 쪽에 가까웠다. 기독교는 교리와 신조로 이루어진 것이었지, 욕망과 기쁨에 관한 게 아니었다. 부끄러움을 주는 이야기는 창조나 아름다움에는 관심이 없다. 기껏해야 이야기 첫머리에 나오는 '당신이 얼마나 끔찍한 죄인인지 깨달으라'라는 메시지를 부연하기 위해 아름다움을 언급하는 정도일 것이다. 더러 끌리지 말아야 할 것(이웃의 집이나 배우자 등)에 끌려서 짓게 되는 죄가 있기 때문이다. 그래서 아름다움이 본질적으로 악하다고 여기는 것일 수도 있다.

정리하자면, 우리는 하나님을 사랑하는 방법, 아니, 좀 더 정확히 말하자면, 하나님의 사랑을 느끼는 방법 중 하나인 아름다움을 잃어버리고 말았다.

아름답고 선한가
◆

아름다움의 위험성을 강조하는 내러티브도 나름의 가치가 있다. 아름다움은 유혹적이다. 도스토옙스키가 말했듯이, "무시무시한 건, 아름다움이 신비로우면서도 동시에 끔찍하다는 것이다. 하나님과 악마가 싸우는데 그 치열한 전장이 바로 사람의 마음이다."[2] 우리는 아름다움에 끌린다. 악마도 그걸 안다. 아름다움 자체를 궁극적인 목표로 삼으면 우상이 된다. 하지만 그건 아름다움만의 문제가 아니다. 어떤 것이라도 그 자체를 최고의 목표로 둔다면 우상이 될 위험성이 있다. 예수님은 바리새인들이 율법 자체를 가장 높은 목표로 삼았다고 비판하셨다. 현실적으로 우리가 최고로 여기는 건 무엇이든 우상이 될 수 있다. 지나가다가 어떤 차 뒤에 "낚시는 내 인생"이라고 쓰인 스티커가 붙어 있는 것을 보았다. 처음에는 '다른 좋은 것도 많을 텐데'라고 생각했다. 그러나 다시 생각해 보니 우상숭배처럼 느껴졌다. "낚시를 허락하신 하나님, 감사합니다!"라고 쓰여 있었으면 더 낫지 않았을까?

아름다움을 부적절하거나 위험한 것으로 여기면 하나님의 가장 좋은 선물 하나를 놓치게 된다. 하나님은 인간에게 다섯 개의 놀라운 감각을 주셨다. 그리고 모든 감각은 아름다움과 선함과 진실함을 누리며 기뻐하도록 만들어졌다. 아름다움은 사람들을 하나님께로 인도하며, 찬양의 노래를 부르게 한다. 아름다움은 결코 그 자체로 완전하지 않고, 그 너머의 궁극의 가치로 우리를 인도한다. 아름다운 것은 동시에 선하며 진실하다. 아름다움을 올바로 이해한다면 모든 면에서 더 나은 삶을 살 수 있다. 감각적인 아름다움(맛있는 식사나 아름다운 밤하늘)과 지적인 아름다움(수학 공식이나 삼위일체의 개념, 예수님의 가르침 등)은 삶을 더 풍성하게 만들고, 하나님을 더 깊이 사랑할 수 있게 해 준다.

최근에 런던에 머물면서 내셔널 갤러리를 관람한 적이 있다. 주중이었는데도 유명한 작품을 감상하면서 헤드셋으로 그 시대의 배경과 특징에 대한 해설을 듣는 사람들이 가득했다. 관

아름다움에
잠기다

객들은 엄청난 작품에 모두 경의를 표하며 조용히 관람하고 있었다. 경외심을 드러내며 놀라는 표정을 짓는 이들도 눈에 띄었다. 불현듯 오늘날의 미술관은 세속적인 성당이라는 생각이 들었다. 근대 문화는 하나님을 내버렸지만, 사람들의 영혼에는 여전히 아름다움을 향한 갈망이 있다. 톰 울프는 어느 강의에서 "오늘날 예술은 … 지식인들의 종교"[3]라고 말했다. 예술은 신도도 헌금도 없는 종교인 셈이다. 어떤 희생도, 순종도, 예배도 필요 없다. 도덕적인 행실이나 인격의 변화도 요구되지 않는다.

우리는 언제나 아름다움에 이끌릴 것이다. 아름다움은 진실함이나 선함보다도 훨씬 강력한 힘으로 우리를 하나님께 이끈다. 진실함이나 선함을 마주할 때 느끼는 저항을, 아름다움 앞에서는 느끼지 않기 때문이다. 아름다움에는 저항할 수 없다. "마음을 얻어 내는 건 아름다움만의 특권이자 매력이다." 미겔 데 세르반테스의 말이다. 그렇다면 이런 질문이 남는다. 아름다움의 매력을 통해 과연 하나님을 바라보게 되는가? 아니면 아름다움 그 자체가 우상이 되어 사람의 마음을 빼앗는가? 하나님은 아름다움으로 우리를 이끄시고, 선함을 통해 붙잡으시며, 진실함으로 설득하신다.

성경이 말하는 아름다움

◆

기독교인은 대체로 창조 이야기가 나오는 성경의 처음 두 장

(창 1-2장)은 그냥 넘겨 버리고 타락 이야기가 나오는 창세기 3장부터 읽기 시작하는 것 같다.[4] 마찬가지로, 지옥의 불구덩이가 나오는 요한계시록 20장에서 그만 성경을 덮어 버린다. 새 하늘과 새 땅을 이야기하는 요한계시록 21-22장은 읽지 않는다. 부끄러움을 주는 복음은 죄에서 시작해서 심판으로 끝나기 때문이다. 하지만 처음 두 장과 마지막 두 장은 성경에서 매우 중요한 부분이다. 하나님은 인간을 위해 하늘과 땅을 창조하시고 매우 기뻐하셨다. 그리고 인간의 반역에도 불구하고, 마지막 날에 구원을 이루시며 새 하늘과 새 땅을 창조하실 것이다. 그런데 문제는 뒤에 나오는 이야기가 앞의 이야기를 앞질러 버린 것이다.

위대한 진짜 이야기는 이렇게 시작한다. "태초에 하나님께서 천지를 창조하셨다"(창 1:1). 성경은 언제 어떻게 왜 세상이 창조되었는지는 알려 주지 않는다. 다만 누가 세상을 창조했는지만 말해 준다. 바로 하나님이시다. 그 뒤에는 하나님이 직접 창조하신 세상을 어떻게 바라보셨는지 보여 준다. "하나님이 손수 만드신 모든 것을 보시니, 보시기에 참 좋았다"(창 1:31). 좋은 것이란, 유익을 주고 더 낫게 만들며 치유하고 생기를 불어넣는 것이다. 자연은 좋은 것으로 가득하다. 오늘 아침 나는 잉글리시 머핀에 꿀과 땅콩버터를 발라 시원한 우유 한 잔과 함께 먹었다. 참 좋았다. 내게 유익했기 때문이다. 하지만 동시에 기쁨이기도 했다. 하나님은 피조 세계를 바라보고는 참 좋다고

아름다움에
잠기다

생각하셨다. "과연 아름답구나!"라고 말씀하실 수도 있었을 테지만, 그러지 않으셨다.

성경은 아름다움이라는 단어를 잘 사용하지 않는다. 인간의 아름다움에 대해서 (그리고 그 아름다움을 어떻게 잃어버리는지에 대해서) 이야기할 때를 빼고는 찾아보기 힘들다. 대신 영광이라는 단어를 자주 사용한다.[5] 영광이란 아름다움, 선함, 진실함에 권능이 결합한 것이다. 시편의 기자는 이렇게 선포한다. "하늘은 하나님의 영광을 드러내고, 창공은 그의 솜씨를 알려 준다"(시 19:1). 그래서 은빛으로 비추는 달을 바라볼 때 하나님의 영광을 보게 된다. 하나님은 달을 만드시고, 달을 비추는 태양을 만드셨다. 그리고 매일 밤 그 위대한 이야기를 들려주신다.

피조 세계는 하나님의 영광(권능과 아름다움)을 드러낸다. 사도 바울은 이 점을 분명하게 선언한다. "이 세상 창조 때로부터, 하나님의 보이지 않는 속성, 곧 그분의 영원하신 능력과 신성은, 사람이 그 지으신 만물을 보고서 깨닫게 되어 있습니다"(롬 1:20). 피조 세계는 결코 무의미한 먼지 더미가 아니다. 바위와 나무, 하늘과 바다를 통해 보이지 않는 하나님의 권능이 보이는 모습으로 드러난다. 하나님의 영광은 창조의 아름다움을 통해 빛난다.

세상은 아름다울 뿐만 아니라 선하다. 이 세상은 수많은 생물을 위해 완벽하게 설계된 집이다. 창세기 1장을 읽을 때, 창조의 시기와 장소, 방법에 연연하지 말고 모든 생명을 위해 집을 지으시는 창조주의 이야기에 귀를 기울여 보자.[6] 이런 관점에서, 창조는 **환대**의 행동이다. 하나님은 아담과 하와에게 멋진 집을 지어 주었다고 말씀하신다.

> 하나님이 말씀하시기를 "내가 온 땅 위에 있는 씨 맺는 모든 채소와 씨 있는 열매를 맺는 모든 나무를 너희에게 준다. 이것들이 너희의 먹거리가 될 것이다. 또 땅의 모든 짐승과 공중의 모든 새와 땅 위에 사는 모든 것, 곧 생명을 지닌 모든 것에게도 모든 푸른 풀을 먹거리로 준다" 하시니, 그대로 되었다. 하나님이 손수 만드신 모든 것을 보시니, 보시기에 참 좋았다. 저녁이 되고 아침이 되니, 엿샛날이 지났다(창 1:29-31).

인간은 세상에 필수적인 존재가 아니다. 그런 인간이 이 땅에서 번성하도록 초대받은 건 은혜의 소산이다. 태양과 하늘, 땅과 바다, 물고기와 새와 모든 짐승이 완전히 거저 주어진다. 위대한 이야기의 첫머리에 등장하는 이 은혜의 사역을 통해 하나님은 한 가지 사실을 분명하게 보여 주신다. 인간은 사랑받는 존재라는 것이다. 피조 세계는 선할 뿐만 아니라, 또한 진실하다. 다른 말로 하면, 이 세상은 **진짜**다. 산은 진짜로 있다. 속임수나 허상이 아니다. 자연법칙도 진짜다. 사람마다 중력이 다르게 적용되는 법은 없다. 진짜는 믿을 만한 것이며, 따라서 피조 세계는 완벽하게 신뢰할 수 있다. 때로 위험할 수는 있어도, 언제나 진실하다.

● 세상이 '완벽하게 설계된 집'이라고 생각하면 어떤 생각
과 느낌이 드는가?

하나님은 침묵하지 않으신다
◆

사람들은 왜 하나님이 더 이상 말씀하시지 않는지 의아해한
다. 원하신다면 매일 아침 침대맡에 찾아오실 수도 있고, 하늘
에 메시지를 써 주시거나 커다란 확성기에 대고 소리치실 수도
있었을 것이다. 그러나 하나님은 그런 강압적인 방법을 쓰지 않
기로 하셨다. 대신, 피조 세계의 아름다움과 복잡함과 다양함을
통해서 항상 말씀하고 계신다. 마이클 켄드릭은 이를 다음과 같
이 설명한다.

만약 하나님이 자기 존재를 드러내려 하지 않으셨다면, 굳이
별을 만들지도 않으셨을 것이다. 은하수나 베텔게우스도 만들
지 않으셨을 것이다. 웅장한 로키산맥도, 바다에 이는 파도도,
멋진 벌새의 날갯짓도 만들지 않으셨으리라. 눈에 띄지 않게
조용히 있는 게 목적이었다면, 하나님은 아무것도 만들지 않
으셨을 것이다.

위대한
이야기

그러나 하나님은 우리의 모든 감각을 위해 만물을 존재하게 하셨다. 눈에는 놀라움을, 귀에는 아름다움을, 코에는 향기를, 그리고 마음에는 황홀함을 안겨 주셨다. 하나님의 피조물은 그분의 보이지 않는 아름다움에 환호한다. 보이지 않는 하나님의 성품과 위대하심을 노래한다.

미켈란젤로는 시스티나 성당의 천장 그림을 통해 자기 내면을 작품으로 표현해 냈다. 이처럼, 산맥과 별과 바다를 통해 드러난 하나님의 창조는 보이지 않는 하나님을 드러낸다….

하나님은 침묵하지 않으셨다. 침묵을 원하지 않으시기 때문이다. 오히려 인간에게 선물로 주신 온 우주를 통해서 그분의 영광을 전시하길 원하신다.[7]

창조는 하나님의 보이지 않는 아름다움을 조용히 외친다. 그래서 바울은 하나님을 아는 일에 대해 핑계를 댈 수 없다고 한 것이다. 하나님은 창조를 통해 자신을 계시하셨다. "이 세상 창조 때로부터, 하나님의 보이지 않는 속성, 곧 그분의 영원하신 능력과 신성은, 사람이 그 지으신 만물을 보고서 깨닫게 되어 있습니다. 그러므로 사람들은 핑계를 댈 수가 없습니다"(롬 1:20).

전통이 말하는 아름다움

◆

초대교회의 여러 위대한 신학자들도 아름다움의 중요성을 긍정했다. 성 아우구스티누스는 4세기 무렵 피조 세계에 존재하는 이유를 물었던 경험에 관해 기록했다.

> 나는 지구에게 물었다. 바다와 그 깊음에게 물었다. 살아 있는 짐승과 기어 다니는 벌레에게 물었다. 바람에게 묻고, 하늘과 태양과 달과 별과 내 육신의 문을 두드리는 모든 것에게 물었다. 나는 그들을 바라보는 시선을 통해 물었다. 그들은 자기 존재의 아름다움으로 대답했다.[8]

아우구스티누스는 만물이 아름답기 때문에 존재한다고 믿었다. 그리고 아름다운 것을 사랑하는 건 인간의 자연스러운 속성이다. 음악에 관한 논문에서 그는 이렇게 말했다. "오직 아름다운 것만이 사랑받는다. … 아름다운 것은 사랑하지 않을 수 없다."[9] 디오니시우스 아레오파기타도 아름다움을 깊이 탐구했던 초대교회의 신학자 중 한 사람이다. 그는 아예 아름다움과 선함에 관해 책을 한 권 썼는데, 그 가운데 이런 내용이 있다. "따라서, 만물이 갈망하고 염원하며 사랑해야 할 것은 아름다움과 선함이다."[10]

중세의 성인과 신학자들은 아름다움의 중요성을 더욱 강조했다. 클레르보의 베르나르는 "내 말을 믿으라. 책보다 숲속에서 더 많은 가르침을 얻을 것이다. 교사에게 배울 수 없는 것을 나무와 돌들이 가르쳐 줄 것이다."[11]라고 말했다. 16세기 스페인의 신비주의자인 십자가의 요한은 아름다움의 힘에 관해 다음과 같은 아름다운 시를 남겼다.

내 심장아 무엇을 원하느냐
물을 필요가 없었네
여태껏 알았던 모든 욕망 가운데,
나 오직 하나에만 매달렸으니
그것이 모든 욕망의
정수였기 때문이네
바로 내 영혼이
아름다움을
부둥켜안는 것[12]

교회의 전통은 한결같이 기독교적 삶에서 아름다움을 중요하게 여겼다.

시몬 베유는 내가 가장 좋아하는 작가 중 한 명이다. 그녀는 유대인 가정에서 자랐지만 예수님의 아름다움에 매료되었다. 결국 기독교 신앙을 받아들였는데, 다만 평생 세례를 받지는 않았다. 베유는 수많은 에세이와 저서를 남겼지만, 세상을 떠나기 전까지 세간의 이목을 끌지는 못했다. 그녀가 쓴 작품 중에 아름다움에 관해 남긴 유명한 글이 있다. "피조 세계는 창조자와 피조물 사이에 흐르는 사랑의 징표다."[13] "하나님은 우주와 자기 아들을 창조하셨는데 … 우리를 위해 그 아름다움을 창조하셨다."[14]

배유의 글에는 내가 가장 좋아하는 심상들을 활용한 표현들이 있다. 인간이 피조 세계에서 "물질을 통해 우리에게 다가오시는 예수님의 부드러운 미소"[15]를 볼 수 있다고 하는 표현이나, 피조 세계를 향한 인간의 사랑이 "하나님으로부터 나와 우리 영혼에 머물다 우주에 계신 하나님께로 나아간다"고 하는 표현 같은 것들이다.

> ● 피조 세계의 아름다움을 통해 예수님이 미소 짓는다는 시몬 베유의 말을 들을 때 어떤 생각이 드는가?

아름다움의 중요성을 설파한 가장 영향력 있는 신학자는 아마 한스 우르스 폰 발타사르일 것이다. 12세기 후반에 그는 아름다움과 선함과 진실함에 관해 열다섯 권 분량의 책을 썼다. 그는 자신의 책에 이렇게 기록했다. "모든 아름다움 가운데 은혜의 순간이 있다. 기대를 훨씬 초월해 내게 다가오는 그 아름다움은 경탄과 동경을 자아낸다."[16] 요약하자면 모든 성인은 일관되게 아름다움이 하나님과 함께하는 삶에서 불가결한 부분이라고 증언한다. 아름다움을 우상의 위치에 두면 그 매력에 미혹당할 수도 있다. 그러나 하나의 상징이나 성례로서 대할 때, 아름다움은 하나님을 더욱 깊이 사랑할 수 있게 해 주는 힘을 갖고 있다. 아름다움은 하나님께로 이어진 문이다.

이성과 경험이 말하는 아름다움

신앙이 없는 사람도 이성적 사고를 통해 다음과 같은 결론에 도달할 수 있다. "우리는 엄청나게 놀랍고 거대하며 복잡하게 뒤얽힌 우주에 살고 있으며, 그 자체가 순전한 아름다움이다. 인간은 그 아름다움을 사랑하거나, 그로 인해 감사하거나, 하나님을 찬양할 필요는 없다." 그런데 나의 이성은 여기서 사랑의 창조주를 발견한다. 베풀되 요구하지 않는 것이 사랑이다. 물론 피조 세계의 아름다움과 선함과 진실함에 대해서 늘 감사와 찬양을 드리는 것이 마땅하다. 그러나 하나님이 우리에게 감사를 요구하시는 건 아니다. 그분은 기꺼운 마음으로 드리는 감사와 찬양을 바라신다.

나는 신앙생활을 하며 오랫동안 아름다움의 역할을 깨닫지 못했다. 아름다움을 느끼고 좋아했지만, 내 경험 속에서 아름다움과 하나님은 별개였다. 그러나 지금은 완전히 달라졌다. 나의 친구 리치 멀린스가 말했듯이, "우리 주위에는 두 눈으로 미처 다 확인하기 어려울 만큼 아름다운 것들이 많이 존재한다. 그러나 나는 어디를 가더라도 … 두리번거린다."[17] 마음에만 머물던 신앙생활이 감각으로 옮겨 온 것이다. 떠오르는 태양에서 하나님의 사랑을 느끼고, 맛있는 음식에서 하나님의 사랑을 맛보며, 살랑이는 산들바람을 느끼며 하나님의 사랑의 품에 안긴다. 그렇게 나는 감각을 통해 하나님 만나는 법을 배우는 중이다.

지금 이 글을 쓰면서 네브래스카 루프강 북부의 잔잔한 물줄기와 강물 표면에 부딪힌 햇살이 반짝거리는 모습을 바라보고 있다. 반려견 윈스턴은 내 발치에 잠들어 있고, 이어폰에서는 작곡가 루도비코 에이나우디의 멋진 음악이 흘러나온다. 곧 야생 칠면조들이 집 앞 나무에 찾아와서 잠을 청할 것이다. 젖을 떼기 위해 오늘 아침 송아지들을 무리에서 떨어뜨려 놓았기 때문인지, 강 건너편에서는 암소와 송아지 무리가 애처롭게 울고 있다. 평소에는 느끼지 못한 어떤 기운이 주위에서 약동하고 있다. 감격에 젖은 나는 하나님을 찬양한다. 나를 감싸는 공기가 맥동한다. 시몬 베유처럼 나도 "물질을 통해 우리에게 다가오시는 예수님의 부드러운 미소"를 보는 법을 배우고 있다.

선한가
◆

피조 세계는 선하고 진실하다. 따라서 유익하며 유용하다. 막대기를 문질러 불꽃을 만들면 불을 피워 몸을 따뜻하게 할 수 있다. 선하고 진실하므로, 유용하다. 하지만 세상은 아름답기도

하다. 유용하다고 해서 꼭 아름다운 건 아니다. 그러면 왜 아름다운가? 유용하고 아름다운 것을 표현하는 두 개의 라틴어 단어가 있다. '우틸*util*'과 '프루이*frui*'다. '우틸'은 '유용한' '유익한' '도움이 되는'이라는 뜻이고, '프루이'는 '즐거운' '유쾌한' '기쁜'이라는 뜻이다. 피조 세계는 '우틸'하면서 동시에 '프루이'하다. 태양은 '우틸'하고, 석양은 '프루이'하다. 태양은 꼭 필요한 존재다. 그 커다란 별이 빛나지 않는다면 우리는 죽을 것이다. 반면, 석양은 반드시 **아름다울** 필요는 없다. 그럼에도 그냥 아름답다. 후하게 베푸시는 창조주 하나님은 인간이 간신히 생존만 하기를 원하지 않으신다. 대신 이 땅을 누리며 번성하기를 바라신다.

그저 생존하는 데는 굳이 아름다움이 필요하지 않다. 그러나 잘 살기 위해서는 꼭 필요하다. 하나님은 우리에게 단순한 생존 이상의 삶을 향한 갈망을 심어 주셨다. 생존을 넘어서는 그 영역이 바로 아름다움이다. 건축이나 목공, 혹은 집, 빌딩, 다리 등을 짓는 데 쓰이는 구조 공학과 같은 **실용** 기술과 시, 문학, 작곡, 공연 같은 **순수** 예술을 구분하듯 말이다.

실용 기술은 꼭 필요하면서 동시에 아름다울 수도 있다. 최근 호주 시드니에 들렀을 때 유명한 오페라 하우스를 보러 간 적이 있다. 그곳은 다양한 공연과 행사가 열리는 실용적인 목적의 건물이다. 하지만 그 아름다운 모습은 마치 예술 작품과도 같다. 순수 예술은 먹고사는 문제에 직접적인 도움이 되지 않는다는 점에서 '실용적'이지는 않지만, 인간 존재를 더욱 풍성하게 만들 수 있다. 아름다움은 삶의 의미와 목적에 깊이를 더해 준다. 아름다움은 열정을 불러일으킨다. 무엇보다도 아름다움은 하나님이 인간에게 다가오셔서 손짓하시는 통로가 된다.

무지개를 보면서 두려움과 떨림을 느끼지 않기는 어렵다. 마음이 울적하거나 정신이 없을 때라도, 무지개는 사람들의 눈길을 사로잡고 경외심을 불러일으킨다. 색깔은 그 자체로 감정을 이끌어 낸다. 가령 붉은색은 강렬하고 열정적인 색깔이다. 초록색은 성장의 색깔이며, 희망의 느낌을 준다. 보라색은 왕의 색깔로, 영성이나 부와 관계가 있다.

◆ 유용한 것과 아름다운 것 중 어느 것에 더욱 마음이 끌리는가?

음악도 색깔처럼 감정을 불러일으킨다. 보통 장음계는 사랑, 희망, 즐거움 등을 느끼게 하고, 단음계는 슬픔이나 우울함과 관련이 있다. 늘 의식할 수는 없더라도, 소리도 색깔처럼 내면의 감정을 자아낸다.

맛도 감정을 불러일으킬 수 있다. 맛에는 크게 단맛, 짠맛, 신맛, 감칠맛, 쓴맛의 다섯 가지가 있다. 하나님이 설계하신 인간의 혀는 이런 맛을 각각 감지해 낼 수 있다. 무언가를 맛볼 때, 말로는 표현하기 힘든 감정이 솟아오를 때가 있다. 내 친구 존

위대한
이야기

파베토는 좋아하는 와인을 친구들과 즐겨 나눈다. 어느 날 저녁 그가 따라 준 와인을 한 모금 마셨는데, 정말 맛있었다. 그는 이렇게 말했다. "아내와 첫 키스를 할 때와 같은 맛이 나는 와인이지."

색깔부터 음악과 맛에 이르기까지, 이 모든 이야기를 통해 기억하고자 하는 건 바로 **이것들이 우리 삶에 필수적이지 않다**는 단순한 사실이다. 세상이 아름다울 필요는 없다. 이토록 민감하게 조율된 귀와 눈은 사실 필요 없다. 초록색은 없어도 된다. 초콜릿의 단맛을 꼭 느껴야 하는 건 아니다. 그러나 세상은 그렇게 만들어져 있다. 이 세상의 주인은 예술가이자 엔지니어, 요리사, 그리고 음악가다. 혀와 눈을 통해 발견하는 하나님의 계시만으로도 우리가 사랑받는 존재라는 것을 알 수 있다. 그리고 발타사르에 의하면, 오직 사랑만이 믿을 만하다. "존재하는 모든 것, 즉 모든 나무와 새와 별과 바위와 바다는, 먼저는 거룩한 예술가의 마음속에 하나의 꿈으로 존재했다. 실로 이 세상은 그 거룩한 상상이 거울로 비친 모습이며, 이 세상의 깊이를 해석하는 것은 하나님의 마음을 깊이 깨닫는 것과도 같다."[18] 이제 우리는 삶의 모든 순간에 할렐루야를 외치게 된다. 시인 제라드 맨리 홉킨스는 이를 훌륭하게 표현했다. "얼룩진 것으로 인해 하나님께 영광 있을지어다."[19]

무엇이 문제인가

◆

아름다움을 통해 하나님과 동행하지 않으면 많은 문제를 마주하게 된다. 첫째로, 기도하고 사랑하는 것이 어려워진다. 발타사르는 아름다움에 감사하지 않는다면 누구라도 "더 이상 기도하지 못하고 곧 더 이상 사랑하지 못하게 된다"[20]고 말했다. 아름다움을 통해 하나님께 연결될 때 기도와 사랑은 자연스럽게 따라온다. 또한, 아름다운 것들을 발견할 때 놀라움을 느끼고 감탄할 줄 알아야 한다. 앨버트 아인슈타인은 "더 이상 멈춰서서 놀라고 감탄하며 넋을 잃지 못하는 사람은 죽은 것이나 다름없다"[21]라고 말하기도 했다.

또한, 아름다움을 잃어버리면 권태에 빠질 수 있다. 키르케고르는 권태를 모든 악의 뿌리라고 불렀다. 권태는 사람을 쉽게 지치게 한다. 존 오도너휴는 자신의 책《아름다움: 보이지 않는 포옹Beauty: The Invisible Embrace》에서 이렇게 말한다. "아름다움을 보는 눈을 잃어버리면, 우리의 노력은 곧 힘을 잃고 매너리즘에 빠진다. 아름다우신 그분을 바라고 기대할 때, 우리 내면과 관계 속에서 거침없이 흐르는 새로운 힘을 얻는다. 가슴에는 다시 불이 붙고, 뜻밖의 용기가 샘솟는다."[22] 훌륭한 신학자인 달라스 윌라드가 사실 예술과 미학을 가르쳤다는 사실을 알면 많은 이들이 놀랄 것이다. 그는 세 가지 초월적 요소의 중요성(혹은 필요성)을 알고 있었다. 한 채플 설교에서 그는 구원에 대해 다음과 같이 말했다.

> 여러분의 구원에 아름다움과 진실함과 선함으로 하나님과 함께하는 삶이 없다면, 그건 속 빈 강정에 불과할 것입니다. 또한, 오늘날 이 세상을 살아가는 기독교인과 생명의 기독교를 잃어버린 이 세상이 겪는 어려움은 상당 부분, 그들이 믿는 그리스도가 아름다움과 아무런 상관이 없고, 심지어 때로는 진실함이나 선함과도 관계가 없기 때문에 생깁니다. … 아름다움, 진실함, 선함이 없는 그리스도를 전하는 것은 하나님의 선하심과 하나님의 위엄을 거스릅니다.[23]

구원이라고 하면 보통 죽음 이후의 일을 떠올린다. 그러나 달라스 윌라드에게 구원은 모든 형태의 악에서 벗어나는 것이다. 구원은 반드시 아름답고 선하며 진실하게 하나님과 더불어 사는 삶을 포함해야 한다. 그것이야말로 우리가 살아내고, 다른 이들을 초대해야 할 삶이다.

호주에서 한 여성을 만났는데, 남편이 시드니에서 교회를 개척했다고 했다. 그녀는 그 교회에서 여자 청년부를 담당하고 있는데, 내게 이런 말을 했다. "청년들에게 아름다운 삶에 관해서 이야기해 주면 얼굴이 밝아지는 걸 느껴요. 아름다운 삶이 그들을 하나님께로 이끄는 거죠." 진실함과 선함을 이토록 받아들이기 어려운 세대에서, 오직 아름다움만이 그 벽을 부수고 사람

아름다움에
잠기다

들의 갈급한 심령까지 다다를 수 있다.

좋은 소식은…
◆

삼위일체는 아름답다. 그 아름다움에 인간이 보탤 건 하나도 없다. 예수님에 관한 모든 것은 아름답다. "사람들이 예수님께 헌신하도록 해야 합니다." 이런 이야기를 들을 때면, 나는 항상 똑같이 대답한다. "사람들이 예수님을 알도록 해야 합니다." 예수님을 알게 되면 그 아름다움에 마음을 빼앗길 것이다. 그리고 그 아름다움은 어느새 진리를 의심하고 도덕률에 회의적인 이 세대의 마음을 움직일 것이다. 브라이언 잔드는 이 지점을 멋지게 설명했다. "우리가 할 일은 세상을 특정한 도덕 규범에 맞추기 위해 싸우는 게 아니라, 우리를 구원하는 그리스도의 아름다움으로 세상을 끌어당기는 것이다."[24]

영혼의 훈련: 시선

이번 주에는 아름다움의 일기를 조금 확장해서, 하나님이 어떻게 우리의 오감을 통해 아름다움으로 우리에게 손짓하시는지 살펴볼 것이다. 창의성과 열린 마음을 가지고 원하는 대로 훈련의 내용을 바꾸어도 좋다. 그러나 어떻게 해야 할지 잘 모를 경우를 위해 몇 가지 제안을 준비해 놓았다. 이번 훈련에서 중요한 부분은 아름다움을 경험하는 것에서 한 발짝 더 나아가 아름다움의 궁극적인 원천이신 하나님을 인식하는 것이다. 이번 주에는 특히 시선에 집중해 보자.

시선 훈련. 아름다운 것을 그저 바라보고 있을 수 있는 시간을 떼어 놓으라. 시작하기 전에 잠시 기도하는 시간을 가지고, 지금 하나님이 함께하시며 아름다움을 같이 바라보고 계신다는 것을 상기하라. 훈련의 몇 가지 예를 들면 다음과 같다.

- 일출이나 일몰을 바라본다.
- 하늘을 선회하고 있는 매를 관찰한다.
- 미술관을 관람한다.

아름다움에
잠기다

세부적인 부분까지도 놓치지 말라. 색깔과 형태, 움직임, 미묘한 느낌 등, 그것을 아름답게 만드는 모든 것을 관찰하라.

조금씩 아름다운 것을 인식할 수 있게 되면, 이제 하나님께 감사의 표현을 해 보자. "감사합니다" "우와" "오!"와 같은 말로 표현할 수도 있고, 조용히 성령께서 당신을 위해 기도하시는 시간을 갖는 것도 좋다.

훈련을 마치고 일상으로 돌아가기 전에 잠시 기억하라. 우릴 둘러싼 아름다움은 하나님이 우리를 사랑의 사귐으로 부르시는 방법이다.

우리의 선함을 끌어안다

인간적인 노력의 기본은 선함을 향한 갈망이다.
—존 오도너휴

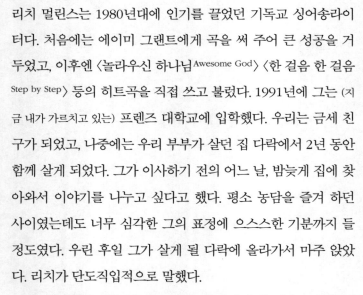

리치 멀린스는 1980년대에 인기를 끌었던 기독교 싱어송라이터다. 처음에는 에이미 그랜트에게 곡을 써 주어 큰 성공을 거두었고, 이후엔 〈놀라우신 하나님Awesome God〉 〈한 걸음 한 걸음 Step by Step〉 등의 히트곡을 직접 쓰고 불렀다. 1991년에 그는 (지금 내가 가르치고 있는) 프렌즈 대학교에 입학했다. 우리는 금세 친구가 되었고, 나중에는 우리 부부가 살던 집 다락에서 2년 동안 함께 살게 되었다. 그가 이사하기 전의 어느 날, 밤늦게 집에 찾아와서 이야기를 나누고 싶다고 했다. 평소 농담을 즐겨 하던 사이였는데도 너무 심각한 그의 표정에 으스스한 기분까지 들 정도였다. 우린 후일 그가 살게 될 다락에 올라가서 마주 앉았다. 리치가 단도직입적으로 말했다.

"너랑 가까운 친구가 되고 싶어. 그러려면 내 진짜 모습을 알아야 해." 그가 말했다.

위대한
이야기

"좋아. 우리가 만난 지 1년 정도 되었네. 내가 아는 넌…."

"아니, 넌 날 몰라." 그가 끼어들었다. "유명하다는 건 알겠지. 내 음악도 들었을 거고. 인디애나 출신이고, 신시내티 성서대학을 다녔고, 내슈빌에서 일했고, 원주민 보호구역에 있는 원주민 아이들에게 음악을 가르치려고 일을 그만둔 것도 알 거야. 그런데 그런 것 말고, 죄나 상처에 대해서는 몰라. 우리가 친구가 되려면, 내가 얼마나 뼛속까지 타락했는지 알아야 해. 그러면 더 단단한 관계가 될 수도 있고, 관계가 아예 깨질 수도 있겠지. 하지만 그런 위험도 감수할 거야. 팬이 아니라 친구를 원하니까. 괜찮겠어? 듣기 힘든 이야기일 수도 있어."

조금 겁이 났다. "좋아, 솔직하게 말해 봐." 내가 말했다.

그는 몇 년 동안 저질렀던 심리적, 신체적 학대에 대해서, 자신의 죄와 문란함에 관해서 이야기해 주었다. 무모하고 이기적이고 악한 행동의 고백이었다.

리치의 말이 맞았다. 듣기 힘든 이야기였다. 실망해서가 아니었다. 정말 이상하게도, 오히려 일종의 아름다움이 느껴졌다. 날것의 솔직한 진짜 모습에서 나오는 아름다움. 그는 조금도 자기 행동을 자랑스럽게 여기지 않았다. 그가 보여 준 건 깊은 후회와 반성이었다. 이야기를 듣기 힘들었던 이유는, 리치를 죄에 빠지게 했던 모든 아픔과 그를 계속해서 괴롭혔던 죄의 고통이 여실히 느껴졌기 때문이다.

여전히 사랑한다고, 이야기를 나누어 주어서 진심으로 고맙

다고 이야기해 주었다. 리치도 정말 고마워하는 듯했다. 이제
내 차례인 듯했다. "음, 이제 내 이야기를 털어놓을 차례인 것
같네."

"아냐, 그럴 필요 없어." 리치가 다시 말을 끊었다. (자주 그런
다.) "내 이야기에 비하면 지루할 거야. 그리고 어쨌든 죄짓는
게 모두 다 비슷하지, 뭐. 이것만 확실히 해 두자고. 우린 둘 다
사랑과 은혜가 필요한 부랑아들이야."

그가 하고 싶은 말은 끝이 아니었다. "굳이 과거를 고백한
건, 내가 유명해지고 난 뒤에 우리가 만났기 때문이야. 유명해
지니까 다들 예나 지금이나 난 완벽한 기독교인일 거라고 생각
하더라고. 너한테 나눈 많은 죄는 사실 내가 유명해진 **후에** 지
은 거야. 그것만 알아줘!" 그가 웃었다.

순간 나는 깜짝 놀랐다. 여전히 나를 따라다니고 있던 옛 내
러티브를 리치가 폭로한 것이다. 그것은 '하나님이 오로지 의인
을 통해 일하신다'라는 생각이다. 두려움과 부끄러움을 주는 이
야기는 메시지를 전하는 사람의 순수성이 메시지의 힘을 좌우
한다고 주장했다. 여기서 의문이 생겼다. 리치 멀린스는 죄인이
었다. 하지만 하나님은 그를 사용하셨다. 위대한 이야기의 조각
을 또 하나 발견한 듯했다. 인간은 죄를 짓지만, 죄는 인간의 본
성이 아니라는 것이다.

위대한
이야기

이번 장의 요점은 다음과 같다. 죄는 우리의 본질이 아니라, 하나님으로부터 분리되어 그분의 형상을 훼손하는 의도적인 행동이다. 리치는 불순종의 시간을 통해서 하나님과 타인을 향한 관계의 갈망을 채우려고 했다. 하나님과 자기 자신, 그리고 다른 사람에게서 고개를 돌려서 엉뚱한 데서 위안을 찾고자 할 때, 우리는 죄를 짓는다. 리치는 자기가 겪었던 모순을 〈예수님 날 붙잡으소서 Hold Me Jesus〉라는 노래에 아름답게 담아냈다. 그는 암스테르담에서 이 노래를 지었다. 늦은 밤, 엄청난 유혹이 몰려왔을 때, 다음과 같은 가사를 썼다.

순종은 내 본성이 아니니
내가 늘 주님과 씨름하는 건
내 원하는 것을 얻기 위함이 아니라
원치 않는 일을 피하기 위함이라

순종은 인간의 본성이 아니다. 죄를 지으면 필요를 채울 수

우리의
선함을
끌어안다

있을 것 같은 기분이 든다. 그래서 인간은 늘 하나님과 씨름한다. 하나님이 주기 원하시는 것, 정말로 우리에게 필요한 것을 얻어 내기 위해서 씨름하는 게 아니다. 오히려 원치 않는 일을 하지 않기 위해서 씨름한다. 그러나 인간은 하나님의 형상대로 만들어졌기 때문에, 그사이에서 갈등한다. 인간은 선함을 원하고, 선해지기를 바라며, 선한 일을 하고자 한다. 그렇지 못한 자신을 발견하더라도, 여전히 희망은 있다. 리치가 그랬듯이, 무엇이 우리를 죄에 빠뜨리는지 찾아낼 수 있다. 그리고 인간의 타락 뒤에 숨기보다는 그 어두움을 드러냄으로써 우리는 자유를 발견한다.

주된 내러티브

◆

간단하게 말하면, 인간의 정체성에 대한 주된 기독교 내러티브는 다음과 같다. "인간은 썩어 빠진 죄인이다. 인간은 죄를 짓기 좋아하며, 누구나 죄를 짓는다."

부끄러움을 주는 이야기의 첫 번째 요점은 이렇다. "당신이 죄인이라는 사실을 깨달으라." 부끄러움을 핵심 동력으로 하는, 부끄러움에 기반을 둔 이야기다. 이 이야기는 아담과 하와가 지은 최초의 죄가 인간의 본질을 근본적으로 바꾸어 버렸다는 원죄 교리에서 시작한다. 그래서 아담과 하와와 그들의 모든 후손(즉, 지금까지 태어난 모든 인간)은 죄를 가지고 태어난다. 아담과 하와는 선악을 알게 하는 나무의 열매를 먹지 말라는 유일한 계명을 어겼고, 그 결과 에덴동산에서 쫓겨났다. 죄는 이제 그들 **안에** 있으며, 모든 후손에게 영원토록 전해지게 되었다.

G. K. 체스터턴은 모든 기독교 교리 중에서 원죄 교리를 가장 쉽게 증명할 수 있다고 했다. 복잡한 논증 없이도, 세상을 보거나 자신의 마음을 살펴보면 죄의 증거를 발견할 수 있다는 것이다. 인간이 철저하게 타락했다는 사실을 느낄 때, 쉽게 인간은 본성적으로 악하다는 결론을 얻을 수 있다. 성 아우구스티누스는 이런 식의 원죄 교리를 가르친 첫 번째 신학자였다. 회심 전에 그는 굉장히 세속적인 죄인이었다. 자서전《고백록》에서 그는 두 아기가 함께 젖을 빨고 있는 장면을 본 경험을 이야기한다. 그에 따르면 한 아기가 다른 아기를 질투의 눈빛으로 바라보고 있었다고 한다. 아우구스티누스는 이 이야기를 통해서 인간은 태어날 때부터 죄인이며 지독하게 사악하다는 자신의 교리를 논증한다.

여전히 아우구스티누스는 교회에서 가장 영향력 있는 신학자 중 한 명이다. 원죄에 관한 그의 가르침은 서구 교회에서 주된 내러티브를 형성했다. 나는 원죄에 관한 개념이나, 죄가 사망을 가져왔고 모든 사람에게 영향을 미친다는 사실을 부정하지는 않는다. 하지만 이야기는 여기서 끝나지 않는다. 단순히 "난 이렇게 태어났어. 어쩔 수 없어. 그냥 태어난 대로 사는 것뿐이야"라는 말로는 충분하지 않다. 인간이 어떤 존재인지, 도

대체 왜 죄를 짓는지 더 이야기해야 한다. 원죄를 이해하는 방법에 따라서 많은 게 달라지기 때문이다.

아름답고 선한가

◆

인간은 태어나면서부터 죄인이라는 내러티브는 아름다운가? 아름다움은 보았을 때 즐거운 것이다. 태어날 때부터 썩어 빠진 죄인이라는 식의 개념은 아무리 봐도 즐겁지가 않다. 아름다움 앞에서는 "우와" 소리가 나오는데, 이 내러티브를 들으면 "으" 소리가 난다. 모든 인간이 타락했고 연약하며 커다란 악을 저지를 수 있다는 사실에는 나도 동의한다. 하지만 그건 인간의 존재 목적도, 본질도 아니다. 하나의 측면일 따름이다. 인간에게는 선한 모습도 꽤 있다. 지금 이 글을 읽고 있는 이 순간에도 어디선가 누군가는 이웃에게 사랑을 베풀고 있으며, 사람들의 필요를 채워 주고, 아름다운 예술 작품을 만들어 내며, 사랑으로 진리를 이야기하고 있다. 정말 아름다운 일이다.

그렇다면 선한가? 선함이란 유익을 베풀며 완전함으로 이끄는 것이다. 선함에 대해 우리는 "감사합니다"라고 반응한다. 그러나 부끄러움을 주는 이야기를 들으면 "아무것도 감사하지 않아요!"라고 말하고 싶어진다. 그 이야기는 내가 완전한 죄인으로 창조되었다고, 그냥 그렇게 태어난 거라고 한다. 내 잘못이 아닌데도 책임은 져야 한다. 결국, 하나님은 형편없고 부조리한 창조자가 된다. 도저히 선한 이야기로 들리지 않는다.

진실한 내러티브

◆

진실한 내러티브는 이렇게 말한다. "우리는 하나님의 **형상**대로, '원선原善'을 가지도록 창조되었으며, 이 형상은 우리의 죄로 인해 손상되지 않는다. 그러나 동시에 우리는 하나님의 모양대로 만들어졌다.* 우리 안에 있는 하나님의 모양은 우리가 죄를 지을 때마다 왜곡된다."[1]

성경의 가르침: 형상이 전부다. 우리가 '뿌리까지 썩어 빠진' 죄인이라는 게 사실인가? 성경이 그렇게 가르치는가? 교회의 전통도 그렇게 가르치는가? 논리적으로 이해할 수 있는 이야기인가? 삶의 경험에 비추어 받아들일 수 있는가?

성경은 인간에 대해 이렇게 말한다. "하나님이 손수 만드신 모든 것을 보시니, 보시기에 참 좋았다"(창 1:31). 하나님은 창조를 마치시고 곧바로 이렇게 말씀하셨다. 인간에 관해 알 수 있는 첫 번째 사실은, 우리가 좋은 존재라는 것이다. 그것도 **참 좋**

---

* 한국어에서 '형상'과 '모양'은 비슷한 의미로 쓰이지만, 여기서 '형상(image)'은 히브리어의 '첼렘'을, '모양(likeness)'은 히브리어의 '데무트'를 가리키고 있다. 하나님의 '형상'은 죄로 인해 손상되지 않는 고유한 하나님의 모습을 뜻하며, 하나님의 '모양'은 죄로 인해 왜곡되고 잃어버릴 수 있는 하나님을 닮은 성품을 의미한다.

우리의
선함을
끌어안다

다. 따라서 인간에 대한 성경의 이야기는 원죄에서 시작하기보다는 원래의 선함, 즉 **원선**에서 시작해야 한다.

삼위일체 하나님은 아름답고, 선하고, 진실하다. 우리는 하나님의 형상을 따라 지음받았다. 그러나 창세기 1장 26절에 따르면, 우리는 하나님의 모양대로 만들어진 존재이기도 하다. "하나님이 말씀하시기를 "우리가 우리의 형상을 따라서, 우리의 모양대로 사람을 만들자." 인간은 '본질적으로' 아름답고, 선하고, 진실하다는 뜻이다. 우리의 원래 형상은 죄로 인해 왜곡되지도, 더럽혀지지도, 파괴되지도 않는다. 리치가 얼마나 죄를 지었든 간에, 그가 가진 하나님의 '형상'은 절대 없어지지 않았다. 그러나 초대교회의 가르침에 따르면, 죄를 지을 때 **하나님을 닮은 모양은 왜곡될 수 있다.**

굉장히 근본적인 사실이므로, 이를 제대로 이해하지 않으면 많은 문제가 뒤따른다. 자신이 하나님의 형상을 따라 지음받았다는 것을 깨달을 때, 자신을 존귀하고 가치 있는 존재로 이해하게 된다. 멍청하고 악한 짓을 해도 하나님의 형상은 사라지지 않는다는 사실을 깨달을 때, 하나님께 감사하게 된다. 또한 자신의 행동 하나하나가 하나님의 모양을 일그러뜨릴 수도, 회복할 수도 있다는 사실을 이해하면, 죄를 대수롭지 않게 대할 수 없게 된다. 부끄러움을 주는 이야기는 죄가 우리를 하나님으로부터 분리시킨다는 점 외에는 죄에 대해서 가르쳐 주는 게 별로 없다. 사실 죄는 하나님뿐만 아니라 자기 자신으로부터, 그리고 타인으로부터의 분리를 가져온다. 인간은 그렇게 살도록 만들어진 존재가 아니다.

사도 바울은 에베소에 보내는 편지에 이렇게 썼다. "우리는 하나님의 작품입니다. 선한 일을 하게 하시려고, 하나님께서 그리스도 예수 안에서 우리를 만드셨습니다. 하나님께서 이렇게 미리 준비하신 것은, 우리가 선한 일을 하며 살아가게 하시려는 것입니다"(엡 2:10). 우리는 존재 자체로 하나님의 작품이지만, 동시에 하나님은 우리가 선한 일을 하며 살아가도록 부르셨다. 삶 전체를 하나의 작품으로 빚어내기 위함이다. 인간은 '선한 일을 하도록' 창조되었다. 이것이 성경의 증언이다.

새의 지저귐과 꽃의 향기, 무지개의 색깔에 마음이 움직이는 것은 우리가 아름다운 존재로 지음받았기 때문이다. 마찬가지로, 인간은 선을 위해 지음받았기 때문에 선을 경험할 때 마음이 움직인다.[2] 우리는 선한 일을 하도록, 또한 선한 존재가 되도록 만들어졌다. 선한 존재가 되는 데 실패한 리치의 경험은 (누구나 공감할 수 있을 것이다) 죄는 잘못된 것이라는 사실을 알려 준다. 따라서 인간에게 "선한 구석이 조금도 없다"는 내러티브는 거짓이다. 우리 창조주는 선한 일을 하도록 인간을 만드셨다. 그것이 창조주가 바라시는 삶의 모습이다.

로마서 7장 올바로 읽기. 로마서 7장은 인간의 죄된 본성에 관해 자주 인용되는 말씀이다.[3] 한 번은 주일학교에서 로마서를 가르친 적이 있었다. 논란이 되는 로마서 7장에서 바울은 일

우리의
선함을
끌어안다

인칭 시점에서 말하고 있는 것처럼 보인다. "나는 내가 하는 일을 도무지 알 수가 없습니다. 내가 해야겠다고 생각하는 일은 하지 않고, 도리어 해서는 안 되겠다고 생각하는 일을 하고 있으니 말입니다"(15절). 로마서 7장을 공부하던 날, 누군가 이렇게 말했다. "음, 이 장을 읽으면 마음이 놓여요." 그 이유를 물었더니, "음, 사도 바울도 죄와 씨름했다고 하니까요. 꼭 바울이 내 일기장을 읽어 본 것 같아요"라고 대답했다.

내가 말했다. "하지만 7장은 6장과 8장 사이에 있어요. 6장에서 바울은 죄로부터의 자유를 선포하고, 8장에서는 육신이 아닌 성령에 속한 것을 따라 생각하고 살아가도록, 다른 말로 하면 거룩하게 살아가기를 요구하죠."

"6장이나 8장에는 별로 관심이 없어요. 그냥 7장에서 바울이 하는 말이 좋은 거예요. 저 자신에 대해 마음이 편해져요." 그가 대답했다.

그를 포함해 많은 사람이 놓치는 부분은 로마서 7장의 '나'는 사도 바울 자신을 지칭하는 말이 아니라는 점이다. 주일학교 학생과 같은 해석이 결코 무리는 아니라는 점을 밝혀 두고 싶다. 아우구스티누스와 루터도 '나'를 사도 바울이라고 생각했으니까 말이다. 하지만 오늘날의 학자들은 그렇게 생각하지 않는다. 루크 티머시 존슨을 포함한 많은 학자는 바울이 흔한 수사적 장치인 '의인법speech-in-character'을 사용했다고 여긴다.[4] 바울은 자기 힘으로 율법을 지키려고 애쓰다가 계속해서 실패하는

위대한
이야기

인물을 묘사한다. 바울은 율법의 문제점을 알고 있었다. 율법은 죄를 **깨닫게는** 할 수 있지만 **막지는** 못한다.

율법은 인간의 죄를 드러낸다는 점에서만 가치 있다. 율법은 인간을 변화시킬 힘이 없으며, 멀찍이서 판단을 내릴 뿐이다. 바울은 유대인 출신의 기독교인들에게 그들이 더는 율법 아래 있지 않다고 말해 주려고 한다. 기독교인은 이제 '성령 안에' 있다. 우리는 '그리스도 예수 안에' 있다. 바울은 로마서 7장에서 자전적인 고백을 하는 게 아니다. 기독교인의 삶이 어떠한지 보여 주는 것은 더더욱 아니다. 그는 율법을 통해 하나님과의 관계를 세우려는 노력이 얼마나 부질없는지를 설명한다.

로마서 7장은 그 유명한 다음 구절로 끝난다. "오호라 나는 곤고한 사람이로다. 이 사망의 몸에서 누가 나를 건져 내랴"(롬 7:24, 개역개정). 굉장히 감정적이고, 아픔이 가득 담긴 문장이다. 곤고한 사람은 보통 악한 죄인을 뜻하는 용어처럼 여겨진다. 그러나 '곤고한'으로 번역된 그리스어 단어는 고통을 뜻한다. 이 울부짖음은 죄를 고백하는 게 아니라, 그 **고통스러운 삶**을 고발하고 있다. 아무리 노력해도 소용이 없는 삶. 하나님의 사랑과 은혜 대신 율법에서 길을 찾을 수 있다고 생각할 때 살게 되는 삶이다.

전통이 말하는 인간의 선함. 아우구스티누스는 원죄 교리를 가르쳤다. 하지만 칼 기버슨은 다음과 같이 지적한다. "그러나 아우구스티누스 이전에는 그런 식의 합의가 이루어진 적이 없다. 많은 기독교인은 아담을 그저 보통 사람[Everyman], 여러 면에서 우리와 비슷하며 우리처럼 사탄에게 유혹을 받은 인류의 첫 사람으로 생각했다."[5] 실제로 교부들은 아우구스티누스와 반대 입장을 가지고 있었다. 알렉산드리아의 클레멘트는 2세기에 이렇게 주장했다. "형제를 볼 때 우리는 하나님을 본다." 그들은 인간이 하나님의 형상을 따라 지음받았다는 것을 강조했다.

그들은 또한 우리가 하나님의 모양으로 자라날 수 있으며, 자라나야 한다고 강조했다. 이러한 과정을 나타내기 위해 테오시스[theosis]라는 용어가 사용되었다. 성자가 성육신하여 우리와 같은 사람이 되었듯이, 우리도 성령의 거룩하심에 참예함으로써 그분과 같이 될 수 있다는 것이다. 즉, 우리가 지닌 하나님의 모양은 성장할 수 있다. 이것이 바로 기독교 영성 훈련의 목적이다. 4세기의 신학자 성 아타나시우스는 이렇게 썼다. "하나님이 스스로 인간이 되셨기에, 인간은 하나님이 될 수 있다."[6] 이런 사상은 나지안주스의 성 그레고리우스와 니사의 성 그레고리우스의 글에서도 발견된다.

교부들의 가르침에 따르면, 인간은 본질적으로 하나님의 형상을 입었으나 하나님의 모양은 조금씩 닮아 갈 수밖에 없다. 성 요하네스 크리소스토무스는 우리가 삶에서 성령의 열매를 맺어 갈 때 점차 하나님을 닮아 간다고 했다. 그는 진실과 공의, 겸손, 인간에 대한 애정에 대해서도 가르쳤다.

인간은 하나님의 아름다움과 선하심과 진실하심을 드러내는 성례와도 같다. 교회 역사에서 인간을 그저 타락한 죄인이라고 가르친 이들도 있었지만, 모든 이들이 그렇지는 않았다는 걸 명심해야 한다. 그리고 반대의 가르침도 늘 함께 존재했다. 20세기에 C. S. 루이스는 이렇게 말했다. "**평범한** 사람은 없다. 당신이 이야기를 나눈 그 사람은 그냥 인간이 아니다. … 거룩한 성체에 버금갈 정도로, 당신의 이웃은 평생 만날 수 있는 가장 거룩한 존재다."[7]

이성과 경험이 말하는 선함. 마지막으로, 현실에서 죄가 이토록 해악을 미친다는 것을 알면서도 죄가 인간의 기본 상태라고 말하는 것은 비논리적이다. 도저히 이성적으로 납득할 수가 없다. 죄를 짓고 그 결과로 기뻐하는 사람은 없다. 인간은 죄를 위해 만들어진 존재가 아니기 때문이다. 우린 선하게 창조되었고, 선함을 바라도록 만들어졌다. 부정할 수 없는 사실이다. 리치 멀린스는 죄를 짓고 나서 그게 잘못되었다는 것을 알았다. 그는 죄가 해롭다는 사실을 알고 있었다. 그렇다면 중요한 질문이 남는다. 우리가 선한 존재로, 선함을 바라도록 창조되었다면, 왜 이렇게도 세상에는 죄악이 넘쳐 나는가? 내가 가르치는 제나라는 학생은 수업 시간에 이런 질문을 했다. "저는 예수님을 무척이나 사랑하는데, 왜 이렇게 쉽게, 자주 죄를 짓는 거죠?" 질문의 무게와 솔직함에 강의실에는 짧은 정적이 흘렀다. 굉장히 중요한 질문이다. 인간이 죄를 짓는 존재로 창조된 게 아니라면, 왜 우리는 죄를 짓는가?

우리의
선함을
끌어안다

왜 우리는 죄를 짓는가

◆

내 동료인 스탠 하스타인은 이 문제를 다음과 같이 이해한다. "믿음은 죄의 반대말이다." 즉, 죄의 뿌리는 믿음의 **부재**라는 것이다. 아담과 하와의 죄는 하나님을 신뢰하지 않는 것이었다. 뱀이 아담과 하와를 꾄 이야기는 다음과 같다.

> 뱀은, 주 하나님이 만드신 모든 들짐승 가운데서 가장 간교하였다. 뱀이 여자에게 물었다. "하나님이 정말로 너희에게, 동산 안에 있는 모든 나무의 열매를 먹지 말라고 말씀하셨느냐?" 여자가 뱀에게 대답하였다. "우리는 동산 안에 있는 나무의 열매를 먹을 수 있다. 그러나 하나님은, 동산 한가운데 있는 나무의 열매는, 먹지도 말고 만지지도 말라고 하셨다. 어기면 우리가 죽는다고 하셨다." 뱀이 여자에게 말하였다. "너희는 절대로 죽지 않는다. 하나님은, 너희가 그 나무 열매를 먹으면, 너희의 눈이 밝아지고, 하나님처럼 되어서, 선과 악을 알게 된다는 것을 아시고, 그렇게 말씀하신 것이다"(창 3:1-5).

간교한 뱀은 하와가 의심을 품도록 했다. "하나님을 신뢰할수 있을까? 하나님이 거짓말하신 건 아닐까?" 의심의 순간은 죄를 불러들인다.

마이클 폴라니는 **의심**을 품는 것은 다른 무언가를 **신뢰**할 때

위대한
이야기

에만 가능하다고 지적했다.[8] 하와가 하나님을 (그리고 하나님과의 관계를) 의심하기 시작한 건 뱀을 신뢰하면서부터였다. 기독교 심리학자 커트 톰슨은 이렇게 말한다. "우리는 어쩔 수 없이 믿음을 갖도록, 통제할 수 없는 것을 믿으며 살아가도록 만들어졌다."[9] 아무리 인정하기 싫어도 우린 **의존적인** 피조물이다. 하나님은 선하고 신실하시지만, 인간은 그걸 의심할 능력이 있다. 그리고 하나님을 의심할 때, 눈을 돌려 믿음직해 보이는 다른 무언가를 신뢰하게 된다. 하나님의 방법이 선하다는 사실이나, 우리가 잘되길 누구보다 원하시는 하나님의 마음을 의심할 때, 통제할 수 있는 다른 것(술, 담배, 아이스크림, 욕망, 분노, 가십거리 등)을 찾게 된다. 잠시 기분이 좋아질 것이다. 그러나 곧 사라질 기분이다. 우리 영혼의 깊은 갈망을 채우기에는 터무니없이 작기 때문이다.

나는 매일 딜레마에 빠진다. 목마른 내 영혼은 죄가 나를 채워 줄 거라고 쉽게 착각한다. 일주일 동안 다른 사람에 관해 부정적인 이야기를 하지 않는 훈련을 한 적이 있다. 평소에 타인에 대해서 안 좋은 얘기를 얼마나 많이 하는지 깨닫고 깜짝 놀랐고, 최대한 자제하려고 노력했다. 정말 놀라운 것은, 훈련을 통해 더욱 살아 있는 기분을 느낄 수 있었다는 것이다. 삶에 활력이 가득했다. 가끔 부정적인 이야기를 하고 나면 스스로가 한심하게 느껴졌다. 기분이 좋아질 줄 알았는데, 오히려 기분이 나빠졌다. 그리고 다시금 기억했다. 죄는 유혹적이지만, 나는 죄를 짓기 위해 만들어진 존재가 아니다. 죄를 짓지 않기로 선택하는 모든 순간에 나는 하나님을 신뢰하고 있었다. 그리고 그 신뢰 속에서 선함과 아름다움과 진실함을 만난다. 난 바로 이것을 위해 만들어진 존재다.

뱀은 하와의 마음속에 어떤 의문을 심어 놓으려는 분명한 의도를 가지고 있었다. 답을 찾기 위한 의문이 아니라, 관계를 파괴하기 위한 것이었다. 하나님과 인간 사이의, 그리고 남자와 여자 사이의 모든 관계를 말이다. 의심은 관계를 파괴하는 대량 살상 무기와도 같다. 배우자가 신실하다는 사실이나, 상사가 부하 직원을 진심으로 위하고 있다는 사실이나, 친구가 믿을 만한 사람이라는 사실에 의심을 품으면 관계가 위험에 처한다. 게다가 관계는 인간의 가장 중요한 필요다. 아무리 유능하고 총명한 사람이라도, 깊은 관계를 맺지 못하면 길을 잃고 만다. 아무리 통장 잔고가 넘치고 허리가 잘록해도, 나를 알고 사랑해 주는 의미 있는 관계가 없다면 아무것도 아니다. 그리고 관계의 핵심은 바로 신뢰다.

하나님을 신뢰하지 못할 때, 다른 것이 그 자리를 차지한다. 레이 안데르센은 타락에 관해 이렇게 말한다. "금단의 열매를 먹겠다고 결정하는 것은, 곧 스스로 존재하는 말씀이신 분께 대항하여, 거룩하신 그분을 경험하는 것과는 별개로 선함과 진실함과 아름다움이 성립할 수 있다고 하는 보편 원리를 따르기로 결정하는 것이다."[10] 이 보편 원리(하나님과 분리되어 인간 스스로 선함과 진실함과 아름다움을 만들어 낼 수 있다는 믿음)가 바로 원죄이자 영원한 죄다.

따라서 모든 죄는 우상숭배의 한 형태다. 하나님 대신 다른 무언가를 신뢰하는 것이다. 자신이 "공허하고, 무력하고, 의존적이며, 불확실한 존재"[11]라는 사실을 인정하기는 쉽지 않다. 그러나 이 사실에서 부끄러움보다는 오히려 사랑을 느껴야 한다. 하나님과의 관계에서 우리는 빈손으로 나간다. 전부 하나님이 들고 오신다. 예수님이 우리에게 어린아이와 같이 되라고 하신 이유를 나는 여기서 찾는다. 어린아이들은 무력하고 불확실하며 도움이 필요한 존재다. 그러나 그렇다고 부끄러워하지 않는다. 오히려 **뻔뻔스럽다**. 아이들은 스스로 돌봄을 받아야 할 존재라고 생각한다. 우리는 무력함을 부끄러워한다. 그리고 부끄러움은 자신을 드러내지 못하게 한다. 그렇게 되면 숨어야 하고, 영원히 하나님이 아닌 다른 곳에서 위안을 구해야 할 것이며(따라서 우상을 만들고), 영원히 행복할 수 없다. 아담과 하와가 몸을 가린 무화과 잎은 숨으려는 인간의 모습을 나타낸다.

선함을 추구하기

◆

비록 인간은 죄 많고 타락했으며 하나님의 보좌를 떠나 방황하기 쉬운 존재이지만, 내면에는 선함을 향한 깊은 갈망을 지니고 있다. 선함을 단지 보는 것에 그치지 않고, 스스로 선해지고

우리의
선함을
끌어안다

자 하는 갈망이다. 누군가 이렇게 말했다고 생각해 보자. "있잖아요. 당신 인생은 그렇게 성공적이었던 것 같지 않아요." 상처를 받을 것이다. 그러나 이건 어떨까? "있잖아요. 당신은 별로 **좋은** 사람 같지 않아요." 무너져 내리고 말 것이다. 좋은 사람이고 싶은 강한 열망이 있기 때문이다. 비록 그렇게 살지는 못하더라도, 적어도 다른 사람들 눈에는 좋은 사람으로 보이기를 원한다.

함께 일했던 학생 조교 가운데 발레리나가 있었는데, 어느 날 공연을 한다며 나를 초대해서 딸과 함께 가기로 했다. 공연장으로 향하는 길에, 딸에게 약속한 아이스크림을 사 주기 위해 잠시 아이스크림 가게에 들렀다. 그 탓에 우리는 10분 정도 늦게 공연장에 도착했다. 우리는 매표소를 지나쳐서 곧바로 들어갔고, 공연 사이의 쉬는 시간에 입장할 수 있었다. 그런데 그 다음 주에 한 학생이 사무실로 찾아와서는 이렇게 말하는 것이었다. "교수님을 하나님의 사람이라고 생각하고 존경했는데, 이제는 아니라는 걸 알아주셨으면 해요."

"무슨 일이 있었나요?" 내가 물었다.

"교수님이 입장권을 사지도 않고 공연장에 들어가시는 걸 봤어요. 마치 입장권 따위는 살 필요가 없다는 것처럼요." 그가 대답했다.

"학생, 어떻게 생각하는지는 자유지만, 나는 사실 호의를 베풀고 있었다는 걸 알아주면 좋겠습니다. 먼저, 공연장에 가는 길에 딸아이에게 아이스크림을 사 주느라 조금 늦게 도착했어요. 그리고 함께 일한 학생이 발레 공연을 해서 격려차 갔던 거고요. 입장권을 사지 않았던 건 교직원에게는 공연마다 볼 수 있는 두 장의 무료 입장권이 나오기 때문입니다. 이미 입장권이 있어서 살 필요가 없었던 거예요."

그는 고개를 떨궜다. "죄송합니다, 교수님. 그런 사정을 몰랐습니다."

그런데 가장 충격적이었던 건, 처음에 내가 굉장히 상처를 받았다는 사실이었다. 그 학생이 나를 향한 모든 존경심을 잃어버렸다고 했을 때, 정신적으로 큰 타격을 받았다. 우리는 선한 사람이 되기를 간절히 바라며, 누군가 나를 선한 사람으로 생각하지 않으면 크게 실망한다. 그게 비록 오해였더라도 말이다.

> ◆ 우리 행동이나 의도가 오해를 일으키고, 다른 사람들이 우리의 좋은 소식을 불신하는 것은 매우 고통스럽다. 누군가 당신의 선함을 알아주기를 간절히 원했던 적이 있는가?

선함을 향한 이러한 갈망은 인간의 아름다운 모습 중 하나다. 그러한 모습을 보면 찬양과 경배가 터져 나온다. 인간의 깊은 곳에 선함을 향한 갈망을 심어 두어 결코 벗어날 수 없게 하신 하나님을 찬양한다. 인간이 겪는 내적인 고통의 상당 부분

우리의
선함을
끌어안다

은 스스로가 사실 선하지 **않다**는 사실을 깨닫는 데서 온다. 리치 멀린스도 이 문제로 씨름했고, 우리의 우정을 유지하는 데 이 문제를 숨기지 않기를 원했다. 그는 선하지 않았다. 하나님의 사랑을 노래하는 거룩한 곡을 쓰는 사람의 이미지에 걸맞지 않는 사람이었다. 그러나 죄로 가득한 자신의 모습과, 선한 존재가 되어 선을 경험하며 선을 행하고자 하는 갈망 사이의 역설을 두려워하지 않았다.

그는 깨어졌으나, 동시에 충분히 선한 존재였다. 우리 집에서 함께 살 때, 크리스마스를 맞아 그는 나와 아내에게 (비싸기보다는) 의미 있고 성의를 담은 선물을 주었다. 우리는 그에게 CD를 한 장 사 주었다. 그의 선물에 비해서는 보잘것없었지만, 그는 조금도 신경 쓰지 않았다. 그는 너무 고마워했고, 무엇보다 그의 선물을 좋아하는 우리 모습에 진심으로 즐거워했다. 우리의 행복한 얼굴을 보고 리치도 환하게 웃었다. 우리 딸 매들린이 심각한 장애를 가지고 태어났을 때, 리치에게서 전화가 왔다. 평소의 그답지 않게 말이 없어서 어색한 통화였다. 나중에 알게 되었지만, 우리 소식에 너무 가슴이 아파서 말을 할 수 없었던 것이다. 몇 달 뒤에, 그가 밴드 멤버들을 데리고 우리 집에 불쑥 찾아왔다. 밴드는 리치가 지은 〈매들린의 노래〉라는 곡을 연주했다. 우리는 감동의 눈물을 흘렸고, 이후 몇 년 동안이나 그 순간을 간직했다. 내면 깊은 곳의 죄악을 나누었던 사람이, 깊은 선함도 나누어 주었다.

위대한
이야기

무엇이 문제인가

◆

스스로를 선한 존재로 인식하는 것에서 한 발짝 더 나아가서, 타인을 악한 존재가 아닌 거룩한 존재로 여기면 그들과 맺는 관계가 변화될 것이다. 다른 사람들을 무가치하다고 생각하면 무시와 경멸로 대하게 될 것이다. 그러나 존귀한 존재로 생각한다면, 그에 합당한 존중과 경의를 담아 대하게 될 것이다. 그럴 때 다른 사람에게서 선한 모습을 발견할 수 있다. 내 동료 도나는 언제나 나를 격려해 주고, 내게 있는 선한 모습을 찾아서 이야기해 준다. 그러면 나는 더 좋은 사람이 되고 싶은 마음이 생긴다. 어떤 차 범퍼에 이런 문구가 쓰인 스티커가 붙어 있었다. "주님, 제 강아지가 생각하는 제 모습대로만 살게 해 주세요." 내 상태가 좋거나 나쁘거나, 내게 완벽한 신뢰를 보여 주는 윈스턴을 생각하니 웃음이 나왔다.

인간을 죄 많고 악한 존재로 보는 것은 세상의 죄악을 설명하는 데는 도움이 될지도 모른다. 자기가 짓는 죄에 대한 핑계로도 좋다. 그러나 그러한 생각에는 중요한 위험이 도사리고 있다. 끊임없이 죄를 짓는 부족한 존재를 창조하신 하나님께 이 모든 죄악의 책임을 돌려 버리는 것이다. 뿐만 아니라, 왜 인간이 죄를 짓는지도 이해할 수 없게 된다. 죄는 하나님을 불신할 때 발생한다. 신뢰를 잃어버리기 때문에 죄를 짓는 것이다. 이것을 잘 이해해야 죄를 극복해 낼 수 있다. 죄로부터 영원히 벗

우리의
선함을
끌어안다

어날 수 있다는 건 아니지만, 그렇다고 죄가 중력 같은 것도 아니다. 우리는 죄의 지배 아래 있지 않다(롬 6:12-14). 나는 죄에 순응하기보다는 죄를 다스리고 통제하기를 원한다. 미셸 쿠와가 말했듯이, "우리는 하나님이 아니다. 우리는 단지 하나님의 형상이며, 우리가 해야 할 일은 조금씩 그 형상을 발견해서 해방시키는 것이다."[12]

좋은 소식은…
◆

숨을 필요가 없다는 것이다.

부끄러움은 우리를 숨게 만든다. 따라서 이에 대한 해결책은 자신을 있는 그대로 드러내는 것이다. 나는 이게 어떤 의미인지 몰랐지만, 내 친구 리치는 죄를 고백하며 중요한 본보기를 보여주었다. 처음에는 그가 가슴에 맺힌 무언가를 털어내 버리고 하나님과의 관계를 회복하려고 한다고 생각했다. 부끄러움을 주는 이야기를 믿고 있었던 나는, 장부에서 죄를 지워 버리기 위해서 고백이 필요하다고 생각했던 것이다. 그러나 리치는 하나님의 장부 따위를 훨씬 넘어섰다. 그는 무모하고 강렬한 하나님의 사랑을 알고 있었다. 리치가 염두에 두었던 것은 죄를 기록하는 장부 따위가 아닌 하나님과의 관계였다.

리치가 자기의 죄와 악행을 솔직하게 털어놓았을 때, 그는 자기를 드러냄으로써 우리 관계를 더 단단하게 만들었다. 물론

위대한
이야기

나는 그를 거부할 수 있었다. 하지만 자기를 드러내지 않는 가짜 관계를 유지하느니 그게 차라리 낫다는 걸 리치는 알았다. 그는 "악이 우리를 숨어들게 한다"는 것을 보여 주었다. 우리가 하나님을 알고 하나님이 우리를 아실 때, 죄는 필요 없어진다. "지금은, 여러분이 하나님을 알 뿐만 아니라, 하나님께서 여러분을 알아주셨습니다. 그런데 어찌하여 그 무력하고 천하고 유치한 교훈으로 되돌아가서, 또다시 그것들에게 종노릇 하려고 합니까?"(갈 4:9)

> ◆ 하나님이 당신을 아신다고 할 때 어떤 느낌이 드는가?
>   왜 그런가?

누군가를 알아 가고 또 누군가 나를 알아줄 때, 내면의 깊은 필요가 채워진다. 그렇게 자유를 얻는다.

지난 몇 년 동안 나는 리치의 삶을 지켜보면서 그의 성품에 놀라운 변화가 일어나는 것을 목격했다. 자기를 드러내고 부끄러움을 극복하며 하나님의 사랑을 받아들이려는 의지가 변화를 만들어 냈다고 믿는다. 모난 부분은 더 부드러워졌고, 하나님에게서 벗어나고자 하는 마음은 훨씬 줄어들었다. 밴드에서는 후배들의 참된 본보기가 되었다. 이런 변화의 진짜 이유는 그가 예수님을 향해 더욱 자라났기 때문이다. 하지만 그 얘기를 하기에는 너무 이르다. 지금은 영광스러운 새 언약의 아름다움

과 선함과 진실함으로 돌아가자. 세상을 놀라게 한 그 이야기를
들어야 한다.

영혼의 훈련: 소리

이번 주에는 아름다움의 일기를 조금 확장해서, 하나님이 어떻게 우리의 오감을 통해 아름다움으로 우리에게 손짓하시는지 살펴볼 것이다. 창의성과 열린 마음을 가지고 원하는 대로 훈련의 내용을 바꾸어도 좋다. 그러나 어떻게 해야 할지 잘 모를 경우를 위해 몇 가지 방법을 제안해 놓았다. 이번 훈련에서 중요한 부분은 아름다움을 경험하는 것에서 한 발짝 더 나아가 아름다움의 궁극적인 원천이신 하나님을 인식하는 것이다. 이번 주에는 특히 소리에 집중해 보자.

소리 훈련. 소리 훈련에서는 아름다운 소리를 들을 것이다. 시작하기 전에, 잠시 기도를 하고 하나님이 함께하신다는 사실을 기억하는 시간을 가지라. 어떤 소리가 들리는지 가만히 들어 보라. 예수님이 옆에 앉아 계신다고 생각해도 좋다. 그런 뒤, 가장 아름답다고 생각하는 음악을 틀라. 어떤 음악이든 좋다. 새뮤얼 바버의 〈현을 위한 아다지오〉도 좋고, 엘라 피츠제럴드가 부른 〈테이크 더 A 트레인Take the 'A' Train〉도 좋고, 라흐마니노프의 작품도 좋다. 어떤 곡이라도 의미가 있을 것이다.

가능하면 방해받지 않고 음악에 귀를 기울일 수 있는 공간을 찾으라. 아예 불을 끄고 음악에만 집중해 보아도 좋겠다. 들리는 소리를 찬찬히 해부해 보라. "왜 피츠제럴드의 목소리를 좋아하는 걸까?" 아니면 생각을 멈추고 그저 소리의 아름다움에 파묻혀 있을 수도 있다.

음악이 끝나면 이것을 기억하라. 하나님은 우리를 가까이 부르시기 위해 아름다움으로 우리를 에워싸셨다. 이 모든 아름다움을 주신 하나님께 감사를 드리면서 훈련의 시간을 마무리하라.

제6장

진리를 발견하다

그 말씀은 육신이 되어 우리 가운데 사셨다. 우리는 그의 영광을 보았다. 그것은 아버지께서 주신, 외아들의 영광이었다. 그는 은혜와 진리가 충만하였다.

—요한복음 1장 14절

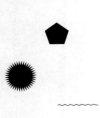

엉뚱한 데서 신학자들과 맞닥뜨리는 경우가 있다. 〈탤러데가 나이트〉라는 영화가 그랬다.[1] 윌 페럴(리키 바비)과 존 라일리(칼 C. 노튼 주니어)는 자동차 경주대회 '나스카'의 선수들로 절친한 친구 사이이다. 어느 날, 두 사람은 리키의 아내 칼리, 리키의 아들들, 그리고 리키의 장인과 함께 저녁 식사를 한다. 식사에 앞서 리키가 기도를 하기 시작한다.

리키: 사랑하는 아기 예수님, 남미에 사는 우리 형제들은 헤수스라고 부르죠. 오늘 이렇게 멋진 도미노 피자와 KFC, 그리고 언제 먹어도 맛있는 타코벨을 주셔서 정말 감사합니다. … 사랑하는 갓난아기 예수님…

칼리: (끼어들며) 저기, 음, 있잖아, 여보. 예수님도 어른이 되셨어. 그렇게 예수님을 부를 때마다 아기라고 하지 않아도 된다

위대한
이야기

고. 아기한테 기도하는 건 좀 이상하고 별로거든.

리키: 그렇지만 여보, 나는 식사 기도를 할 때는 크리스마스의 예수님이 제일 좋은걸. 당신이 기도할 때 어른 예수님이든, 청소년 예수님이든, 수염 난 예수님이든, 맘에 드는 예수님한테 기도하면 되지.

(옥신각신)

리키: 황금 양털로 된 기저귀를 차고, 작고 통통한 주먹을 움켜쥐고 있는 사랑스러운 아기 예수님…

칼: 난 턱시도 모양의 티셔츠를 입고 있는 예수님이 좋아. 마치 "점잖게 입고 싶지만, 파티도 즐기고 싶단다!"라고 하실 것 같거든. 난 파티를 좋아하니까, 예수님도 파티를 즐겼으면 좋겠어.

리키: 3.8킬로그램으로 태어나신 사랑스러운 갓난아기 예수님. 아직 말도 못 하고, 꼭 안아 주고 싶을 만큼 귀여운, 하지만 여전히 전능하신 아기 예수님. … 사랑하는 아기 하나님, 아멘.

리키는 크리스마스의 예수님이 제일 좋다고 한다. 칼은 "예수님도 파티를 즐겼으면 좋겠어"라고 말한다. 웃자고 만든 코미디 영화의 한 장면이긴 하지만, 여기서 발견할 수 있는 진리가 있다. 우리에게 자유가 있다는 것이다. 예수님을 어떤 분으로 생각할지도 자유고, 어떤 이야기를 어떻게 전할지도 자유다.

리키처럼, 편한 예수님을 원하는 사람들이 있다. 아기 예수님

진리를
발견하다

은 사랑스럽다. 어떤 사람들은 '위대한 스승'인 예수님을 좋아한다. 죄를 씻겨 주는 '하나님의 어린 양' 예수님을 원하는 이들도 있다. 예수님의 모습을 정하고 싶어 하는 이유는 예수님을 통해 내러티브 전체의 내용을 주무를 수 있기 때문이다. 그렇게 안전한 예수님을 만들어 낸다.

예수님은 선한 분이시다. 하지만 안전하지는 않다. 예수님은 그리 유순한 분이 아니다. 그분은 유다 지파의 사자다(호 5:14; 계 5:5). 성육신(인간이 되신 하나님의 아들)은 **신비**다. 인간의 이해와 통제의 영역 밖에 있다. 또한, 예수님의 성육신은 인간의 유일한 소망이다. 그러나 성경을 오독하여 완전히 다른 이야기를 읽어 낼 수도 있다. 어딘가 부족하고, 심지어 위험할 수도 있는 이야기다. 위대한 이야기의 한가운데에는 한 명의 핵심 인물이 있다. 바로 예수님이라는 인간의 모습으로 우리 가운데 오신 하나님이다. 그렇게 혁명이 시작된다.

예수님을 축소하는 내러티브
◆

예수님을 축소하는 내러티브에는 두 가지가 있다.

예수님의 가르침만 필요하다. '선행'의 복음은 기본적으로 예수님을 스승이라고 생각한다. 소크라테스나 석가모니처럼, 깨달음을 얻은 위대한 인물들 가운데 한 사람인 것이다. 처음 갔던 교회의 목회자가 이런 생각을 갖고 있었다. 예수님은 훌륭한 스승이었으나, 여전히 한 명의 인간일 뿐이었다는 것이다. "예수님의 가르침이 좋아요. 하지만 예수님이 보이신 기적이나 죽음과 부활에는 관심이 없어요. 가르침이 필요할 뿐이에요."

예수님의 보혈만 필요하다. 예수님에 관한 두 번째 내러티브는 부끄러움을 주는 복음에서 온다. "예수님은 오직 피 때문에 필요하다." 예수님은 그저 죽기 위해서 오신 것이다. 이런 내러티브는 소위 **뱀파이어 그리스도**인을 만들어 낸다. "예수님, 피좀 주세요."

리키 바비처럼 누구나 원하는 예수님을 고를 수 있다. 아기 예수님이든, 선생님 예수든, 구원자 예수님이든 말이다. 그러나 어떤 하나의 이미지에 예수님을 다 담을 수는 없다. 예수님은 자신을 가리켜 "나는 길이요, 진리요, 생명이다. 나를 거치지 않고서는, 아무도 아버지께로 갈 사람이 없다"(요 14:6)라고 말씀하셨다. 예수님은 단순히 진리를 말씀하시는 게 아니다. 예수님 **자신이** 바로 진리다. 진리는 언제나 실재를 반영한다. 예수님의 실재는 인간이 묻고 상상할 수 있는 범위를 벗어난다. 예수님은 사람들 마음에 드는 한 가지 모습이 아니라 그분의 모든 모습을 통해 우리를 삼위일체적 삶으로 초대하신다.

⬢ 우리는 왜 예수님을 온전히 이해하기보다 우리가 원하는
모습의 예수님을 만들어 내는가?

진리를
발견하다

성육신의 진리(그리고 선함과 아름다움)

◆

예수님의 첫 제자들은 그분이 어떤 분이신지, 그 실체와 진리를 온전히 깨닫지 못했다. 예수님이 부활하신 후 나타나셨을 때에야 그들은 성육신의 의미를 조금씩 이해하기 시작했다. 빌립보 교회에 보내는 바울의 편지에 등장하는 아래의 말씀은 초대교회의 찬송일 수도, 함께 모여서 읽었던 예배문일 수도 있다. 이 단락은 태초부터 계신 전능한 하나님이 어떻게 예수라고 불린 한 인간이 되셨는지를 아름답게 설명한다.

하나님의 모습을 지니셨으나,
하나님과 동등함을
당연하게 생각하지 않으시고,
오히려 자기를 비워서
종의 모습을 취하시고,
사람과 같이 되셨습니다(빌 2:6-7).

하나님은 자신의 거룩한 보좌를 뒤로하고 인간이 되셨다. 그분이 자기를 비우신 것은 인간의 모습을 취하기 위함이었다고 빌립보서는 전한다. 이 말씀에 사용된 '비우다'라는 단어는 그리스어로 '케노시스'다. 다른 사람의 유익을 위해 자기를 희생한다는 뜻이다.

위대한
이야기

인간을 창조하고 다스리시는 분이 인간이 되셨다. C. S. 루이스는 이 기적을 다음과 같이 잘 표현했다.

기독교의 이야기는 바로 위대한 기적의 이야기다. 시공을 초월하여 영원히 스스로 존재하시는 분이 이 땅으로, 인간으로, 손수 만드신 우주로 내려오셨으며, 부활하사 만물과 함께 올라가신다고 기독교는 주장한다. 그야말로 굉장한 기적이다.[2]

C. S. 루이스는 이 모든 이야기가 '위대한 기적'이라고 했다. 그 시작은 성육신이다.

예언자 이사야는 이렇게 예언했다. "그러므로 주님께서 친히 다윗 왕실에 한 징조를 주실 것입니다. 보십시오, 처녀가 잉태하여 아들을 낳을 것이며, 그가 그의 이름을 임마누엘이라고 할 것입니다"(사 7:14). 임마누엘은 '우리와 **함께하시는** 하나님'이라는 뜻이다. 임마누엘의 원리는 위대한 이야기의 원리와도 통한다. 하나님은 (반역 이전까지는) 아담과 하와와 **함께하셨다**. 아브라함과 **함께하셨다**. 모세와 에스더와 다윗과 엘리야와 **함께하셨다**. 그러나 이제는 예수님 안에서 **모든** 인류와 새롭고 특별한 방법으로 함께하신다. 하나님은 더 이상 어떤 개인이나 부족, 민족과 함께하시지 않는다. 그분은 **하나님과 함께하는 삶**을 세우기 위해 오셨다. 이게 바로 하나님 나라이며, 예수님은 그 나라의 왕이시다.

진리를
발견하다

그러나 아직은 잠시 말구유 이야기를 더 해 보자. (리키가 좋아할 것이다.) 마리아는 요셉 곁에서 아들을 낳는다. 마구간의 구유와 같은, 너무나 초라한 환경에서 말이다. 이 탄생 이야기를 너무 낭만적으로 읽어서는 안 된다. 앤드루 피터슨은 〈사랑의 수고Labor of Love〉라는 노래에서 성탄의 본질을 다음과 같이 포착했다.

고요한 밤이 아니었다
바닥을 수놓은 핏자국과
여인의 울부짖는 소리가 들리는
그날 밤의 골목길
다윗의 마을 거리에서

마구간은 지저분하고
돌바닥은 차가운데
은혜가 가득한 어린 마리아
뺨에는 눈물이 흐르고
손잡아 줄 어머니는 없구나

고통스러운 수고였다
고개를 들어도 차디찬 하늘뿐
그러나 어둠 속 누워 있는 그녀에겐

아름다운 모든 맥박으로 이루어 낸

그것은 사랑의 수고였다[3]

왕의 왕, 주의 주가 세상에 오시는 모습은 여느 갓난아기와 다르지 않다. 작고 취약하며, 다른 사람의 도움을 필요로 한다. 크리스 라이스는 〈우리 세상에 오신 것을 환영합니다Welcome to Our World〉라는 노래에서 세상에 **어떤 분**이 오신 것인지, 그 신비를 다음과 같이 표현한다.

우리를 고치실 연약한 손가락

가시 면류관을 쓰실 보드란 이마

구원의 피를 담은 조그만 심장

우리에게 와 태어나셨네[4]

하나님이 인간이 되셨다는 굉장한 이야기를 말로 풀어 설명할 길은 없다. 그래서 피터슨이나 라이스의 노래처럼 최고의 신비를 훌륭하게 담아내는 시어가 필요하다. 성육신의 기적은 위대한 이야기의 꽃이다. 위대한 이야기는 결국 러브 스토리인데, 그 주인공이 성육신 장면에서 등장하기 때문이다.

성육신은 조건 없는 사랑의 표현이다. 그 안에서 인간과 연대하는 하나님을 경험할 수 있다. 하나님이 인간을 구원하실 길은 성육신 외에도 수없이 많이 있었다. 그러나 그는, C. S. 루이스의 말처럼, 이 세상에 직접 와서 죽고 부활해서 "만물과 함께 올라가시기로"[5] 결정하셨다. 성육신은 인간이 존귀한 존재임을 선포한 것이다. 노래를 한 곡만 더 소개하겠다. 나는 크리스마스 노래 가운데 〈오 거룩한 밤O Holy Night〉에 나오는 "주님이 오셔서 영혼이 제 가치를 깨닫기까지는"*이라는 구절을 가장 좋아한다. 예수님의 등장은 인간이 가치 있고 존귀한 존재라는 사실을 확언한다. 하나님이 구원 사역에 나서신 것은 인간이 어쨌든 구원할 만큼 소중한 존재이기 때문이다.

● 예수님이 나타나시면 왜 영혼은 자기 가치를 느끼게 되는가?

오직 아름답고 선하고 진실한 이야기만이 깊이 살펴볼 가치가 있다. 성육신의 이야기는 이 세 가지 요소를 다 만족한다. 인간을 구원하기 위해 인간이 되신 그분의 케노시스는 선함의 전형이다. 수많은 인생이 변화된 것을 보면 그 이야기가 진실하다는 것을 알 수 있다. 게다가 아름답기까지 하다. 위대한 주교인 클레르보의 베르나르는 성육신의 아름다움을 다음과 같이 표현했다.

---

* 영어 원문 "Till He appeared and the soul felt its worth"을 번역한 것이다.

천사들에게 비친 당신의 모습이 얼마나 아름다운지요, 하나님의 형상으로, 영원하시고, 하늘을 수놓은 샛별이 생기기 전부터 계신, '하나님의 영광의 빛나는 광채와 그분의 본질을 완벽히 재현하신' 주 예수여! 변치 않고 쇠하지 않는 영생의 빛이여! 당신의 모습이 얼마나 아름다운지요, 내 주여! 그 모든 아름다움을 버리셨음에도, 주는 아름다우시나이다.[6]

예수님은 자기를 비우셨음에도 오히려 **더 아름다워지셨다**고 베르나르는 고백한다. 성육신을 통해 하나님의 사랑은 더 반짝이고, 그 은혜의 강물은 더 세차게 흐른다. 크리스 라이스의 가사는 다른 식으로도 읽을 수 있다. 성육신을 통해 예수님은 이렇게 말씀하신다. "**내** 세계에 온 걸 환영한다".

마리아 찬가: 위대한 역전
◆

누가복음에는 엘리사벳, 마리아, 스가랴, 시므온의 노래가 기록되어 있다. 이 네 곡의 노래는 줄글이 아닌 시어로 예수님이 오신 것을 설명한다. 신약학자 노르발 겔든후이스는 누가가 모아 놓은 노래들에 대해 이렇게 말했다. "예수님이 이 세상에 오셨을 때 시구詩句는 더욱 선명해졌고 음악은 다시 태어났다는 것을 보여 주는 이야기들이다."[7] 첫 번째는 마리아의 친척인 엘리사벳이 구주를 잉태한 마리아를 축복하며 부른 노래였다.

세 번째는 엘리사벳의 남편 스가랴의 입을 빌리고 있는데, 하나님이 어떻게 예수님을 통해 다시 이스라엘을 구원하고 자신의 아들 세례 요한을 통해 그 길을 예비하실지를 노래한다.

마지막 찬양은 시므온의 노래다. 그는 신실한 노인으로, 오래도록 살면서 메시아를 보게 될 것이라는 약속을 받았다. 그의 짧은 찬양은 종의 이미지를 사용한다. 시므온은 길고 어두운 밤하늘을 지켜보다가 특이한 별이 나타나면 세상에 알리라는 지시를 받았다. 마리아와 요셉이 예수님을 하나님께 보이기 위해 왔을 때, 시므온도 성령에 이끌려 성전에 들어간다. 그는 아기 예수를 안아 들고서, 하나님의 구원이 이제 여기 임했으며, 하나님이 예수님을 통해 이방인을 포함한 모든 세상을 구원할 것이기에 이제 평안히 떠날 수 있다고 고백한다(눅 2:32). 그리고 그 진리의 빛이 **모든** 사람을 비출 것이라고 선언한다.

네 곡의 찬양 중 가장 유명한 것은 마리아의 노래(눅 1:46-55)다. 이 노래가 〈마리아의 송가〉로 불리는 이유는 첫 마디에서 내 영혼이 주를 찬양한다고 선언하기 때문이다. 이 찬양은 구약을 적절하게 인용한 한 편의 아름다운 시와도 같다. 마리아가 부르는 노래의 중심 메시지는 **위대한 역전**이다. 하나님은 늘 역전을 일으켜 오셨지만, 이제는 예수님 안에서 세상을 더욱 완전히 역전시킬 것이라는 고백이다. 하나님은 일반적인 인간의 질서를 뒤집으신다. 이 세상은 힘과 권세를, 통치자와 권좌를, 부와 소유를 중요하게 여긴다. 그러나 하나님은 겸손과 순종, 자비를 소중히 여기신다. 교만한 사람들은 낮아질 것이며, 가난한 자는 배부르게 될 것이다. 이 네 개의 곡은 진리를 노래하고 있다. 그리고 예수님의 탄생과 삶, 가르침과 행동에서 그 진리를 실제로 볼 수 있다. 이 땅에 나실 때부터, 예수님은 혁명을 시작하셨다.

예수님은 첫째가 꼴찌가 될 것이라고 말씀하셨다. 생명을 잃는 자는 생명을 얻을 것이다. 생명은 특정한 방식으로 움직인다. 오직 진실한 것만이 믿을 만하다. 예수님이 말씀하시고 행하신 것은 모두 진실하므로, 믿을 만하다. 받는 것보다 주는 것은 진짜로 더 좋다. 다른 이에게 베푸는 손길에는 하나님 나라가 임한다. 받는 것도 좋지만, 베푸는 것이 훨씬 더 좋다. 2천 년 전이나 오늘날이나, 예수님은 가장 혁명적인 혁명가다.[8] 진리를 말씀하시고 진리대로 사시는 분이기 때문이다.

창조자, 구원자, 유지자 예수

◆

예수님을 따르던 사람들은 그분이 단순한 설교자나 치료자, 혹은 구원자 이상의 존재라는 사실을 알았다. 예수님은 **모든 것의 창조자이자 유지자**이기도 했다. 신약에서 가장 위대한 말씀 중 하나인 골로새서 1장에서 바울은 예수님에 대해 다음과 같이 말한다.

진리를
발견하다

그 아들은 보이지 않는 하나님의 형상이시요, 모든 피조물보다 먼저 나신 분이십니다. 만물이 그분 안에서 창조되었습니다. 하늘에 있는 것들과 땅에 있는 것들, 보이는 것들과 보이지 않는 것들, 왕권이나 주권이나 권력이나 권세나 할 것 없이, **모든 것이 그분으로 말미암아 창조되었고, 그분을 위하여 창조되었습니다. 그분은 만물보다 먼저 계시고, 만물은 그분 안에서 존속합니다.** 그분은 교회라는 몸의 머리이십니다. 그는 근원이시며, 죽은 사람들 가운데서 제일 먼저 살아나신 분이십니다. 이는 그분이 **만물 가운데서 으뜸**이 되시기 위함입니다(골 1:15-18, 저자 강조).

이야기의 중요한 디테일이 공개되었다! 예수님이라고 하는 분은, 스승이자 치료자일 뿐만 아니라 창조자였다.

예수님은 이 세상을 만드셨고, 한순간도 쉬지 않고 이 세상을 유지하고 계신다. 예수님은 내 몸에 있는 6조 개의 세포를 붙들고 계시며, 우주에 있는 수천 개의 은하를 받치고 계신다. 옆집 뒷마당에 있는 우아한 미모사 나무를 창조하셨고, 지금도 키우고 계신다. 알을 품고 있는 비둘기를 창조하고 돌보신다. 만물을 비추는 태양의 운행을 관장하신다. 이건 만물 **안에** 하나님이 있다는 믿음과는 다르다. 하나님은 태양이 아니다. 태양을 창조하고 유지하시는 분이다.

예수님은 이 모든 것의 중심에 계신다. "모든 것이 그분으로

말미암아 창조되었고, 그분을 **위하여** 창조되었다." 예수님이 당신을 **만드셨으며**, 당신은 예수님을 위해 만들어졌다. 무언가가 아름답다면, 보는 사람이 아름답다고 **여기기** 때문이 아니라 예수님이 아름답게 **만드셨기** 때문이다. 복음의 메시지, 그 위대한 이야기에는, 반드시 인상적인 디테일이 있어야 한다. 움츠러든 이야기는 나에서 시작한다. 하지만 지금까지 살펴본 바에 따르면, 내가 이야기에 등장하기도 전부터 **만유의 중심에는 예수님이 계셨다.** 움츠러든 이야기에는 가장 중요한 게 빠져 있다. 예수님이 이 모든 것을 만드셨다는 것이다. 우리는 "주 예수 십자가 달리사 내 모든 죗값을 치르셨네"라고 노래한다. 맞는 말이다. 그러나 그분은 이 **모든 것을 만들기도 하셨다.**

위대한 이야기에서 이 사실은 굉장히 중요하다. 그냥 중요한 정도가 아니라, 이야기를 송두리째 바꾸어 놓을 만큼 핵심적이다. 예수님은 단순히 훌륭한 스승 정도가 아니다. 단순한 희생양도 아니다. 그분으로 말미암아 모든 것이 존재하게 되었고, 그분 없이는 어느 것 하나 존재할 수 없다. 이제 그분의 가르침과 희생이 새로운 의미를 갖는다. 만약 예수님이 그냥 보통 사람이었다면, 혹은 특별한 힘을 가진 사람이었다면, "모든 것을 새롭게" 하실 수는 없었을 것이다. 굉장히 지혜롭거나, 치유하는 능력이 있거나, 물 위를 걸을 수는 있어도, 온 세상을 구원하실 수는 없다. 만유의 창조자이자 유지자이지 않고서는 말이다.

진리를
발견하다

163

지금 누리는 영생

◆

이 이야기의 목적은 죽음 이후에 천국에 가는 것도 아니고, 세상을 더 나은 곳으로 만드는 것도 아니다. 훨씬 더 원대한 목적이 있다. 하나님이 그 이야기로 인간을 초대하시는 이유는, 바로 지금 영생을 누리도록 하기 위함이다. 기독교인은 대부분 영생이 죽은 후에 시작된다고 생각한다. 그러나 예수님은 그렇게 말씀하지 않으신다. "영생은 오직 한 분이신 참 하나님을 알고, 또 아버지께서 보내신 예수 그리스도를 아는 것입니다"(요 17:3). 영생이란 단순히 끝나지 않는 삶이 아니라, **어떠한 삶을 사는가** 하는 것이다. 그것은 하나님과 예수님을 **아는** 것이다. 성경에서 안다는 것은 지식적인 앎을 넘어 경험하는 것을 가리킨다.

하나님이 인간이 되신 성육신의 사건은 하나님과 인류가 맺는 관계에 새로운 가능성을 열어 주었다. 하나님은 인간을 거룩한 삶으로 인도하기 위해 인간이 되셨다. 태초부터 계시는 전능하신 하나님의 독생자, 모든 것을 창조하신 분이 갓난아이가

위대한
이야기

164

되셨다. 그리고 어린아이가 되셨고, 어른이 되셨다. 그리고 랍비가 되셨고, 구원자가 되셨다. 그리고 왕이 되셨다. 인간이 하나님과 교제를 누리며 살 수 있도록 이 모든 것을 이루셨다. 즉, 우리는 영생을 누릴 수 있다. 그것도 바로 지금.

요한1서는 다음과 같이 기록한다.

이 글은 생명의 말씀에 관한 것입니다. 이 생명의 말씀은 태초부터 계신 것이요, 우리가 들은 것이요, 우리가 눈으로 본 것이요, 우리가 지켜본 것이요, 우리가 손으로 만져 본 것입니다.―이 생명이 나타나셨습니다. 우리는 그것을 보았습니다. 그래서 우리는 이 영원한 생명을 여러분에게 증언하고 선포합니다. 이 영원한 생명은 아버지와 함께 계셨는데, 우리에게 나타나셨습니다.―우리가 보고 들은 바를 여러분에게도 선포합니다. 우리는 여러분도 우리와 서로 사귐을 가지기를 바라는 것입니다. 우리의 사귐은 아버지와 또 그의 아들 예수 그리스도와 함께하는 사귐입니다. 우리가 이 글을 쓰는 것은 우리 서로의 기쁨이 차고 넘치게 하려는 것입니다.

우리가 그리스도에게서 들어서 여러분에게 전하는 소식은 이것이니, 곧 하나님은 빛이시요, 하나님 안에는 어둠이 전혀 없다는 것입니다(요일 1:1-5).

굉장히 강렬하다. 사도들은 예수님을 보고 듣고 만졌다. 이로

진리를
발견하다

써 그들은 영생, 즉 하나님 아버지를 아는 삶을 경험했다. 예수님을 보고 듣고 만지며 얻은 하나의 결론은 간단하다. 하나님은 오직 선이자 빛이시며, 그분에게는 악이 전혀 없다는 것이다.

영생의 경험은 인간의 노력으로 얻는 것이 아니라, 하나님이 인간을 위해 주시는 것이다. 발타사르는 예수님의 강림을 다음과 같이 설명한다.

> 예수님의 강림은 인간이 하나님께로 나아가는 게 아니라, 하나님이 인간에게 오시는 것이다. 이 세상을 비집고 임하는 천국이며, 사람들 가운데 내려오신 거룩한 빛이다. 사람들을 비추고 드러내며 깨끗하게 하고 따뜻하게 만들 뿐만 아니라, 은혜를 통해서 이 세상에 속하지 않은 빛으로 사람들을 빛나게 하려는 것이다.[9]

하나님은 인간이 하나님과 같이 될 수 있도록 하시기 위해서 스스로 인간이 되셨다. 이제 우리는 "하나님의 성품에 참여하는 사람"(벧후 1:4)이 될 수 있다. 예수님이 자기를 비워 인간의 모습을 취하신 것은 언젠가 우리도 밝게 빛날 수 있도록 하기 위함이다.

예수님의 진리가 우리를 자유롭게 할 것이다

◆

요한복음 8장 32절의 "진리가 너희를 자유롭게 할 것이다"라는 말씀은 예수님의 말씀 중 가장 널리 인용되지만, 또 한편으로는 가장 잘못 사용되는 말씀 중 하나다. 수많은 대학교 건물 외벽에 이 말씀이 새겨져 있다. 마치 **진리** 자체가 우리를 자유롭게 한다는 이야기처럼 들린다. 하지만 이렇게 앞뒤 맥락을 자르고 해석하면 안 된다. 요한복음 8장 31절과 함께 읽어야 그 의미를 올바로 이해할 수 있기 때문이다. "예수께서 자기를 믿은 유대 사람들에게 말씀하셨다. '너희가 나의 말에 머물러 있으면, 너희는 참으로 나의 제자들이다.'" 예수님은 어떤 추상적인 원리로서의 진리가 우리를 자유롭게 할 것이라고 말씀하지 않고, 예수님의 말씀에 머물러 그분의 제자가 되는 것이 진리를 아는 것이라고 말씀하신다.

예수님은 역사상 가장 훌륭한 스승이다. 그분의 가르침은 세상의 이치를 반영하며, 진리를 말해 준다. 다른 말로, 예수님의 가르침은 현실에서 **통한다**. 받는 것보다 주는 것이, 저주하는 사람을 축복하는 일이, 대접받고자 하는 대로 남을 대접하는 일이 복되다는 것은 진리다. 예수님이 가르치시는 중심 주제인 하나님 나라가 겨자씨, 반죽 속의 누룩, 밭에 감추어진 보화와 같다는 것은 진리다. 예수님의 말씀에 머물러 그분의 말씀을 살아내는 제자로 살아갈 때, 삶이 현실과 통한다는 걸 느끼게 된다.

진리를
발견하다

이것이 진리가 우리를 자유롭게 할 것이라는 말씀의 의미다.

> ● 요한복음 8장 32절이 잘못 사용되는 경우를 본 적이 있
> 는가? 더 큰 맥락에서 이 말씀을 읽을 때 그 의미가 어떻
> 게 달라지는가?

강의 시간에 "오른손이 하는 일을 왼손이 모르게 하라"는 예수님의 가르침(마 6:3)이 섬김의 행동과 관련해서 어떤 의미인지를 살펴본 적이 있다. 이 말씀을 훈련하기 위해 **은밀한 섬김**을 하도록 제안했다. 이것은 남몰래 다른 사람을 위해 선한 일을 하는 훈련이다. 훈련을 마치고 나서, 오스틴이라는 학생은 다음과 같은 감상을 적었다. "훈련을 하면서 행복하다고 느꼈다. 함께 사는 친구들을 위해서 바닥을 쓸고, 빨래를 개고, 심지어 어떤 친구의 차를 청소해 주기도 했다. 친구들을 섬기고 그들의 짐을 덜어 주는 건 정말 즐거웠다. 훈련을 통해서, 누군가 알아주지 않는데도 다른 사람들을 도우면 큰 상급이 있다는 것을 배웠다." 오스틴이 사용한 '행복'이라는 말이 아주 마음에 든다. 오스틴은 예수님의 가르침을 살아냈고, 실제로 "주는 것이 받는 것보다 더 복이 있다"(행 20:35)라는 진리를 경험하고 있었다.

두루 다니시면서 선한 일을 행하신 예수님

◆

예수님은 진실하고 믿을 만한 가르침을 전하셨을 뿐만 아니라, 삶과 행동을 통해서 탁월한 **선함**을 보여 주셨다. 제자들은 이를 알고 있었다. 사도행전 10장에서 베드로는 고넬료의 가족에게 이렇게 설교했다. "하나님께서 나사렛 예수에게 성령과 능력을 부어 주셨습니다. 이 예수는 두루 다니시면서 선한 일을 행하시고, 마귀에게 억눌린 사람들을 모두 고쳐 주셨습니다. 그것은 하나님께서 그와 함께하셨기 때문입니다"(행 10:38). 하나님 아버지는 예수님께 성령을 부으시고 (삼위일체가 함께한 사건이다) 그를 능력으로 채우셔서 선한 일을 행할 수 있도록 하셨다. 선함은 언제나 다른 사람을 이롭게 한다. 모든 사람이 예수님을 만나 **유익을 누렸다.**

예수님께서는 병자를 고치시고 포로 된 사람들을 자유롭게 하셨다. 이 모든 것은 회당 설교에서 이미 예언하신 것이었다.

예수께서는, 자기가 자라나신 나사렛에 오셔서, 늘 하시던 대로 안식일에 회당에 들어가셨다. 그는 성경을 읽으려고 일어서서 예언자 이사야의 두루마리를 건네받아서, 그것을 펴시어, 이런 말씀이 있는 데를 찾으셨다. "주님의 영이 내게 내리셨다. 주님께서 내게 기름을 부으셔서, 가난한 사람에게 기쁜 소식을 전하게 하셨다. 주님께서 나를 보내셔서, 포로 된 사람

들에게 해방을 선포하고, 눈먼 사람들에게 눈 뜸을 선포하고,
억눌린 사람들을 풀어 주고, 주님의 은혜의 해를 선포하게 하
셨다"(눅 4:16-19).

이사야 61장 1-2절에 나오는 이 말씀을 읽으신 후에, 예수님
은 군중에게로 돌아서서 이렇게 말씀하셨다. "이 성경 말씀이
너희가 듣는 가운데서 오늘 이루어졌다"(눅 4:21).

예수님은 복음(좋은 소식)을 선포하시고, 그 복음대로 살고 가
르치셨다. 산상수훈과 비유의 말씀을 전할 때만이 아니라, 병
자를 고치고 사람들과 어울리실 때도 예수님은 복음을 선포하
셨다. 간음하다 잡혀 온 여인 앞에서 좋은 소식을 말씀하셨으
며, 가나안 여인의 딸을 고치실 때도 좋은 소식을 전하셨다. 스
캇 맥나이트는 이렇게 말했다. "복음의 핵심 질문은 어떻게 구
원받는가 하는 것이 아니라, 예수님은 어떤 분이신가 하는 것이
다. 예수님과의 관계에서 구원의 능력이 나온다. '사람들이 예
수님께 헌신하도록 해야 합니다'라고 외치는 사람들이 있지만,
나는 늘 이렇게 대답한다. '사람들이 예수님을 **알도록** 해야 합
니다.'"[10] 예수님이 얼마나 아름답고 선하고 진실한지 그분을
알게 된다면, 자연스럽게 헌신하게 될 것이다.

인간은 예수님이 살아가는 모습을 따라 살도록 만들어졌다.
마크 매킨토시의 말처럼, "모든 인간은 예수님의 생활 방식을
현실적으로, 구체적으로, 영적으로 받아들일 때 이 세상의 진리

를 발견하게 되어 있다."[11] 예를 들어서, 우리는 간음하다 잡힌 여인을 지키신 예수님께 연대할 수 있다. 그 사건에 푹 잠기는 것이다. 그리스도가 내 안에, 내가 그리스도 안에 있다는 말은 이런 의미이기도 하다. 예수님은 자기를 내어주며 사신다.

새 아담과 새 이스라엘이신 예수님

예수님이 이스라엘 민족을 회복시키시는 것은 또 하나의 선하고 아름답고 진실한 사건이다. 하나님은 이스라엘 백성과 이렇게 언약을 맺으셨다(즉, 약속하셨다). "나는 너희의 하나님이 되고 너희는 내 백성이 될 것이다." 이 언약은 하나님 때문이 아니라, 신실하지 못하고 이기적이고 겁 많고 반항적인 이스라엘 백성 때문에 실패했다. 그러나 하나님의 변치 않는 사랑은 그 고집 센 백성을 끝까지 포기하지 않았다. 하나님은 이스라엘 백성이 언약에서 감당해야 할 부분을 예수님을 통해 이루신다. 예를 들자면 이런 식이다.

- 아담과 하와는 뱀의 유혹에 굴복했다. 그러나 예수님은 뱀에게 유혹을 받으셨음에도 이겨 내셨다.
- 이스라엘 백성은 40년 동안 사막을 헤맸고 유혹에 굴복했다. 예수님은 광야에서 40일 동안 금식하셨고 유혹을 이겨 내셨다.

진리를
발견하다

40일의 금식을 마친 예수님은 요단강에서 세례를 받으셨다. 이 요단강은 이스라엘 백성이 약속의 땅에 들어갈 때 건넜던 강이다. 예수님은 순종을 통해 이스라엘을 회복시키셨다. 바울은 예수님을 가리켜 마지막 아담, 혹은 새 아담이라고 표현했다(고전 15:45). 두 번째 아브라함이 아니었다. 두 번째 아담이라는 말은 예수님이 모든 사람, 즉 유대인과 이방인과 야만인 모두에게 구원을 주실 것(골 3:11)을 의미한다.

바울은 자기가 믿는 복음을 다음과 같이 간명하게 설명한다. "내가 전하는 복음대로, 다윗의 자손으로 나시고, 죽은 사람 가운데서 살아나신 예수 그리스도를 기억하십시오"(딤후 2:8). 바울의 복음은 오직 세 부분으로 완성된다는 점에 주목하라. 첫 번째는 예수님이 그리스도라는 것이다. **그리스도**는 '메시아'에 해당하는 그리스어다. 메시아는 이스라엘이 오랫동안 기다렸던 구원자다. 두 번째는 예수님이 죽은 사람 가운데서 살아나셨다는 것이다. 예수님의 부활을 통해서 하나님은 죄와 죽음을 이기셨다. 세 번째는 예수님이 다윗의 후손이라는 것이다. 예수님은 왕의 후손으로 오셔서 이스라엘 집의 잃어버린 양을 (그리고 다른 모든 사람을) 구하신다. 얼마나 위대한 이야기인가! N. T. 라이트가 말했듯이, "예수님은 이야기의 완성을 위한 해결책이다."[12]

위대한
이야기

그렇게 생각하지 않을지라도 예수님은 선하다

이스라엘 백성은 가나안 땅을 약속받았고(출 13:11), 폭력을
통해 그 땅을 차지했다. 이스라엘과 가나안 민족 사이에는 다툼
과 미움과 폭력이 계속되었다. 그렇기에 예수님이 제자들을 가
나안 땅인 두로와 시돈 지역에 데리고 간 것은 놀라운 일이었
다(마 15:21). 그러나 바로 다음에 이어지는 이야기는 당혹스럽
다. 가나안 여인에게 하시는 예수님의 말씀이 사뭇 모질게 들리
기 때문이다.

마침, 가나안 여자 한 사람이 그 지방에서 나와서 외쳐 말하였
다. "다윗의 자손이신 주님, 나를 불쌍히 여겨 주십시오. 내 딸
이, 귀신이 들려 괴로워하고 있습니다." 그러나 예수께서는 한
마디도 대답하지 않으셨다. 그때에 제자들이 다가와서, 예수
께 간청하였다. "저 여자가 우리 뒤에서 외치고 있으니, 그를
안심시켜서 떠나보내 주십시오." 예수께서 대답하셨다. "나는
오직 이스라엘 집의 길을 잃은 양들에게 보내심을 받았을 따
름이다." 그러나 그 여자는 나아와서, 예수께 무릎을 꿇고 간

진리를
발견하다

청하였다. "주님, 나를 도와주십시오." 예수께서 대답하셨다. "자녀들의 빵을 집어서, 개들에게 던져 주는 것은 옳지 않다." 그 여자가 말하였다. "주님, 그렇습니다. 그러나 개들도 주인의 상에서 떨어지는 부스러기는 얻어먹습니다." 그제서야 예수께서 그 여자에게 말씀하셨다. "여자여, 참으로 네 믿음이 크다. 네 소원대로 되어라." 바로 그 시각에 그 여자의 딸이 나았다(마 15:22-28).

언뜻 보기에 예수님은 이 여인과 엮이지 않으려고 하시는 것 같다. 예수님이 제자들을 이끌고 이방 지역에 가신 것은 중요한 것을 가르쳐 주고 싶으셨기 때문이다. 그런데 '가나안 여인'이 나타났다. 이 호칭에는 중요한 의미가 있다. 당시 이스라엘에서 이 지역 사람을 '가나안' 사람이라고 부르는 것은 마치 지금 스웨덴 사람을 '바이킹'이라고 부르는 것과 비슷하다. 예수님은 '가나안 여인'이라는 호칭을 통해, 이스라엘과 가나안 사이의 오랜 적대 관계를 보여 주신다. 도와달라는 여인의 외침에도 예수님은 침묵하신다. 예수님이 유대인으로서 가나안 사람이나 여성과는 말을 섞지 않으리라는 사실을 제자들은 알고 있었다. 하물며 가나안 여인과 대화를 나누려면 '가나안'과 '여인'이라는 두 개의 벽을 뛰어넘어야 했다. 그래서 제자들은 여인을 쫓아 달라고 부탁한다.

그러나 예수님은 두 개의 벽을 뛰어넘어 여인에게 말을 거신다. 하지만 잔인해 보이는 말이다. "나는 오직 이스라엘 집의 길을 잃은 양들에게 보내심을 받았을 따름이다." 이때 예수님은 가나안 여인의 문제만을 다루고 계셨던 게 아니다. 제자들을 가르치고 계셨다. 예수님은 이 여인을 시험하신다. "유대인인 내가 이방인인 너를 왜 도와야 하느냐?" 그는 예수님 앞에 무릎을 꿇고 단 한 가지를 간청한다. "주님, 나를 도와주십시오." 예수님의 대답은 한층 더 모욕적이다. "자녀들의 빵을 집어서, 개들에게 던져 주는 것은 옳지 않다." 이 말에 제자들은 충격을 받았다. 예수님은 유대인이 가지고 있던 내러티브, 즉 "여호와는 저들이 아니라 우리를 위한 하나님이다"라는 생각을 극단으로 몰아가고 있다. 케네스 베일리의 말처럼, "누군가가 말과 행동을 통해 깊은 선입견을 드러내는 것을 보는 건 굉장히 당혹스러운 일이다."[13]

예수님 시대 사람들은 돼지 못지않게 개도 경멸했다. 반려동물로 개를 기르는 일은 없었다! 개는 길거리를 배회하며 쓰레기나 뒤지는 거지 취급을 받았다. 예수님이 가나안 여인을 개라고 표현하신 것은 여인의 부탁을 그냥 거절하는 것보다도 훨씬 심한 일이었다. 그 여인은 어떻게 대답하는가? "주님, 그렇습니다. 그러나 개들도 주인의 상에서 떨어지는 부스러기는 얻어먹습니다." 멋진 대답이다! 예수님이 여인에게 답하신다. "여자여, 참으로 네 믿음이 크다. 네 소원대로 되어라." 그러자 여인의 딸이 즉시 나았다. 예수님은 이 장면을 유심히 보고 있던 제자들에게 인생을 바꾸어 놓을 만한 가르침을 주고 계신 것이다. 다시 베일리의 말을 참고하면, "엄청난 규모의 정교한 영성 훈련이 제자들의 마음속에서, 그리고 아마 마태복음을 읽는 모든 독자의 마음속에서 일어나고 있다."[14]

예수님의 행동이 진리를 벗어난 것 같고, 아름다움이나 유익함과는 거리가 멀어 보이더라도 안심하라. 여전히 그는 아름답고 선한 일을 하고 계신다. 그렇게 보이지 않더라도 말이다.

성육신을 묵상하다 보면 그 신비에 압도당한다. 브라이언 잔드는 이렇게 말했다. "오랫동안 나는 성육신의 신성한 신비에 집착했다. 그리고 그것은 실로 위대한 집착이다. 성육신에 대해 곰곰이 생각하는 것 자체가 거룩한 묵상이다."[15] 참으로 공감되는 말이다. 성육신에 대해 곰곰이 생각할 때, 하나님의 자비와 은혜와 사랑에 가슴이 찡해진다. 성육신은 마음을 울리는 신성한 신비로, 묵상할수록 "우와" 하는 감탄과 "감사합니다" 하는 외침이 함께 터져 나오게 한다. 놀라운 은혜다. 성육신의 행위는 그 자체로 구원의 힘을 가진다.

무엇이 문제인가
◆

성육신을 온전히 이해할 때, 예수님을 그저 위대한 스승이나 한 명의 구원자 정도로 축소하는 오류를 피할 수 있다. 예수님이 오셨기에 우리가 풍성한 삶을 누릴 수 있다. 그분은 하나님

위대한
이야기

나라를 열고, 이스라엘을 회복시키고, 인류를 회복시키고, 진리를 가르쳐 주셨다. 예수님이 가르치신 진리는 추상적인 원리가 아니다. 그 안에 거함으로써 우리는 자유를 얻는다. 예수님이 어떤 분이신지를 온전히 이해할 때, 그 이야기는 훨씬 더 크고 좋으며, 심오하고 매력적인 이야기가 된다. 그리고 그 이야기는 무미건조하게 모아 놓은 교리와 율법이 아니라, 하나의 모험이 될 것이다. 이 위대한 이야기는 하나님이 우리를 너무 사랑하셔서 독생자를 주셨다는 놀라운 주장을 한다. 우리를 그저 가르치거나 용서하기 위해서가 아니라, 밝게 비추기 위함이었다.

표도르 도스토옙스키는 이런 글을 남겼다. "누군가 그리스도가 진리를 벗어나 있다는 점을 증명하거나, 아니면 정말로 진리가 그리스도를 배척한다면, 나는 진리가 아니라 그리스도 편에 설 것이다."[16] 좋은 소식은, 그런 고민은 하지 않아도 된다는 것이다. 예수님은 진리 **그 자체**이시다. 그리고 예수님은 아름답고 선하시다. 우리는 그분을 믿을 수 있고, 그분을 경외하며 살아갈 수 있으며, 삶에 그분을 초대하기만 한다면 예수님이 선하게 역사하실 것을 확신할 수 있다.

진리를
발견하다

영혼의 훈련: 냄새

이번 주에는 아름다움의 일기를 조금 확장해서, 하나님이 어떻게 우리의 오감을 통해 아름다움으로 우리에게 손짓하시는지 살펴볼 것이다. 창의성과 열린 마음을 가지고 원하는 대로 훈련의 내용을 바꾸어도 좋다. 그러나 어떻게 해야 할지 잘 모를 경우를 위해 몇 가지 방법을 제안해 놓았다. 이번 훈련에서 중요한 부분은 아름다움을 경험하는 것에서 한 발짝 더 나아가 아름다움의 궁극적인 원천이신 하나님을 인식하는 것이다. 이번 주에는 특히 냄새에 집중해 보자.

냄새 훈련. 냄새는 기억과 긴밀하게 연결된 아주 강력한 감각이다. 이번 훈련에서는, 당신의 삶에서 긍정적인 기억에 얽혀 있는 냄새를 떠올려 보자. 어떤 친구는 초를 끌 때 나는 연기의 냄새를 맡으면 새벽 기도를 마쳤을 때의 평화와 고요함이 느껴진다고 한다. 또 어떤 친구는 늘 파촐리 기름*을 바르고 다녔는데, 덕분에 그 냄새를 맡으면 그가 떠올라 웃음이 난다.

---

* 파촐리라는 식물에서 추출한 향유로, 신선한 흙냄새가 나며 향수로 많이 사용한다.

위대한
이야기

일상을 살아가면서 당신을 둘러싸고 있는 좋은 냄새를 느껴 보라. 갓 내린 모닝커피의 향기, 막 깎은 잔디의 풋내음, 배우자가 쓰는 로션의 향, 양초의 향기, 오븐에서 구워진 채소의 맛있는 냄새, 비 오기 전의 흙냄새. 아름다운 냄새를 통해 당신을 부르시는 하나님을 느끼라. 하나님은 당신을 너무 사랑한 나머지 이 모든 것을 만드셨다.

하루를 마무리하며, 혹은 다음 날 아침에, 하루 동안 맡았던 냄새를 떠올려 보라. 코를 통해 느낀 아름다움과 그 뒤에 숨어 있는 하나님의 사랑에 감사하는 기도를 드리라.

보너스 훈련. 예수님과 복음을 더 깊이 알고 싶다면, 마가복음을 읽으라. 복음서 중에 가장 짧은 책이기 때문에 앉은 자리에서 다 읽을 수도 있다. 특별히 그리스도 형상에 주목하며 읽어 보라. 그리스도 형상이란, 예수님의 말씀과 행동에서 볼 수 있는 그분의 모습을 뜻한다. 또한, 마가복음에 많이 등장하는 '놀라다'나 '매우 놀라다'라는 단어에 주목하라. 재미 삼아 이런 단어들이 몇 번이나 등장하는지 세어 보아도 좋다. 그리고 다시금 기억하라. 우리는 위대한 이야기, 우리를 놀라게 하는 이야기를 위해 만들어졌다.

제7장

끝까지 달려가다

아버지께서 우리를 암흑의 권세에서 건져 내셔서, 자기의 사랑하는 아들의 나라로 옮기셨습니다. 우리는 그 아들 안에서 구속, 곧 죄 사함을 받았습니다.

—골로새서 1장 13-14절

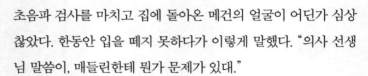

초음파 검사를 마치고 집에 돌아온 메건의 얼굴이 어딘가 심상 찮았다. 한동안 입을 떼지 못하다가 이렇게 말했다. "의사 선생님 말씀이, 매들린한테 뭔가 문제가 있대."

의사는 메건의 배 속에 있는 우리 딸 매들린에게 염색체 이상이 있을 가능성이 있다며, 추가 검사를 위해서 다음 주에 다시 내원하라고 했다. 두려움과 불안에 잠을 이룰 수 없었다. 추가 검사를 받은 뒤, 아내와 나는 아무도 없는 대기실에서 두 손을 모은 채 결과를 기다렸다. 곧 의사 두 명이 들어오더니, 매들린에게 치명적인 염색체 이상 소견이 있다고 말해 주었다.

"그게 무슨 뜻이죠?" 메건이 물었다.

"아기가 생존하기 어렵다는 뜻입니다. 보통은 출산 시에 사망합니다." 한 의사가 무덤덤하게 대답했다.

"확실한가요?" 내가 물었다.

위대한
이야기

"검사 결과에 따르면 거의 확실합니다. 내일 응급 제왕절개 수술을 예약해 놓았습니다. 이제 결정을 내리셔야 합니다." 다른 의사가 말했다.

"무슨 결정 말이죠?" 메건이 물었다.

"음, 제일 중요한 건 DNR(소생거부지시) 여부입니다."

"그게 뭔가요?" 내가 물었다.

"아기가 태어나면 잠시 살아 있을 수도 있습니다. 하지만 일단 에드워드 증후군*을 가지고 있으면 그리 오래 살지 못합니다. 온갖 방법으로 살려 둘 수는 있겠지만, 그런 방법을 쓰지 않는 게 더 인도적입니다." 의사가 설명했다.

조용히 의자에 앉았다. 매들린의 방을 꾸민 지 얼마 되지도 않았는데, 이제 살려 둘지 말지를 결정하라고 한다. 막 침대를 조립한 참인데, 이제 관을 짜야 한단다. 할 수 있는 게 하나도 없었다. 처절하게 무기력했다. 그저 다음 날이 되기를 기다리면서 기도할 뿐이었다. 하지만 기도도 쉽지 않았다. 그 순간에는 하나님을 증오하는 마음이 들었다. 어떻게 하나님이 우리에게 이러실 수 있는가? 우리는 신실한 기독교인인데.

집에 돌아와서, 메건에게 홀로 기도할 시간이 좀 필요하다고 했다. 혼자 울 시간이 절실히 필요했다. 침대에 쓰러져서 흐느끼기 시작했다. 흐느낌은 곧 울부짖음이 되었다. 처음에는 매들

---

* 18번 염색체가 세 개인 선천적 기형이 나타나는 증후군.

끝까지
달려가다

린 때문에 울었고, 아내 메건 때문에, 그리고 나 자신 때문에 울부짖었다. 분노가 치밀었다. 하나님께 소리를 지르기 시작했다.

"어떻게 우리한테 이러실 수 있죠? 매들린을 살려 둘지 결정하라고요? 어떻게 그런 결정을 하라고 할 수 있냐고요! 말도 안 돼요!" 나는 비명을 질렀다. "하나님, **감히** 어떻게 그러실 수 있어요!" 온갖 감정이 튀어나왔다.

침묵만이 흘렀다. 가슴을 찢는 침묵이었다. 지난 17년 동안 나에게 말씀하셨던 하나님이, 매일 나와 함께하셨던 하나님이, 가장 깊은 어둠에 잠겨 있는 이 순간에 나를 버리셨다.

다음 날 다시 병원을 찾았다. 수술은 금세 끝났고, 매들린은 살아서 세상에 나왔지만 울지는 않았다. 의사들이 아기를 데려가 버렸다. 조용히 메건의 손을 잡았다. 의사들이 돌아오더니, 매들린이 에드워드 증후군을 갖고 있지 않은 것 같고, 아마도 살 수 있을 것 같다고 말했다.

"살 수 있어요? 얼마나요?" 우리가 물었다.

"확실히 말씀드리기는 어렵습니다." 의사가 대답했다.

나중에 매들린은 희귀한 염색체 전좌轉座를 가지고 있는 것으로 밝혀졌다. 염색체 전좌란, 두 염색체의 특정한 부분이 서로 자리를 바꾸어 존재하는 현상이다. 병원에서는 아이가 정상적으로 자라지 못할 것이라고 말했지만, 매들린은 의사들이 예측한 것보다 더 오랫동안 우리와 함께했다. 두 번째 생일을 맞고 한 달 뒤에 세상을 떠났다. 살아 있는 동안 아이는 우리의 소

위대한
이야기

184

중한 딸, 사랑하는 매들린이 되어 주었다. 또한 나의 가장 훌륭한 선생님이 되어 주기도 했다. 매들린 덕분에 나는 인생에서 가장 어려운 질문을 이론이 아니라 현실로서 마주할 수 있었다. 어떻게 선한 하나님이 이러실 수 있는가? 어떻게 이런 일이 일어나는 세상을 만드셨는가? 하나님은 왜 악과 고난을 허락하시는가?

이러한 질문은 악의 문제에 대한 신학적인 논의를 다루는 **신정론**의 주제다. 매 순간 무고한 사람이 고난을 당한다. 아우슈비츠에서 교내 총기 사고에 이르기까지, 그리스도인은 늘 어려운 질문에 맞닥뜨린다. "하나님이 일으키신 일인가? 하나님이 허락하신 일인가? 하나님이 막으실 수도 있었는가? 하나님은 어디에 계셨는가?" 선하고 아름다운 하나님을 믿는 사람에게 이런 질문은 가장 답하기 어렵다. 하지만 답은 있다. 그 답은 신학 교과서가 아니라, 바로 **웅장하고 아름다운 그 이야기**에 있다.

> ◆ 충격적인 사건을 겪고 나서, 하나님이 어디 계신지 질문한 경험이 있는가?

거짓 내러티브

◆

기독교인들은 교리에 집중하는 경향이 있다. 교리는 믿음을 짧은 문장들로 표현한 것이다. 삼위일체와 성육신은 정말 중요한 교리다. 그 신비를 이해하는 데 교리가 도움이 되기도 한다. 하지만 훌륭한 신학자인 한스 프라이의 주장처럼, 교리를 통해 이야기의 의미를 깨닫는 것이 아니라, 이야기를 통해 교리의 의미가 선명해지는 것이다. 따라서 믿음은 일련의 교리적인 명제가 아니라 그 이야기 전체에 바탕을 두어야 하며, 이야기로부터 교리의 의미가 드러나도록 해야 한다.

믿음의 바탕을 이야기가 아닌 교리에 두는 실수를 우리는 흔하게 저지른다. 우리가 잘못 이해하는 가장 대표적인 예가 예수님이 십자가 죽음을 통해 우리의 죄를 사하셨다는 믿음을 이야기하는 속죄 교리다. 속죄 교리가 틀렸다는 게 아니다. 죄는 실재하며, 용서가 필요하다. 예수님은 실제로 "우리에게 불리한 조문들이 들어 있는 빚문서를 지워 버리시고, 그것을 십자가에 못 박으셔서, 우리 가운데서 제거해 버리셨다"(골 2:14). 아름다운 찬송 〈내 평생에 가는 길〉이 노래하듯, 속죄는 놀라운 개념이다.

내 지은 죄 주홍빛 같더라도
주 예수께 다 아뢰면
그 십자가 피로써 다 씻으사
흰 눈보다도 정하겠네
내 영혼 평안해, 내 영혼 내 영혼 평안해[11]

위대한
이야기

하지만 너무 놀라운 나머지, 예수님의 속죄가 이야기의 다른 부분을 모두 가려 버렸다. 그리고 속죄만 남은 이야기는 **잘못된** 이야기가 될 수 있다. N. T. 라이트는 그의 저서 《이것이 복음이다》에서 비유를 들어 이를 설명한다. 어떤 고고학자가 그림이 조각된 돌 파편을 발견했다고 상상해 보자. 이 파편은 더 큰 그림이 새겨진 고대 예술 작품의 일부다. 아마도 신전에서 나온 돌일 것이다. 파편에는 어떤 여자가 먼 곳의 무언가를 쳐다보고 있는 모습이 새겨져 있다. 작품의 나머지 부분이 없으니, 고고학자들은 지금까지 본 비슷한 작품을 참고하여 파편에 새겨진 그림의 의미를 밝혀내려고 한다. 한 고고학자는 이렇게 말한다. "여인의 표정과 시선이 신전에 희생 제사를 드리러 가는 행렬을 나타낸 고대 그림과 유사하다. 여인의 시선은 우측을 향해 있으며, 신전에서 신을 달래기 위해 희생되는 동물을 바라보고 있다." 연구자 집단은 그러한 그림을 본 적이 있기에 이 설명을 받아들일 것이다.

그러나 얼마 후, 작품의 나머지 부분이 발견된다. 고고학자의 설명은 틀렸다. 돌 파편은 새로운 왕의 대관식 행렬을 표현한 그림의 일부였다. 그림 속 여인은 행렬 속에 있던 새 왕의 누이였다. 그녀는 새를 보려고 멈춰 선 자신의 자녀를 바라보고 있었다. 고고학자는 돌에 새겨진 그림이 행렬의 모습이라는 점은 잘 추측했지만, 그것이 어떤 종류의 행렬인지는 맞히지 못했다.

라이트는 성경의 커다란 이야기에서 하나의 **파편**을 이해할

때에도 비슷한 일이 일어난다고 믿는다. **십자가 사건**이라는 이 야기 파편이다.[21]

사람들은 아름답고 선하고 진실한 이야기를 이루는 하나의 파편(십자가 사건)을 갖고 엉뚱한 이야기를 만들어 낸다. 노하신 하나님을 달래기 위해 예수님이 희생되었다는 이야기다. **완전 히** 틀린 이해는 아니다. "예수님이 인간의 죄를 위해 죽으셨다" 라는 문장은 참이다. 하지만 이 파편에 근거하여 만든 이야기는 선하지도, 아름답지도 않다. 그래서 "예수님이 인간의 죄를 위해 죽으셨다"라는 문장을 둘러싼 모든 진리를 왜곡해 버린다. 물론 예수님은 죽으셨다. 그러나 그게 다가 아니다.

인간의 죄를 위한 예수님의 죽음은 조금 다른 이야기의 맥락 안에 있다. 따라서 그의 죽음은 다른 방식으로 이해되어야 한 다. 고고학자 비유에서처럼, 십자가 사건은 거대한 행렬 속에 있다. 그러나 희생 제사가 아닌 왕의 대관식을 위한 행렬이다. 예수님의 죽음은 (바울과 초대교회가 볼 때) 새로운 왕의 대관식이 었다. 예수님은 그 피로 인간의 죄를 씻기는 하나님의 어린양이 다. 맞는 말이다. 그러나 이는 십자가의 한 측면에 불과하다. 그 는 단순한 피해자가 아니라, 그분의 왕국을 다스리시고 통치하 실 승리자이자 새로운 왕이시다.

◆ N. T. 라이트의 비유를 듣고 어떤 생각이 드는가? 어떻게 우리가 복음을 오해할 수 있는지 이해하는 데 도움이 되었는가?

끝까지 사랑하셨던 예수님

예수님은 죽음이 임박한 것을 아셨다. 곧 세상 모든 죄의 무게를 지게 될 것을 아셨다. 두들겨 맞고 채찍질을 당할 것도 알고 계셨다. 철저하게 외면당할 것을 알고 계셨다. 온 우주의 창조자이자 유지자이신 예수님이 사형장으로 올라가셨다. 조금도 망설임 없이 기쁘게 이 모든 것을 받아들이셨다. 본래 그토록 사랑하셨던 인간이 감당했어야 할 자리라는 걸 아셨기 때문이다. 요한복음 13장 1절은 이렇게 기록한다. "유월절 전에 예수께서는, 자기가 이 세상을 떠나서 아버지께로 가야 할 때가 된 것을 아시고, 세상에 있는 자기의 사람들을 사랑하시되, 끝까지 사랑하셨다."

예수님은 반역한 인간 대신 거룩한 순종을 드릴 것이다. 그분의 순종으로 인간은 자유롭게 되어, 죄책감과 수치심, 죄와 죽음의 지배에서 벗어나게 될 것이다. 무엇보다도 예수님은 자신의 순종이 성령을 통해 인간을 성부와 성자의 친밀한 교제로

끝까지
달려가다

인도하게 될 것을 아셨다. 예수님은 기뻐하셨다. 그것은 사랑하는 사람이 구조되는 것을 바라보는 사람의 마음과도 같다. 이거룩한 사랑 이야기는 곧 정점에 이른다. 사흘의 시간 동안, 그분은 사랑하는 이들에게 화해와 구원을 주심으로써, 그들을 끝까지 사랑하셨다.

삼위일체 하나님이 그 가운데 역사하고 계셨다. 삼위일체 하나님께는 사명이 있었다. 삼위 하나님 자신을 위해서는 절대 할 수 없었던 일을, 인간을 위해서 하셔야 했다. 그 사명은 성육신으로 시작되었다. 하나님은 이제 이 땅 위를 걷고, 인간의 모든 감정을 느끼며, 인간이 겪는 모든 사건을 겪으신다. 성육신은 구원의 첫 행위이자 속죄의 첫 행위였다. 구원은 단지 죽은 뒤에 천국에 들어가는 것만을 뜻하지 않는다. 구원이란 인간을 파괴하는 적에게서 해방되는 것이다. 율법은 인간의 적이다. 율법은 죄를, 죄는 죽음을 낳기 때문이다. 고통과 유기遺棄 또한 인간의 적이다. 이들을 물리치기 위해서 하나님은 죽으셔야 했으며, (아타나시우스에 따르면) "죽을 수 있는 몸"이 필요했다. 이제 모든 것이 준비되었다. 제자들은 이해하지 못했지만, 예수님은 때가 도래할 것이라고 경고하셨다. 이제 그분은 삼위일체의 깊은 사랑을 보여 주려 하신다. 이것이 이 위대한 이야기의 절정이다.

위대한
이야기

고난주간의 케노시스

◆

앞서 케노시스를 '다른 이의 유익을 위하여 자기를 희생하는' 행동이라고 정의했다. 창조는 첫 번째 케노시스의 행위였다. 하나님은 인간과 이 위대한 세상을 지으심으로써 스스로 인간에게 속박되신다. 그다음 케노시스의 행위는 언약이다. 이스라엘의 배신에도 불구하고, 하나님은 변치 않는 신실하심을 통해 스스로 이스라엘에 매이신다. 성육신은 그다음 케노시스의 행위다. 하나님은 인간이 되심으로써 인류의 멍에를 지신다.

세상은 성육신을 통해 하나님의 케노시스를 목격했다. 그러나 이제 고난주간이라고 부르는 시간 동안 최고의 케노시스가 일어나려 한다. 초대교회의 교부들은 이를 트리둠 모르티스(*triduum mortis*, 사흘의 죽음)라고 불렀다. 이 사흘 동안 예수님은 인류의 편에 서서, 인간은 절대 할 수 없었던 일을 하실 것이다. 예수님은 삼위일체의 순종으로 성부 하나님께 순종하실 것이며, 하나님은 예수님이 인간으로서 겪을 수 있는 최악의 일을 겪도록 하실 것이다. 그렇게 하심으로써 삼위일체는 우리를 적으로부터 구하실 것이다.

성금요일: 사랑의 첫 번째 행위

◆

오히려 자기를 비워서 종의 모습을 취하시고, 사람과 같이 되

끝까지
달려가다

191

셨습니다. 그는 사람의 모양으로 나타나셔서, 자기를 낮추시고, 죽기까지 순종하셨으니, 곧 십자가에 죽기까지 하셨습니다(빌 2:7-8).

십자가는 세상에서 가장 잘 알려진 상징이다. 하나님의 죽음은 역사상 가장 강렬한 순간이다. 예수님이 십자가 위에서 이루신 속죄 사역을 이해하는 다양한 방식이 존재한다. 그만큼 십자가를 설명하기 위해 사용되는 깊이 있는 신학적 언어도 많다. 일부를 소개하자면, 노예의 몸값을 치러 자유롭게 하는 것을 의미하는 하나님의 **속전**, 관계를 다시 세우는 것을 의미하는 **화목**, 하나님의 명예를 회복하는 것을 의미하는 **보속**, 사랑하는 이들로부터 사랑의 응답을 이끌어 내는 것을 의미하는 **사랑의 호소**, 타인의 자리에 서는 것을 의미하는 **대리** 등이 있다. 십자가는 너무나도 굉장한 사건이었기 때문에, 그 참된 의미를 포착하기 위해서는 다양한 방식으로 접근할 필요가 있다.

중요한 것은 예수님의 십자가 죽음이 삼위일체적 행위였다는 점이다. 어떤 버전의 복음에는 화가 잔뜩 난 성부 하나님과 그 분노를 달래려 애쓰는 예수님이 등장한다. 달라스 윌라드는 이것을 다음과 같이 표현한다.

복음을 소개하는 방식의 주요한 문제 가운데 하나는, 하나님을 상당히 심술궂고 화를 내는 분으로 소개한다는 것이다. 그리고 누군가가, 즉 예수님이 대신 매를 맞았기 때문에 인간의 책임을 면해 주는 것이라는 식으로 설명한다. 이런 식으로 복음을 이해하면 하나님이 사랑의 마음으로 예수님을 보내셨다는 점을 놓치게 된다. 십자가에서 예수님이 죽음을 맞은 사건은 하나님을 기쁘시게 하지 않았다. 하나님은 슬퍼하셨다. 예수님의 십자가 죽음은 사랑으로써 인간에게 가 닿기 위한 하나님의 몸부림이었다. 거룩한 공동체의 한 분인 예수님이 이루신 일 덕분에, 하나님은 이제 인간에게 오셔서 이렇게 말씀하실 수 있게 되었다. "전쟁은 끝났다. 더 이상 싸울 필요가 없다." 힘겨운 전투를 계속해 나갈 필요가 없다. 예수 그리스도를 받아들이고, 예수 그리스도의 하나님을 진실로 받아들이는 것이 곧 평화이기 때문이다.[31]

얼마나 강렬한 말인가!

예수님의 죽음은 "단번에"(히 10:10; 벧전 3:18) 모든 죄를 사하신다. 조건은 붙지 않는다. 예수님은 성금요일의 행위를 통해 우리 대신 승리를 선포하셨다. 십자가는 완전하고 최종적이었기에, 미래의 죄를 위해서 예수님이 십자가 죽음을 반복하실 필요가 없다. 십자가 덕분에 인류는 죄 사함을 받았다. 이 선물을 받아들일지는 우리 각자의 몫이다.

끝까지
달려가다

예수님은 인류를 구조할 사명을 띠고 이 땅에 오셨고, 마침내 인간을 악과 죄와 고난에서 구출해 내셨다. 그분은 또 어떤 일을 하실 수 있는가? 예수님이 하신 사랑의 행위가 두 개 더 있다. 그중 하나는 토요일에 일어났다. 우리가 쉽게 간과하는 성토요일에 말이다.

성토요일: 사랑의 두 번째 행위

◆

나의 친구 맷 존슨은 교회가 성토요일을 대수롭지 않게 생각한다고 지적했다. "성토요일은 예수님이 인류를 위해 하신 일을 기념하는 날이 아니라, 부활절을 준비하기 바쁜 날이 되어 버렸다." 성토요일에는 어떤 일이 일어났을까? 성경과 초대교회에 따르면, 성토요일은 예수님이 "지옥에 내려가신" 날이다. 서기 390년에 처음 등장한 사도신경은 기독교 신앙의 요약이다. 사도신경은 "그는 성령으로 잉태되어 동정녀 마리아에게 나시고"와 같은 짧은 문장들을 통해 위대한 이야기를 전한다. 그중 "지옥에 내려가셨다"라는 문장은 자주 간과된다.* 그리스

위대한
이야기

194

도인들에게 이 문장을 들어 본 적이 있는지 물어보면, 다들 그렇다고 대답한다. 하지만 그 의미를 알고 있는지 물으면 늘 이렇게 답한다. "아뇨, 생각해 본 적도 없는데요." 이 문장은 이야기에서 매우 중요한 부분을 말해 준다. 예수님이 지옥에 내려가셨을 때, 그분은 성부 하나님으로부터 완전하게 분리되고 소외당하셨다. 예수님은 하나님께 버림받는 경험을 통해, 버림받는 시간을 지나는 인간을 구원하셨다. 이는 앞서 제기했던 신정론의 문제에 답을 주기 때문에 매우 중요하다.

J. 워런 스미스 교수는 성토요일에 일어난 예수님의 지옥 강하의 의미를 다음과 같이 탁월하게 설명한다. "인간 존재의 그 어떤 영역도, 그리스도께서 '내려가시지' 않은 곳이 없다는 의미다."[4] 신학자 필립 클레이턴은 이렇게 덧붙인다. "['지옥에 내려가셨다'라는 사도신경의 구절을] 교회에서 읊을 때면, 나를 둘러싸는 하나님의 사랑이 미치지 않는 곳이 없다는 생각이 든다. 하나님이 가기 두려워하시는 곳은 없다."

얼마나 아름다운 이야기인가!

---

* 한국의 일반적인 개신교 교회에서는 주로 이 부분이 삭제된 사도신경을 사용하기 때문에("십자가에 못 박혀 죽으시고, 장사된 지 사흘 만에 죽은 자 가운데서 다시 살아나셨으며") 다른 전통의 사도신경을 참고할 필요가 있다. 성공회에서 사용하는 사도신경에서는 다음과 같이 이 부분을 설명한다. "십자가에 못 박혀 죽으시고 묻히셨으며, 죽음의 세계에 내려가시어 사흘 만에 죽은 자들 가운데서 부활하시고." 천주교에서 사용하는 사도신경은 다음과 같다. "십자가에 못 박혀 돌아가시고 묻히셨으며 저승에 가시어 사흗날에 죽은 이들 가운데서 부활하시고."

끝까지
달려가다

〈아나스타시스〉 이콘

　　〈아나스타시스〉는 예수님의 지옥 강하를 나타낸 이콘으로, 일반적이지 않은 장면을 묘사한다. 예수님이 그림의 중앙에 계신다. 옷자락이 위쪽으로 펄럭이는 모양은 예수님이 빠르게 내려오시는 것을 보여 준다. 이제 예수님은 저승의 황금 문을 깨뜨리시고 그 위에 서신다. 이것은 예수님이 죽음과 지옥을 정복하셨다는 것을 나타낸다. 자세히 보면 사슬에 묶인 해골 모양이 있다. 바로 사탄의 죽음이다. 그리스도께서 원수를 결박하고 죽이셨다. 이것은 히브리서 2장 14절을 표현하는 것이다. "그가 죽음을 겪으시고서, 죽음의 세력을 쥐고 있는 자, 곧 악마를 멸하시고."

이 이콘에서 가장 마음에 드는 부분은 예수님이 두 사람을 무덤에서 이끌어 내시는 모습이다. 바로 아담과 하와다. 그들은 범죄하여 낙원에서 쫓겨났지만, 이제 모든 죄를 멸하신 예수님이 두 사람을 죽음에서 건져 올리신다. 예수님 뒤에는 다윗과 솔로몬이 서 있다. 그들은 육신으로 예수님의 실제 조상이었다.

예수님 오른편에 서 있는 세례 요한도 마음에 드는 부분이다. 그는 삶과 죽음에 있어서 예수님을 앞서간 사람이었다. 배경에는 엘리야나 모세 같은 구약 인물도 등장한다. 그들은 변화산에서 예수님과 함께 있었다.

진실한가
◆

이 이야기는 선하고 아름답다. 그렇다면 진실한가? 신약성경 여기저기서 사도신경의 근거를 발견할 수 있다. 복음서에는 대체로 성토요일 이야기가 없지만, 예수님은 분명히 "죽은 사람들이 하나님의 아들의 음성을 들을 때"(요 5:25)에 관해 말씀하셨다. 바울은 **올라가시는** 예수님뿐만 아니라 **내려오시는** 예수님에 대해서도 언급한다. "'누가 지옥에 내려갈 것이냐' 하고 말하지도 말아라. (그것은 그리스도를 죽은 사람들 가운데서 끌어올리는 것입니다)"(롬 10:7). "그런데 그분이 올라가셨다고 하는 것은 먼저 그분이 땅의 낮은 곳으로 내려오셨다는 것을 말하는 것이 아

끝까지
달려가다

니고 무엇이겠습니까?"(엡 4:9). 마지막으로, 바울은 이렇게 기록했다. "그리스도께서 죽으셨다가 살아나신 것은, 죽은 사람에게도 산 사람에게도, 다 주님이 되시려는 것이었습니다"(롬 14:9).

하지만 여전히 예수님이 성토요일에 하신 일이 구체적으로 어떤 것인지는 알 수 없다. 베드로전서의 말씀에는 조금 더 분명한 진술이 있다.

> 그리스도께서도 죄를 사하시려고 단 한 번 죽으셨습니다. 곧 의인이 불의한 사람을 위하여 죽으신 것입니다. 그것은 그가 육으로는 죽임을 당하시고 영으로는 살리심을 받으셔서 여러분을 하나님 앞으로 인도하시려는 것입니다. 그는 영으로, 옥에 있는 영들에게도 가셔서 선포하셨습니다. 그 영들은, 옛적에 노아가 방주를 지을 동안에, 곧 하나님께서 아직 참고 기다리실 때에, 순종하지 않던 자들을 말하는 것입니다. 그 방주에 들어가 물에서 구원받은 사람은 겨우 여덟 사람밖에 없었습니다(벧전 3:18-20).

> 죽은 사람들에게도 복음이 전해진 것은, 그들이 육신으로는 모든 사람이 심판받는 대로 심판을 받으나, 영으로는 하나님을 따라 살게 하려는 것입니다(벧전 4:6).

이 말씀을 통해서, 예수님이 죽은 사람들과 함께하기 위해 그들에게 가서서 복음을 선포하셨다는 사실을 알 수 있다.

초대교회의 교부들도 성토요일에 일어난 예수님의 지옥 강하를 인정했다.

주께서는 자신의 임재를 전하고 자신을 믿는 모든 자들을 위한 죄 사함을 선포하기 위하여 이 땅 아래의 영역으로 내려가셨습니다(이레네오).

그리스도는 자신이 택하신 영혼들을 데려오시려고 끝없는 심연으로, 스올의 밑바닥으로 내려가셨습니다(대교황 그레고리오).

초대교회는 예수님이 죽은 자들에게 좋은 소식을 전하고 갇힌 자들을 해방시키기 위해서 그들이 있는 곳으로 내려가셨다고 가르쳤다. 마지막 교부 중 한 명이라고 할 수 있는 7세기 사람 세비야의 이시도르가 한 설명을 나는 가장 좋아한다. 그는 이렇게 기록했다. "오늘 그는 왕으로서 감옥에 오셨다. 오늘 그는 청동 문짝을 부수고 쇠못을 부러뜨리셨다. 다른 모든 이들과 같이 죽어서 지옥에 내동댕이쳐진 그는, 하나님 안에서 지옥을 황폐케 하셨다."[5]

● 우리 삶 속에서 경험하는 하나님의 구원에는 성토요일에
행하신 예수님의 일도 들어 있는가? 만약 그렇다면, 그것
은 우리에게 어떤 영향을 미치는가?

예수님은 지옥을 황폐케 하셨다. 예수님도 이 점을 확증하셨
다. "[나는] 살아 있는 자다. 나는 한 번은 죽었으나, 보아라, 영
원무궁하도록 살아 있어서, 사망과 지옥의 열쇠를 가지고 있
다"(계 1:18). 성토요일에 예수님은 지옥을 파괴하셨다. 그분은
하나님의 분노를 업고 죄와 죽음을 이기셨다. 우리를 구원하시
는 예수님의 케노시스는 이제 하나 남았다. **둘째 사망**에 들어가
시는 것이다.

영적 죽음: 완전한 분리
◆

성토요일에 예수님은 기꺼이 성부 하나님으로부터 완전하게
분리되셨다. 이를 예수님의 둘째 사망이라고 부른다. 금요일에
인간으로서의 생명이 끊기신 예수님은, 토요일에는 하나님으
로부터도 끊어지기를 택하신다. 평생 아버지께 순종했으나, 이
제는 '최고의 순종'을 드릴 것이다.[6] 어째서인가? 이미 순종은
충분하지 않은가?

예수님은 하나님으로부터의 완전한 유기를 경험하기 위해

완전한 죽음을 겪으셨다. 인간이 겪을 수 있는 최악의 일을 경험하고, 이를 통해 구원을 주시기 위함이다. 하나님으로부터 가장 멀리 떨어짐으로써 그 거리를 극복하고자 하셨다. 예수님의 등은 죄의 대가와 하나님의 노여움을 짊어지는 것을 넘어서, 이제 인간이 겪는 최악의 일마저 감당하려 하신다. 버림받는 것이다. 먼저는 성금요일의 십자가 위에서 버림받았고, 이제 성토요일의 지옥 강하를 통해 완전한 유기를 경험하신다. 삼위일체의 신학밖에는 하나님께 버림받는 하나님을 이해할 길이 없다. 그것이 성토요일의 진정한 의미다.

또한 성토요일은 사탄의 지배가 끝나는 날이었다. 지옥은 사탄을 위한 감옥으로 창조되었다. 성금요일에 사탄은 즐거워했다. 그토록 원하던 하나님의 아들을 얻었기 때문이다. 그러나 예수님은 성토요일에 지옥에 내려가 사탄의 파티를 망쳐 놓으신다. 〈아나스타시스〉 이콘에서와 같이, 사탄은 결박당하고 죽은 자들이 구원을 얻는다. 위대한 종교개혁가 장 칼뱅은 성토요일에 대해 이렇게 기록했다. "성토요일을 빼놓고는 그리스도의 죽음이 주는 많은 유익을 놓치게 될 것이다."[7]

엘리 위젤은 루마니아 출신의 미국계 유대인 작가로, 노벨상 수상자이자 홀로코스트의 생존자다. 어느 날 밤, 그는 수용소에서 사람들이 교수대 위에서 죽는 모습을 목격했다. 나치 간수들은 교수대에 매달 두 명의 남자를 골랐다. 그런데 그뿐이 아니었다. 그들은 자신들이 가진 힘을 과시하기 위해 어린아이 한

명을 더 죽이기로 했다. 더 끔찍한 것은 위젤을 비롯한 다른 사람들이 교수대 앞을 걸어가며 사형 장면을 지켜보도록 한 것이다. 위젤은 그 장면을 이렇게 묘사한다.

대열이 희생자들 앞을 지났다. 두 사람은 이제 숨이 끊어진 상태였다. 부어오른 시퍼런 혀가 입 밖으로 나와 있었다. 하지만 세 번째 밧줄은 여전히 흔들리고 있었다. 어린아이가 매달린 줄이었다. 너무 가벼워서 숨이 붙어 있었던 것이다. …

아이는 30분도 넘게 살아 있었다. 우리 모두가 지켜보는 가운데 아이는 삶과 죽음을 오가며 몸부림치고 있었다. 우리는 바로 코앞에서 그 아이를 보고 있어야 했다. 내가 그 앞을 지나칠 때에도 아이는 살아 있었다. 혀는 아직 붉은색이었고, 눈은 감기지 않았다.

뒤에서 누군가 이렇게 묻는 게 들렸다. "오 제발, 하나님은 어디 있는 거죠?"

그리고 내 안의 어떤 목소리가 답했다.

"하나님이 어디 있냐고? 여기가 하나님이 있는 곳이야. 사람들이 교수대에 매달려 있는 바로 여기에…."[8]

십자가에서 내 죄를 씻어 주신 예수님께 감사드린다. 그러나 내게 감동을 주시는 분은 우리가 마주치는 최악의 순간에 인간과 연대하시는 우리의 하나님이다.

위대한
이야기

고통의 순간에 연대하시는 하나님

◆

딸 매들린이 치명적인 질환을 갖고 있다는 것을 알았을 때, 우리는 버림받은 기분이었다. 유기를 경험한 것이다. 성토요일에 예수님은 사람의 모든 경험을 한참 뛰어넘는 극도의 유기를 당하신다. 그분은 인간의 죄의 문제를 해결하는 것만으로는 만족하실 수 없었다. 그분의 사랑은 인간의 모든 고통의 영역에까지 이르렀다. 예수님은 나와 아내가 느꼈던 깊은 슬픔을 느끼셨다. 아니, 그보다 더한 슬픔을 느끼셨을 것이다. 그래서 아름답고 선하고 진실하다. 앤 머피는 십자가에 대한 한스 우르스 폰 발타사르의 변증을 다음과 같은 문장으로 요약해 낸다. "성자께서 무덤 속에서 고통과 죽음, 복종을 향해 내려가실 때 하나님의 영광이 가장 온전하게 드러나기에, 십자가는 모든 아름다움을 지닌 케노시스다."[9]

성토요일의 예수님의 행위는 악과 고통을 이해할 길을 열어 준다. 하나님은 "인간의 천벌을 대신하실 계획"을 가지고 계셨기에 "인간이 자유를 남용할 것을 미리 아셨지만 용인하셨다."[10] 하나님은 인간에게 고통을 주시는 우주의 사디스트가 아니다. 그분은 사랑을 베푸시는 구원자로서, 인류의 고난에 기꺼이 참여하신다. 나는 딸의 상태를 알았을 때 하나님께 버림받았다고 느꼈다. 그러나 예수님은 훨씬 더 심하게 버림받는 경험을 하셨다. 여러 날 동안 나는 홀로 고통받는다고 느꼈다. 그러나 이제는 안다. 예수님은 언제나 나와 함께하셨다는 것을. 그분은 완전한 연대 안에서, 나와 함께, 그리고 나를 위해, 그 일을 함께 겪으셨다.

사도 바울은 매를 맞고 채찍질을 당했으며, 수차례 감옥살이도 해야 했다. 그는 감방에서 빌립보 교회에 보내는 편지를 썼는데, 이 편지에는 그때껏 쓴 어떤 글보다도 기쁨이 가득하다. 그는 빌립보서에서 유일한 소망을 이야기한다. "내가 바라는 것은, 그리스도를 알고, 그분의 부활의 능력을 깨닫고, 그분의 고난에 동참하여, 그분의 죽으심을 본받는 것입니다"(빌 3:10). 예전에 나는 이 말씀이 예수님을 닮기 위해서는 고난을 추구해야 한다는 뜻이라고 믿었다. 그러나 바울은 자신의 고난에 동참하는 것을 말하지 않는다. 그가 원하는 것은 예수님의 고난에 동참하는 것이다. 나는 바울이 예수님의 고난에 연대하기를 바랐다고 믿는다. 예수님이 우리의 고난에 연대하셨듯이.

어느 날, 성토요일을 이해하는 데 도움이 되는 사진 한 장을 발견했다. 그것은 나치의 집단 수용소 가운데에서도 가장 악명이 높았던 아우슈비츠 수용소의 한 벽면에 그려져 있는 **예수님**의 성심Sacred Heart of Jesus을 찍은 사진이었다. 예수님의 가슴 한복판에는 심장 모양이 크게 새겨져 있었고, 두 팔을 벌린 채 연민의 표정을 짓고 있었다. 최악의 고통 한가운데에서, 누군가가 벽을 파 가면서 예수님의 성심을 새겨 넣었다는 사실에 나는 완전히 압도당했다. 성토요일에 그러셨던 것같이, 예수님은 바로 **그** 자리에 서 계셨던 것이다. 성토요일은 비극으로 시작되었으나 승리로 끝났다. 예수님이 지옥을 이기셨기 때문이다.

부활절: 사랑의 세 번째 행위

예수님이 죽으신 후에 제자들은 흩어져 숨기 바빴다. 그들은 다 끝났다고, 이제 꿈도 희망도 없다고 생각했다. 그러던 어느 날 아침, 세 명의 여인이 예수님의 시체를 살피려고 무덤으로 갔다. 그리고 그곳에서 천사를 만났다. "그가 여자들에게 말하였다. '놀라지 마시오. 그대들은 십자가에 못 박히신 나사렛 사람 예수를 찾고 있지만, 그는 살아나셨소'"(막 16:6). 강력한 이 한마디의 말이 역사를 바꿨다. "그는 살아나셨소!"

지금까지의 모든 이야기, 즉 예수님이 죄의 대가와 수치를 없애셨고, 분노의 잔을 쏟아 버리셨으며, 죽음을 이기셨고, 고통의 자리에 서셨다는 사실은, 부활이 없다면 아무 의미가 없다. 바울은 이 점을 분명하게 말했다. "그리스도께서 살아나지 않으셨다면, 우리의 선포도 헛되고, 여러분의 믿음도 헛될 것입니다. … 그리스도께서 살아나지 않으셨다면, 여러분의 믿음은 헛된 것이 되고, 여러분은 아직도 죄 가운데 있을 것입니다. 그리고 그리스도 안에서 잠든 사람들도 멸망했을 것입니다"(고전 15:14, 17-18).

예수님은 부활하심으로써 그분이 이루신 모든 일, 특히 마지막 사흘 동안 이루신 일이 과연 정당했다는 것을 입증하셨다. 문제는 부활 자체가 아니라, 누가 부활했는가 하는 것이다. 나사로도 부활했지만 그는 다시 죽을 수밖에 없었다. 하나님이 죽으셨으며 죽은 자 가운데서 다시 살아나셨다는 사실은, 부활이 단순히 위대한 기적일 뿐만 아니라 세상을 바꿀 만큼 강력한 힘을 가진 사건이라는 것을 보여 준다.

◆ 화목과 구원의 사역을 예수님만의 일로 보는 것과 삼위일체가 연합하여 이루신 일로 보는 것은 어떤 차이를 만들어 내는가?

부활은 삼위일체의 사역이다. 죽음을 당하고 부활하실 때 예수님께는 아무런 힘이 없었다. 성부와 성령이 그분을 살리신 것이다. "그리스도께서 아버지의 영광으로 말미암아 죽은 사람들 가운데서 살아나신 것과 같이"(롬 6:4). 어쨌든 지금까지 이 모든 일을 이루신 분은 삼위일체 하나님이다. 이야기는 아직 조금 더 남았다.

아름답고 선하고 진실한 구조 임무
◆

예수님은 하나님을 인간과 화해하게 하신 게 아니라, 인간을 하나님과 화해하게 하셨다. "곧 하나님께서 사람들의 죄과

위대한
이야기

를 따지지 않으시고, 화해의 말씀을 우리에게 맡겨 주심으로써, 세상을 그리스도 안에서 자기와 화해하게 하신 것입니다"(고후 5:19). 이 방향을 구분하는 것은 중요하다.

예수님의 임무는 죽음으로써 아버지를 달래는 게 아니라, 자신의 죽음, 지옥 강하, 부활이 지닌 아름다움과 선함과 진실함을 통해서 인간을 자신에게로 이끄는 것(요 12:32)이었다. 이것이 바로 도스토옙스키가 "아름다움이 세상을 구원할 것입니다"[11]라고 말한 것의 의미다. 예수님은 폭력의 제국에서 가장 잔인한 방법으로 죽으셨다. 그러나 그분은 사랑의 힘으로 십자가를 구속하셨다. 브라이언 잔드는 이렇게 기록했다. "교회 장식으로 사용되는 모든 십자가는 그 자체로 한 편의 설교다. 그리스도께서 로마의 사형 도구조차 아름다운 것으로 바꾸실 수 있다면, 그리스도 안에서 만물이 아름다워질 수 있다는 소망을 선포하는 설교!"[12]

예수님은 죽은 자들에게 내려가셔서 하나님으로부터 소외된 자들을 구하셨다. 고독과 소외를 경험하던 모든 이들과 연대하기 위해 같은 일을 겪으셨다. 금요일에는 인간의 죄를 짊어지셨고, 토요일에는 그 죄를 지옥에 묻으셨으며, 일요일에는 죄와 죽음을 이기셨다. 법정 드라마라기보다는 한 편의 사랑 이야기다. 토머스 두베이는 이 구조 임무를 이렇게 묘사한다. "우리는 무한한 아름다움이신 하나님을 마주 보며 삼위 하나님 안에서 서로에게 몰두하는 영원한 황홀함을 느끼기 위해 창조되고 구원받았다."[13]

　그러나 '사흘의 죽음'을 온전히 들여다보면 그것은 구조 임무 이상의 의미를 가진다. 그 죽음을 통해 우리는 삼위일체 하나님과 관계를 맺게 되었다. 사이먼 챈의 말처럼, "기독교의 주된 이야기는 하나님이 어떻게 예수님의 모습으로 세상에 오셔서 닥쳐오는 재앙에서 죄인을 구조해 내는가 하는 것이 아니다. 오히려 하나님이 인간과 사귐을 시작하시고, 성령을 통해서 성부와 성자가, 그리고 서로 간에 진정한 대화를 나눌 수 있도록 참된 파트너로 만들어 가시는 하나님의 사역에 관한 이야기다 (요일 1:1-4)."[14] 십자가 죽음, 지옥 강하와 유기, 그리고 부활을 통해서, 예수님은 인간이 삼위일체의 삶에 참여할 수 있는 길을 여셨다.

　J. R. 브릭스는 "무덤이 비어 있으므로, 압박도 없다"라는 말을 자주 한다. 이제 인간은 율법에서 자유로워졌다. 영원히 용서받았다. 고난을 겪을 테지만, 이제 고난에도 의미가 있다. 옛 것은 지나갔고, 새것이 왔다. 그러나 그냥 앉아서 하나님의 일을 감상하는 게 아니다. N. T. 라이트의 말처럼, "예수님의 부활로 하나님의 새 프로젝트가 시작되었다. 그것은 이 땅의 사람들을 다 천국으로 보내 버리는 것이 아니라, 이 땅을 천국의 삶으로 뒤덮는 것이다. 결국 그것이 주기도문의 내용이다."[15] 우리는 그 프로젝트를 함께하도록 초대받았다. 우리는 지금도 펼쳐지고 있는 그 이야기에 참여하도록 초대받았다.

위대한
이야기

영혼의 훈련: 촉감

이번 주에는 아름다움의 일기를 조금 확장해서, 하나님이 어떻게 우리의 오감을 통해 아름다움으로 우리에게 손짓하시는지 살펴볼 것이다. 창의성과 열린 마음을 가지고 원하는 대로 훈련의 내용을 바꾸어도 좋다. 그러나 어떻게 해야 할지 잘 모를 경우를 위해 몇 가지 방법을 제안했다. 이번 훈련에서 중요한 부분은 아름다움을 경험하는 것에서 한 발짝 더 나아가 아름다움의 궁극적인 원천이신 하나님을 인식하는 것이다. 이번 주에는 특히 촉감에 집중해 보자.

촉감 훈련. 촉감의 아름다움을 경험하기 위해, 만지면 기분이 좋아지는 것을 찾아보라. 찰흙으로 모양을 만들거나, 나무를 깎아 무언가를 만들거나, 정원에서 흙을 고르거나, 아니면 부들부들한 벨벳 천으로 바느질을 할 수도 있다.

이런 재료를 만지기 전에 먼저 심호흡을 하고, 하나님이 여기 계시며 그분께서 이 재료가 선하다고 선포하셨다는 점을 기억하라!

선택한 재료로 작업하는 동안 그 무게와 질감이 어떠한지, 얼마나 딱딱한지, 얼마나 쉽게 변형되는지 등에 주의를 기울이

라. 예수님이 당신과 함께 앉아서 그 재료를 관찰하고 있다고 상상하라. 육신을 입은 하나님이신 예수님이 어린 시절에 이런 재료를 만지며 얼마나 즐거워하셨을지 생각해 보라.

작업이 끝나면, 하나님의 창조의 손길에 감사를 올려 드리라. 궁극적 아름다움인 그분께로 당신을 이끌어 가도록 하라.

제8장

만물을 새롭게 하다

이 세상의 어떤 경험으로도 채울 수 없는 욕망이 내 안에 있다면, 나는 다른 세상에서 살도록 만들어진 존재라고 설명하는 것이 가장 타당하다.
—C. S. 루이스

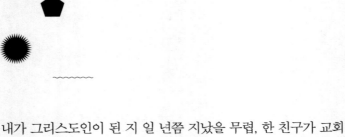

내가 그리스도인이 된 지 일 년쯤 지났을 무렵, 한 친구가 교회로 날 초대했다. 휴거에 관한 영화를 상영한다며, 믿지 않는 친구들과 함께 보러 오라는 것이었다. 〈한밤중의 도적A Thief in the Night〉이라는 영화였다. 그날 저녁 교회 입구에는 이렇게 적힌 포스터가 붙어 있었다. "그리고 숨을 곳은 없을 것이다." 체육관에 들어가서 접이식 의자에 앉으니 왠지 으스스한 기분이 들었다. 상영회를 시작하며 목사님은 이 영화가 성경 말씀에, 구체적으로는 마태복음 24장과 데살로니가전서 4장에 기초하고 있다고 이야기했다. 그리고 영화에서 세상 종말의 모습을 볼 수 있을 거라고 말했다. "즐겁게 감상하시기 바랍니다."

영화는 패티와 친구들을 중심으로 펼쳐진다. 악한 정부가 세상을 지배하며 모두의 이마에 강제로 어떤 표식을 새겨 넣으려 한다. 이 표식이 없이는 돈을 사용하지 못하기 때문에 음식과

물을 살 수 없다. 게다가 표식이 없는 사람들은 결국 사형을 당할 수도 있다. 패티는 교회에는 가끔씩만 나가지만, 스스로 기독교인이라고 생각한다. 그러나 가족들은 패티에게 예수님을 영접해야 대환란을 피할 수 있다고 경고한다. 패티는 없는 마음을 억지로 만들어 낼 수는 없었고, 어느 날 잠에서 깨자 가족을 비롯한 수백만 명의 사람들이 휴거되어 사라진 것을 알게 된다. 남겨진^{left behind} 것이다.

영화의 나머지 부분은 대환란 시기에 일어날 재앙과 고난에 관한 공포물이었다. 사람들은 단두대에서 죽어 갔고, 래리 노먼의 노래 〈우리가 다 준비되었으면 좋았을 텐데^{I Wish We'd All Been Ready}〉가 흘러나왔다. 사람들에게 겁을 주려는 의도가 뚜렷한 영화였다. 다행히도 나는 (프레드 말에 따르면, '제대로') 예수님을 영접한 상태였다. 대환란이 와도 안전했다. 영화가 끝나고, 목사님은 누구든 앞에 나오면 구원을 주겠다고 하셨다. 스무 명 정도의 사람이 앞으로 나갔다. 밀려드는 깊은 슬픔에 나는 그대로 자리에 앉아 있었다. '정말 이렇게 끝난다고?' 그 영화를 통해서 마지막 때의 모습을 그려 보게 되었고, 그렇게 형성된 이미지는 이후로도 몇 년 동안이나 유지되었다.

25년 후, 소설 《레프트 비하인드》 시리즈의 저자들은 이 영화에 빚을 졌다고 말했다. 시리즈의 제목도 노먼의 노래 후렴구에서 따온 것이다. 전 세계에서 3억 명의 사람들이 이 영화를 보았고, 《레프트 비하인드》 시리즈는 6천 5백만 부 이상 팔렸

만물을
새롭게
하다

다. 최근에 내가 가르쳤던 주일학교에서는 이러한 식의 종말론이 지배적인 내러티브를 형성하고 있었다. 《레프트 비하인드》 시리즈를 여섯 번이나 읽은 청년도 있었다. 〈한밤중의 도적〉 상영회에서 목사님은 영화가 성경에 기반을 두었다고 이야기했고, 나는 그게 사실인 줄 알았다. 정말로 그런지는 나중에 알아볼 것이다. 지금은 조금 다른 질문을 해 보자. 이러한 종말은 **아름다운가**? 이 위대한 이야기의 대단원을 장식할 만큼 **선한가**?

아름답고 선한가

◆

전통적인 기독교 전례에는 기념 환호^{Memorial Acclamation}라는 순서가 있다. 루터교, 가톨릭, 성공회, 감리교 등의 예배에서 성도들은 기념 환호 순서에 굉장히 대담한 고백을 낭독한다. "그리스도께서 죽으셨고, 그리스도께서 살아나셨으며, **그리스도께서 다시 오실 것입니다.**" 그리스도의 재림에 대한 믿음은 기독교 신앙의 핵심 교리다. 지금까지 우리가 살펴본 이야기는 모든 부분에서 아름답고 선하고 진실하다. 재림과 휴거, 만물의 회복 역시 아름답고 선하고 진실해야 한다. 아름다움이란 보았을 때 즐거운 것이다. 이러한 종말을 보면 즐거운가? 나는 이런 식의 재림과 종말의 이야기에서 즐거움을 느낄 수 없다.

《레프트 비하인드》가 전하는 종말은 "우와" "이야" 하는 감탄 대신 "헐" "맙소사"와 같은 반응을 이끌어 낸다. 그건 폭력

위대한
이야기

의 이야기다. 성도들이 환란 전에 이끌려 올라간다고 믿든, 환란이 끝나고 나서 사라진다고 믿든, 어쨌든 환란이 존재한다. 정의에 따르면, **환란**이란 고통, 심판, 근심, 슬픔이 있는 상태를 말한다. 절대 아름답지 않다. 영화가 종말의 진짜 모습과 조금이라도 가깝다면, 종말은 전혀 아름답지 않은 것이다. 장르로 따지면 호러 영화라고 할 수 있다. 지배와 통제, 처형 따위가 아름다울 리 없다.

선함을 경험하면 항상 유익을 얻는다. 《레프트 비하인드》가 전하는 종말은 선한가? 남겨진 사람들에게는 절대로 선하지 않다. 휴거되는 사람들에게는 선할지도 모르겠다. 하지만 전체적으로는 자비롭지도, 유익하지도 않다. 심판과 처벌이 벌어지는데, 이는 본질적으로 선하지 않기 때문이다. 우리로서는 다 이해할 수 없는 신비가 위대한 이야기에 있다는 사실을 인정해야 한다. 삼위일체라는 신비, 성육신이라는 신비, 그리고 예수님의 재림과 심판을 포함한 만물의 회복이라는 신비가 위대한 이야기에 존재한다. 그럼에도 불구하고 나는 이 위대한 이야기의 끝이 아름답고 선하며 진실하리라는 점을 확언할 수 있다. 이야기의 시작이 그러했듯 말이다. 달라스 윌라드는 세상의 종말이 어떤 모습일지 이야기해 달라는 요청에 이렇게 답했다. "마지막 때에 하나님이 어떤 일을 하시든지, 우리는 그것을 보고 정말 멋지다고 생각할 것입니다." 이 말에 위로와 격려를 얻는다.

진실한가

◆

《레프트 비하인드》 버전의 종말은 아름답지도, 선하지도 않으므로, 아마 진실하지도 않을 것이다. 책을 쓰고 노래를 부르고 영화를 만든 모든 이들에게는 미안하지만, 그 이야기는 성경이 전하는 종말과는 거리가 멀다. 이 이야기는 부끄러움을 주는 복음을 떠오르게 한다. 따라서 이 이야기를 '두려운 종말' 이야기라고 부르자. 부끄러움을 주는 이야기와 마찬가지로, 두려운 종말 이야기도 성경말씀 **두** 구절을 잘못 해석하면서 시작된다. 바로 데살로니가전서 4장 13-18절과 마태복음 24장 41절 말씀이다.

두 사람이 밭에 있는데 한 사람은 데려가고 다른 사람은 남겨 둘 것이다. 두 여자가 맷돌을 갈고 있는데 한 사람은 데려가고, 다른 사람은 남겨 둘 것이다(마 24:40-41, 쉬운성경).

주님께서 호령과 천사장의 소리와 하나님의 나팔 소리와 함께 친히 하늘로부터 내려오실 것이니, 그리스도 안에서 죽은 사람들이 먼저 일어나고, 그다음에 살아남아 있는 우리가 그들과 함께 구름 속으로 이끌려 올라가서, 공중에서 주님을 영접할 것입니다. 이리하여 우리가 항상 주님과 함께 있을 것입니다. 그러므로 여러분은 이런 말로 서로 위로하십시오(살전 4:16-18).

위대한
이야기

두려운 종말 이야기는 이 두 말씀이 서로 연관되어 있다고 가정한다. 마태복음에서는 예수님이 휴거에 관해 말씀하시고, 데살로니가전서에서는 바울이 휴거의 때에 일어날 일을 묘사한다는 것이다. 이런 관점에는 두 가지 문제가 있다. **휴거**라는 단어가 성경에 등장하지 않는다는 점과, 각 말씀이 맥락과 무관하게 해석되었다는 점이다.

휴거 이론부터 살펴보자. 휴거는 비교적 최근에 등장한 교리다. 영국의 아마추어 신학자인 존 넬슨 다비(1800-1882)는 1830년대에 **세대주의**를 설파하기 시작했다. 그의 가르침에 따르면, 하나님은 역사의 세대마다 인류를 시험하셨고, 인류는 늘 실패해 심판을 받았다. 여섯 번째 세대에 이르자 상황은 더 심각해진다. 그러나 그리스도께서 몰래 돌아오셔서 모든 성도를 낚아채(휴거) 천국으로 가실 것이고, 믿지 않는 사람들은 남겨져 고통받을 것이다. 위대한 설교자 D. L 무디(1837-1899)도 다비의 생각에 동의했고, 부흥 설교에서 휴거를 가르쳤다. 무디는 1887년의 설교에서 이렇게 선포했다. "난파선과 같은 이 세상을 바라봅니다. 하나님은 제게 구명정을 주시며 이렇게 말씀하셨습니다. '무디야, 구할 수 있는 만큼 사람들을 구하거라.'"[1] 20세기가 되어 이 이론은 더욱 확고해졌고, 1970년대에 이르자 많은 복음주의자와 근본주의자들에게 이는 재림에 대한 표준적인 가르침이 되었다.[2]

아무런 성경적인 근거 없이 휴거라는 새로운 교리를 내세웠

만물을
새롭게
하다

217

다는 것은 차치하더라도, 두 개의 성경 구절을 맥락과 관계없이 해석했다는 점도 문제다. 마태복음의 말씀은 분명 종말을 준비하라는 말씀이다. 그러나 데려감을 당하는 사람은 의로운 사람이 아니라 **불의한** 사람이며, 그들은 결국 심판을 받는다. 이 말씀이 위치한 단락의 첫머리에서, 예수님은 노아의 시대에 홍수를 대비하지 않았던 악인들을 언급하신다. 이건 악인들을 향한 경고이지, 성도들을 위로하시는 말씀이 아니다. 오히려 믿는 사람들이 이 땅에 **남는다**. 다비는 엉뚱한 사람들을 천국으로 보내 버린 것이다.

데살로니가전서에서 바울은 예수님의 재림 전에 이미 죽은 사람들에게 불이익이 있는가 하는 문제를 다룬다. 바울은 이 말씀을 통해 데살로니가의 기독교인들을 '격려'(18절)하고자 했다. 그의 목회적인 요점은 죽은 자들에게도 불이익이 없다는 것이다. 예수님의 재림을 나타내는 바울의 용어는 파루시아^{parousia}다. 이는 도시에 왕이 행차하는 것을 묘사하기 위해 사용되던 단어다. 당시 사람들은 왕을 맞이하기 위해 도시로 오는 길목에 사람들을 보냈다. 그렇게 왕을 맞으러 나간 사람들은 항상 왕과 함께 도시로 **돌아왔다**. 따라서 바울은 '왕을 이 세상으로 모시는 의장대'를 묘사하고 있는 것이다.[31] 예수님이 다시 오실 때, 살아 있는 자들은 하늘로 올라가 그분을 맞이한 뒤에 함께 내려올 것이다. 그런 뒤 그리스도 안에 있는 죽은 자들이 부활하여 모두가 만난다. 성대한 파티가 열린다. 바로 이 세상에서 말이다.

성경의 비밀

◆

기독교인에게 죽음 이후에 어떤 일이 일어날지 물어보면, 십중팔구 "천국에서 영원히 살지요"라고 대답할 것이다. "그럼 천국은 어디 있나요?"라고 다시 묻는다면 "아주아주 멀리 있어요"라고 말할 것이다. 굉장히 보편적인 생각이다.

분명하게 말해 두자. 신약성경의 **어떤 말씀도** 기독교인이 천국에서 영원히 살 거라고 말하지 **않는다**. 사람들의 마음속에 워낙 깊이 뿌리박혀 있는 내러티브인지라, 많은 독자가 충격을 받았을 것이다. 만화, 영화, 유머, 텔레비전 광고 등에서 그리는 천국은 하얀 솜털로 뒤덮여 있다. 보통 구름과 하프가 있고, 사람들은 할 일 없이 솜털 위를 둥둥 떠다닌다. 다시 말하지만, 이런 천국은 성경에 등장하지 않는다. 아주 멀리 있는 천국이든 둥둥 떠다니는 천국이든, 성경과 초대교회는 그런 천국을 전하지 않았다. 좋은 소식은, 실제로 성경이 **가르치는** 천국이 훨씬 더 좋다는 것이다.

성경이 말하는 종말의 상황은 이렇다. 하나님은 예수님 안에서 **새 하늘과 새 땅**을 창조하실 것이다. 이것이 성경의 비밀이다. 성경은 일관되고 분명하게 이 비밀을 밝히고 있지만, 어쨌든 여전히 많은 사람들에게는 감추어진 사실이다. 심지어 구약

만물을
새롭게
하다

에도 등장한다. 이사야서 곳곳에서 이 비밀의 내용을 찾아볼 수
있다.

> "내가 지을 새 하늘과 새 땅이
> 내 앞에 늘 있듯이,
> 너희 자손과 너희 이름이
> 늘 있을 것이다."
> 주님의 말씀이시다(사 66:22).

　이스라엘 백성들과 그리스도의 첫 제자들이 소망했던 회복
은 완전한 것이었다. 그들은 우리의 상상을 초월할 만큼 완전한
변화를 기대했다.

　예수님도 곳곳에서 새 하늘과 새 땅에 대한 이러한 이해를
시사하신다. 대표적으로 마태복음 19장 28절은 "세상이 새롭
게" 된다고 말한다. 예수님이 마침내 왕좌에 앉으실 때 세상은
새롭게 될 것이다. 사도들의 가르침도 이와 동일하다. 그들은
"만물을 회복"하시는 예수님을 선포한다. 이 구절에서 베드로
는 만물의 회복을 구약의 예언과 연결짓는다. 그는 새 하늘과
새 땅은 하나님이 약속하신 바라고 믿었다(벧후 3:13). 또한 히브
리서는 하나님이 자신의 백성을 위해 도성을 예비하실 것이라
고 전한다. 요한계시록에서는 새 하늘과 새 땅의 일부를 말하는
도성이라는 개념을 더 자세히 설명한다.

요한계시록의 진짜 가르침

　기독교인들은 세상이 어떻게 끝나는지 알기 위해 요한계시록을 펼친다. 그러나 요한계시록은 난해하다. 2세기의 독자와 미래의 독자를 모두 염두에 두고 쓰였기 때문이다. 책의 대부분은 로마의 압제 아래서 그리스도인들이 겪게 될 환란을 묘사한다. 그러한 구절이 가리키는 환란은 천년도 더 흐른 뒤의 먼 미래 일이 아니다. '짐승'이나 '짐승의 표'가 무엇을 가리키는지 추측하는 것은 현대 그리스도인에게는 의미가 없다. 이미 일어난 일이기 때문이다. 요한계시록에 등장하는 거의 모든 상징과 인물은 1세기에 일어난 일과 관련이 있다. 여러 신약학자들의 책에서 이에 관한 근거를 찾을 수 있다. (폴 스필스베리가 쓴 《왕좌, 어린 양, 그리고 용*The Throne, the Lamb & the Dragon*》과 크레이그 코스터가 쓴 《계시록과 세상의 종말*Revelation and the End of All Things*》을 추천한다.)

　요한계시록은 분명히 **미래**의 모습을 보여 준다. 그러나 첫 스무 장은 아니다. 미래에 관한 예언은 요한계시록 21-22장에 가서야 등장하며, 요한계시록 21장 1절에서 이 사실을 분명하게 알 수 있다. "나는 새 하늘과 새 땅을 보았습니다. 이전의 하늘과 이전의 땅이 사라지고, 바다도 없어졌습니다." 창세기부터 요한계시록까지 성경이 전하는 종말의 모습은 뚜렷하다. 하나님이 만물을 새롭게 하신다. 창조하신 의도대로 회복하시는 것이다.

만물을
새롭게
하다

만물의 회복은 부활로 시작되어 새 하늘과 새 땅으로 완성된다. N. T. 라이트는 이렇게 설명한다.

　　하나님은 이 시공간과 물질세계를 없애 버리지 않으실 것이다. 다만 그분은 이 세상을 새롭게 하시고 회복하시며 새로운 기쁨과 즐거움과 의미로 가득 채우시고 이 땅을 더럽힌 모든 것을 제거하실 것이다. … 새 창조는 예수님 안에서 시작되었다. 십자가와 빈 무덤에서 시작해서 하나님의 새 창조로 이어지는 여정에는 순례자의 대로가 놓여 있다.[4]

　　땅은 새롭게 되며 하늘은 깨끗해질 것이다. 하늘이 새로워진다는 것은 무슨 뜻인가? 지금 역사하는 어둠의 영이 그리스도께서 다시 오실 때 완전히 무너질 것이라는 의미다. 선하고 아름답지 않은가? 성경에 의하면, 이것은 진실한 이야기이기도 하다.

　　지금의 하늘과 땅은 새 하늘과 새 땅과 연속성을 가진다. 그렇다면 새 하늘과 새 땅은 어떤 모습인가? 우리에게는 딱 하나의 힌트가 주어졌다. 바로 예수님의 부활하신 몸이다. 부활하신 예수님이 마리아와 제자들에게 나타나셨을 때, 그분은 육신의 형태를 취하셨다. 그것은 물리적으로 존재하는 몸이었다. (마리아와 제자들은 예수님의 상처를 만질 수 있었고, 예수님은 해변에서 그들과 함께 아침을 드셨다.) 하지만 동시에 예수님의 육신은 완전히 새로운 몸이었다. 사람들은 예수님을 바로 알아보지 못했다. 또한 예수님은 벽을 뚫고 지나다니셨다. 물리적인 몸이 완전하게 변한 것이다. 이 땅도 마찬가지다. 같은 세상이지만, 완전히 변한다. 변화된 세상은 선하고 아름답고 진실할 것이다.

사이먼 챈은 그것을 이렇게 설명했다. "교회는 지금도 펼쳐지는 어떤 이야기의 일부다. 그 이야기의 끝은 이미 부활을 통해 드러났으며, 그 역사의 대단원은 … '선파국善破局'으로 끝날 것이다."[5] 파국破局은 갑작스럽게 일이 잘못되는 비극적인 결말을 말한다. 반면에 **선파국**은 '갑작스럽게 일이 잘 풀리는 **좋은 결말**'을 뜻한다.[6] 우리의 위대한 이야기는 좋은 결말을 맞이할 것이다. 처음 하나님이 세상을 창조하셨을 때부터 부활하시고 하늘에 올라가실 때까지, 그분이 들려주신 이야기는 너무나 아름답고 선하고 진실했다. 그렇기에 그 세상의 끝 또한 아름답고 선하고 진실하지 않을 수 없다. 이 종말을 보면 이렇게 외칠 것이다. "기막힌 생각인데!"

구원을 구원하다
◆

휴거나 폭신거리는 천국에 대한 이야기는 **이 세상**에는 아무 관심이 없다. 두려운 종말 이야기는 이 세상 탈출기에 지나지 않는다. 하얀 솜털로 덮인 천국의 이야기는 개인주의와 단절의 또 다른 모습이다. 그 이야기에서 중요한 건 우주의 쓰레기 속에 남겨지지 **않는** 것뿐이다. 예수님이 전하신 하나님 나라는 이런 천국의 이야기와 어떻게 달랐을까? 하나님과 함께하는 하나님 나라에서, 우리는 이 세상을 구하고 회복하고 치유할 임무를 띠고 있다. 예수님의 선한 사마리아인 이야기는 세상을 향한 시각에 관한 훌륭한 비유다. 제사장과 레위인은 다쳐서 쓰러져 있는 사람을 지나쳤다. 그러나 사마리아인은 강도당한 사람을 보았고 긍휼함을 느꼈다. 그는 자기 주머니를 털어 그 사람을 돌보아 주었다.

휴거를 기다리거나 천국행 티켓을 끊어 놓고 죽어서 그곳에 가기만을 기다리는 사람들은 마치 제사장이나 레위인과 같다. 그들은 이 세상과 여기 살고 있는 사람들을 어딘가 불결하다고 여기며, 이들과 별로 엮이고 싶어 하지 않는다. 떠날 생각만을 하고 있기 때문이다. 그러나 N. T. 라이트는 이렇게 지적한다. "살아 계신 하나님이 예수 그리스도를 통해 치유와 희망을 가지고 오셨다. 그분은 쇠하여 죽어 가던 이 세상을 일으켜 세우셨고, 상처를 싸매셔서, 다시 건강해질 수 있게 하셨다."[7] 이 위대한 이야기는, "이 땅의 만물을 향해 하나님을 대신하여 그분의 능력을 책임 있게 행사하는" 역할을 인간에게 내어 주신 하나님의 모험 이야기다.[8] 키스 키즐러는 이렇게 말한다. "기독교의 원대한 소망은 이 세상의 모든 고통에서 벗어나는 것이 아니라, **하나님이 우리를 사용하셔서 그분의 치유 프로젝트를 함께 진행해 나가실 것**이라는 데 있다. 복음을 단지 개인이 천국에 가

는 것에 관한 메시지로 축소시킬 때, 교회는 세상으로부터 숨는 피난처에 지나지 않게 될 것이다."⁹⁾

예수 안에서 죽고 부활한 이들은 부활의 백성으로서, 이제 그리스도와 함께 이 세상을 구원하는 파트너다. (버리고 떠나는 게 아니라!) 그리스도의 제자들은 하늘에서와 같이 이 땅에서 인간의 문화를 새롭게 하는 데 참여하도록 부름받았다. J. 리처드 미들턴은 이렇게 말한다. "저세상으로 가는 구원에만 모든 기대를 걸면, 자칫 사회적 악에 저항하고 이 세상의 구속과 변화를 위해 헌신할 힘을 잃어버릴 수 있다."¹⁰⁾ 부활은 만물이 좋은 결말을 보게 될 것이라는 표징이다. 그날이 오기 전까지는, 하나님 나라에 거하는 우리는 그 거룩한 힘에 감화되어 이 세상을 섬기고 사랑하고 돕고 회복시킨다. 이것은 바로 지금 우리가 살아가는 생애에 우리에게 주어진 일이다.

종말의 느낌

◆

인생은 짧고, 살면서 이룰 수 있는 것에는 한계가 있다. 대부분 자신의 일을 다 끝내지 못하고 죽는다. 지금은 말이다. 내가 세상에서 제일 좋아하는 단편소설인 《니글의 이파리 *Leaf by Niggle*》에서 저자 J. R. R. 톨킨은 다음 삶의 모습이 어떠할지 멋진 힌트를 제시한다. 구름 위를 떠다니면서 하프를 타는 모습이 아니다! 잊을 수 없는 톨킨의 이 이야기에는 열정적으로 나무를 그리는 니글이라는 사람이 등장한다. 문제는 니글의 주의가 너무 산만해서 나무 한 그루를 다 그릴 수 없다는 것이다. 그는 늘 이파리를 그리는 데 시간을 다 보낸다. 자신이 그린 이파리가 마음에 안 들어서 끝도 없이 이파리만을 그리다 보면, 나무의 나머지 부분에는 손도 대지 못하는 것이다! 어느 날, 니글은 죽었다가 다시 낯선 곳에서 깨어난다. 그곳에서 그는 '니글'이라고 쓰인 노란색 명패가 달린 자전거를 발견한다.

니글은 그 자전거를 타고 초원을 달리기 시작한다. 그러다가 앞을 바라본 니글은 무언가를 보고 깜짝 놀라 넘어진다. 그것은 바로 그 나무였다. 자신이 평생 그렸으나 완성하지 못했던 **그** 나무가 거기 있었다. 하지만 니글의 눈앞에 있던 나무는 완성된 상태였다! 게다가 그것은 그림이 아니었다. 살아 있는 진짜 나무가 바람에 살랑이고 있었다. 니글은 그 나무를 그리며 늘 전체 모습을 궁금해했다. 이제 그는 놀라운 표정으로 나무를 바라보며 천천히 팔을 들고 말한다. "이건 선물이야." 니글은 무엇을 깨달았는가? 자신이 평생을 바친 작품이 선물이었다는 것이다. 게다가 그의 삶에서 작업했던 작품이 다음 생에서 완전한 모습을 찾게 된다는 사실을 발견했다. 사도 바울도 고린도 교회에 보내는 편지에서 비슷한 말을 했다. "그러므로 나의 사랑하는 형제자매 여러분, 굳게 서서 흔들리지 말고, 주님의 일을 더욱 많이 하십시오. 여러분이 아는 대로, 여러분의 수고가 주님 안에서 헛되지 않습니다"(고전 15:58).

위대한
이야기

발타사르는 참으로 아름다운 말을 남겼다.

> 진실된 자기희생을 통해 이루어 내고 고난받은 모든 것은 '새 하늘과 새 땅'에서 결코 사라지지 않는다. … 세상의 모든 보화가 그곳에 있을 것이다. 그러나 이 세상에서보다 더 아름답고 귀한 모습으로 존재한다. 우리가 표현하고자 했으나 할 수 없었던 것이 하나님의 은혜로써 완벽하게 드러날 것이기 때문이다.[11]

니글은 이것을 경험했다. 하나님의 은혜로 말미암아 그의 작품이 온전해졌다. 그래서 "이건 선물이야"라고 말할 수밖에 없었다.

달라스 윌라드에게 이런 질문을 한 적이 있다. 매들린이 장애를 가지고 태어나 빨리 죽을 수밖에 없었던 것이 어떤 의미를 갖는지 내가 언젠가는 이해할 수 있을까 하는 것이었다. 달라스는 이렇게 말했다. "이생에서는 어렴풋이밖에 알 수 없지만, 다음 생에서는 온전히 이해하게 될 겁니다."

우리가 겪는 일뿐만이 아니라, 우리가 맺는 관계도 마찬가지다.

우리 부부는, 그중에서도 특히 아내 메건은 짧게 끝나 버린 이 작은 생명에게 온 마음을 쏟았다. 나는 만물이 회복되는 마지막 때에 매들린이 우리를 맞으러 나올 것이라고, 그렇게 우리는 (니글이 그랬듯이) 완성된 매들린의 삶을 함께 보게 될 것이라고 생각하기로 했다. 니글처럼 나도 놀라움에 사로잡혀 딸아이의 삶을, 내가 상상하고 마음에 그렸을 뿐 볼 수 없었던 그 아이의 모습을 보게 될 것이다. 그때 나는 매들린을 바라보며 넓게 뻗은 팔을 천천히 들어 올리며 말할 것이다. "이건 선물이야." 정말 아름답고 선하지 않은가?

사도 요한은 이렇게 기록했다. "다시는 밤이 없고, 등불이나 햇빛이 필요 없습니다. 그것은 주 하나님께서 그들을 비추시기 때문입니다. 그들은 영원무궁하도록 다스릴 것입니다"(요한계시록 22장 5절). 우리는 **다스릴** 것이다. 이것은 **통치**에 관한 말이다. 창세기 1장 26-28절에 등장한 바로 그 말이다. 우리는 통치하도록 만들어졌다. 우리는 잘 살고, 설계하고, 창조하고, 다스리고, 짓기 위해 창조되었다. 지금의 삶에서 사랑하는 것은 다음 삶에서도 사랑할 것이다. 나는 음악, 문학, 시, 음식, 우정, 글쓰기, 연극, 웃음 등을 사랑한다. 지금의 삶에서 하는 일은 다음 삶에서 온전하게 이루어질 것이다. 다만 지금 우리가 할 수 있는 일은, 우리가 보고 느끼는 이 삶과 이 땅과 이 세상이 더 큰 무언가를 가리키는 일종의 성례라는 것을 배우는 것이다.

지금 드리는 성례

◆

살아가는 동안 우리는 수많은 고통과 고난을 마주한다. 그러

위대한
이야기

228

나 동시에 아름다움과 선함과 진실함의 순간도 마주한다. 서로 사랑하고, 희생하고, 섬기며, 축복하는 사람들을 본다. 생각보다 많은 아름다움과 선함과 진실함이 우리를 둘러싸고 있다. 성 아우구스티누스의 말마따나 나는 우리 삶이 마치 모든 경이로움을 보기 위해 우리의 눈을 치유하는 여정과 같다고 생각한다. 나는 원수지간에 화해가 일어나고, 상처 입은 사람이 용서의 손길을 내밀고, 갈등이 있던 곳에 평화가 임하는 장면을 목격하는 것을 좋아한다. 가족과 친구들을 좋아하며, 반려견 윈스턴도 좋아한다. 윈스턴은 매일 아침저녁으로 나를 반기며 열정적으로 꼬리를 흔든다.

우리 가족은 게리와 신디 리드 부부의 가족과 가깝게 지낸다. 우리 관계는 친구라기보다는 가족이라고 할 수 있을 만큼 가깝다. 신디는 실제로 우리를 '가족'이라고 부른다. 그들에게는 세 명의 이미 다 자란 아이들이 있다. 우리는 정기적으로 모여서 멋진 식사를 나누고(게리가 대접하는 바비큐는 이 세상의 아름다운 것 중 하나다), 게임을 즐기고, 수영을 하고, 때로는 춤도 추고, 그리고 늘 깔깔 웃는다. 어느 멋진 여름날 오후에 우리는 잔디밭에서 게임을 하고 있었다. 그때 게리와 신디의 아들 네이선이 내게 오더니 물었다. "그런데요, 박사님. 다음 생은 어떤 모습일 거라고 생각하세요?"

나는 이렇게 대답했다. "글쎄다, 네이선. 성경은 사실 다음 생이 어떤 모습일지에 관해서 많은 이야기를 하지 않는단다. 그나마 있는 내용은 순금으로 된 길거리나 보석이 가득 박힌 성벽 같이 비유적인 심상을 사용하지. 그래서 정확히 알기는 어렵구나. 네이선은 어떻게 생각하니?"

네이선은 넓은 뒷마당에서 가족들과 친구들이 삶을 즐기고 서로를 기뻐하는 모습을 바라보고는, 웃음 띤 얼굴로 이렇게 말했다. "다음 생은 **이런** 모습일 거예요." 오해하지 말아야 할 것은, 다음 생의 모습이 정확히 이 순간과 같지는 않으리라는 것이다. 모든 아름다움을 받아들일 때와 마찬가지로, 이 아름다운 순간이 정말로 **궁극적인** 것이 아니라, **궁극적인 순간을 가리키는 안내자**가 되도록 해야 한다. 먼저는 즐거움으로 아름다운 순간을 경험하고, 다음에는 그 순간을 창조하신 그분께 감사하라. 스캇 맥나이트는 이런 순간을 **성례**라고 부른다. "삶의 기쁨, 즉 직장에서의 성취나 훌륭한 식사, 아름다운 노래, 만족스러운 섹스, 사랑스러운 향기 등은 성례다. 그렇다, 새 하늘과 새 땅의 성례다."[12] 인생에서 주어진 지금 이 순간은 성례다. 그것을 볼 수 있는 눈과 느낄 수 있는 마음만 있다면 말이다.

지금까지 우리는 복음을 교리, 명제, 율법, 이론 등의 집합이 아닌 한 편의 **이야기**로서 살펴보았다. 우리는 모두 위대한 이야기를 위해 만들어졌으나, 우리가 주로 듣는 복음의 이야기는 한껏 움츠러든 이야기다. 언젠가부터 잊히고 말았지만, 그 위대한 이야기는 초월적인 세 가지 요소, 즉 아름다움과 선함과 진실함의 요구에 답할 수 있다. 창조부터 재림까지, 우리 이야

위대한
이야기

기의 영웅이신 삼위일체 하나님은 최고의 이야기를 들려주셨다. 이 이야기의 각 부분은 언제나 그전보다 더욱 좋은 방향으로 펼쳐졌다.

이야기의 각 부분이 그전의 부분보다 더 좋은 방향으로 전개된다는 말을 들으면 《나니아 연대기》 마지막 권의 마지막 부분이 떠오른다. 이 부분에서 아슬란은 페번시 가문의 남매에게 이 모든 일이 어떤 의미를 갖는지 설명한다.

> 그들의 눈에 비친 그의 모습은 더 이상 사자가 아니었다. 그러나 그 후에 일어나기 시작한 일들은 너무 멋지고 아름다워서 다 기록할 수가 없다. 우리에게 이야기는 이것으로 끝난다. 다만 남길 수 있는 가장 진실한 말은, 그들이 모두 행복하게 오래오래 살았다는 것이다. 그러나 그들에게 진짜 이야기는 이제 막 시작되었을 뿐이다. 이 세상에서의 모든 순간과 나니아에서 겪은 모든 모험은 책의 표지와 제목 정도에 지나지 않았다. 이제 마침내 그들은 지구상의 어느 누구도 읽은 적이 없는 위대한 이야기의 첫째 장을 펼치고 있었다. 그 이야기는 영원히 계속될 것이며, 항상 새로운 장이 그 이전 장보다 훨씬 더 위대한 모험이 될 것이다.[13]

항상 새로운 장이 그 이전 장보다 훨씬 더 위대한 모험이 될 것이다. 이것이 영원히 끝나지 않는 위대한 이야기의 핵심이다.

만물을
새롭게
하다

이 세상에서 살아가는 동안 큰 고통을 받더라도, 분명히 더 나아질 것이라는 것을 우리는 안다. 무덤이 비어 있기 때문이다. 우리의 이야기는 희망의 이야기다. 오래전 노리치의 줄리안이 확신하며 선포했듯 말이다. "모든 것이 잘될 것이며, 모든 것이 잘될 것이고, 이 세상 모든 것이 잘될 것이다."

위대한
이야기

영혼의 훈련: 맛

이번 주에는 아름다움의 일기를 조금 확장해서, 하나님이 어떻게 우리의 오감을 통해 아름다움으로 우리에게 손짓하시는지 살펴볼 것이다. 창의성과 열린 마음을 가지고 원하는 대로 훈련의 내용을 바꾸어도 좋다. 그러나 어떻게 해야 할지 잘 모를 경우를 위해 몇 가지 방법을 제안했다. 이번 훈련에서 중요한 부분은 아름다움을 경험하는 것(궁극적인 것의 안내자)에서 한 발짝 더 나아가 아름다움의 원천(궁극적인 것)이신 하나님을 인식하는 것이다. 이번 주에는 특히 맛에 집중해 보자.

맛 훈련. 아름다움을 경험하기 위해서는 잠시 속도를 늦추고 그 순간에 집중할 필요가 있다. 패스트푸드로 가득 찬 이 사회에서 맛의 아름다움을 느끼는 것은 가장 어려운 일일지도 모른다. 이번 훈련을 위해서 좋아하는 음식을 준비하고 즐길 시간을 따로 확보하라. 음식을 준비해서 소중한 사람과 함께 나눈다면 더욱 멋진 훈련이 될 것이다.

식사를 하기 전에, 이 모든 음식을 베풀어 주시고 맛과 냄새의 적절한 조화를 통해 즐거움을 느끼게 하신 하나님께 감사의 기도를 올려 드리라. 그리고 식사를 하면서 음식에 집중하려고

만물을
새롭게
하다

노력하라. 입에 음식이 머무는 동안은 다음 수저를 뜨지 말고, 천천히 입속의 음식을 음미하라. 가능한 경우 코스 요리로 식사를 준비해 보라. 다음 접시를 기다리면서 방금 먹은 음식을 음미할 수 있도록 요리 사이에 간격을 두면 좋다. 함께 식사하는 이들과 무엇이 음식을 맛깔나게 하는지 이야기를 나눌 시간을 가지라. 단맛과 짠맛의 대비일 수도, 음식의 온도일 수도, 식감일 수도 있다. 어디서 어떻게 그러한 것을 느꼈는가?

식사를 마치며, 이 식사를 통해 경험한 모든 놀라움을 기억하며 하나님께 감사 기도를 드리라. 어떤 놀라움을 경험했는지 구체적으로 고백하고, 당신을 아끼시며 베푸시는 하나님의 손길에 감사하라.

보너스 훈련. 식사를 하기 전에 영화 〈바베트의 만찬〉을 시청하라. 이 책을 함께 읽고 있는 모임이 있다면, 구성원들과 함께 영화를 보고 그 모임 나름대로 만찬을 준비해 보라. 정말 멋진 일이 될 것이다. 많은 기독교인은 종종 우리가 지루한 (그리고 슬픈) 삶을 살기를 하나님이 바라신다는 오해를 하고 있다. 하지만 이 영화는 이런 우리의 오해와는 달리, 삶을 즐기는 것, 그중에서도 특별히 훌륭한 식사를 즐기는 일이 얼마나 멋진 일인지를 잘 보여 준다.

위대한
이야기

제9장

위대한 길을 걷다

그는 이미 주님의 길을 배워서 알고 있었고,
예수에 관한 일을 열심히 말하고 정확하게 가르쳤다.
—사도행전 18장 25절

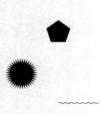

내가 기르는 반려견 윈스턴은 생후 7주 무렵에 우리 집으로 왔다. 처음 윈스턴을 만나던 날, 분양소에서는 낡은 수건을 한 장 가져오라고 했다. 그리고 수건으로 나와 아내의 몸을 문지르도록 했다. 우리는 영문도 모른 채 우선 시키는 대로 했다. 윈스턴과 30분 정도 놀고 있을 때, 사육사가 이렇게 말했다. "이 아이는 이제 겨우 7주 되었어요. 아직 자기 집에서 혼자 자 본 적도 없는 아이죠. 밤새 혼자 울지 않고 잘 수 있게 되면 집으로 데려가실 수 있어요. 밤 동안 견사에 그 수건을 넣어 둬서 냄새에 익숙해질 수 있도록 할게요. 그래야 이 아이도 편안하고, 새집에 갈 때 겪게 될 환경 변화를 잘 이겨 낼 수 있을 거예요."

이틀밖에 지나지 않았는데 분양소에서 전화가 왔다. 윈스턴이 조금도 끙끙거리지 않고 밤새 잘 잤다는 것이다. 우리는 잔뜩 들떠서 분양소로 달려갔고, 윈스턴과 함께 집에 돌아왔다.

위대한
이야기

그날 밤, 윈스턴은 우리가 새로 마련해 준 개집에서 잤고, 한 번도 울지 않았다. 그날부터 지금까지 매일 윈스턴은 자기 집에서 잠든다. 제집이 좋은 모양이다. 피곤한 날이면 스스로 집에 들어간다. 또 우리가 집을 나설 때 "윈스턴, 집으로"라고 말하면 바로 자기 집에 들어간다. 윈스턴은 안전하다고 느낄 뿐만 아니라, 우리가 그를 산책시키고, 먹이고, 귀여워하고, 놀아 줄 거라고 신뢰한다.

우린 윈스턴을 올바르게 키우기로 했다. 꾸준히 훈련을 시키고, 사람 음식은 주지 않는 등 말이다. 윈스턴은 단순히 우리 집에 사는 한 마리 개가 아니라, 우리의 반려견이다. 나는 윈스턴이 좋은 삶을 누리도록 적극적인 역할을 하기로 다짐했다. 난 윈스턴과 함께 그가 좋아하는 강아지 공원을 정기적으로 찾는다. 내가 "강아지 공원"이라고 말하면 윈스턴은 이미 문 앞으로 달려가 신나게 꼬리를 흔든다.

강아지 공원에서 나는 강아지 공원 둘레를 걷거나 달린다. 둘레가 거의 800미터에 달하니 제법 큰 공원이다. 가끔은 스무 마리나 되는 강아지들이 와서 함께 뛰어논다. 내가 공원 주위를 걷고 있으면 윈스턴은 늘 나를 주시한다. 그리고 다른 개들과 신나게 놀다가도 나와 거리가 50미터 이상 벌어지면 내게로 달려온다. 한동안 나와 함께 달리다가, 다시 다른 개를 발견하면 그쪽으로 달려간다. 그리고 또 내게 달려올 것이다. 그렇게 우리는 계속 함께 달린다.

위대한
길을
걷다

윈스턴은 **대상 항상성**object constancy을 보여 준다. 대상 항상성이라는 개념은 보통 충분한 관심과 돌봄을 받는 아이들을 묘사하는 말인데, 보호자가 당장 보이지 않더라도 안전하다고 느끼는 것을 말한다. 아이들은 대체로 만 두세 살 무렵에 이러한 능력을 습득한다. 그들의 세상에서 가장 중요한 몇 명의 사람들에 대한 신뢰가 생기면서, 부모가 시야를 벗어나더라도 없어지는 것이 아니라 다시 나타날 거라는 인식이 점차 발달하는 것이다.

윈스턴은 나와 함께할 때 안전하다고 느낀다. 내가 그를 사랑하고 아끼며, 돌보고 지켜 주리라는 것을 안다. 윈스턴의 귀에 염증이 생기면 나는 약을 사 와서 윈스턴을 붙잡고 (가만히 붙잡혀 있는 걸 그리 좋아하지는 않지만) 약을 바른 뒤 30초 동안 문지른다. 그러면 금세 낫는다. 가끔 강아지 공원에서 윈스턴을 향해 으르렁거리거나, 심지어는 달려들어 공격하는 개를 만날 때, 윈스턴은 곧바로 나를 찾는다. 강아지 공원에 갈 때마다, 위대한 이야기 안으로 들어가는 게 어떤 의미일까 생각해 보게 된다. '윈스턴을 닮고 싶다. 하나님과 함께하는 것을 사랑하고 싶다. 윈스턴이 날 신뢰하듯 하나님을 신뢰하고 싶다. 윈스턴이 나를 바라듯 하나님을 바라고 싶다. 윈스턴의 충성심, 자유로움, 장난기를 닮고 싶다. 그 순진한 신뢰가 부럽다.'

위대한
이야기

위대한 길

◆

초기 그리스도인들은 그들의 종교를 '기독교'라는 이름으로 부르지 않았다. 사실 스스로를 '그리스도인'이라고 칭하지도 않았다. 그들은 그들 자신을 '제자'라고 생각했다. 제자라는 단어는 신약 성경에 걸쳐서 269회나 나오는 데 반해, 그리스도인이라는 단어는 세 번밖에 등장하지 않으며, 그마저도 모두 제자를 묘사하기 위해 사용된다. 달라스 윌라드는 "제자란 예수님께 하나님 나라를 살아가는 법을 배우는 **견습생**"이라고 정의했다.[1] 제자에 대한 최고의 정의인 것 같다. 초대교회에서 그리스도를 따랐던 사람들은 자신이 어떤 종교에 속해 있다고 생각하지 않았다. 대신 스스로를 도^{way}를 배우는 사람들이라고 불렀다 (행 18:25, 19:9, 23).

참 적절한 단어다. 제자들이 위대한 이야기에 발을 들이자, 그 앞에 위대한 도, 위대한 여정이 시작됐다. **여정**이라는 단어도 참 마음에 든다. 어떤 모험을 떠올리게 하기 때문이다. 이 책은 새로운 방법으로, 아름다움과 선함과 진실함을 통해서 이 위대한 이야기를 전하고자 했다. 앞서 말했듯이 사람들은 누구나 멋진 이야기를 갈망한다. 움츠러들게 만들고, 공포심과 선행에 바탕을 둔 이야기는 이제 한물갔다. 사람들의 마음과 세상을 변화시키기에는 역부족이었던 것이다.

교회를 둘러보면 그 안에서 좌절하고 낙담하며 슬프고 외로운 사람들을 발견한다. 혹은 성공에 목을 매고, 예수님의 위대한 도에는 관심이 없는 듯한 교회를 본다. 제자도는 실종되었고, 자기중심성만이 남았다. 자부심만 대단하고 권능은 없다. 아름다움과 선함과 진실함을 갈망하는 게 인간의 본능이기에, 사람들은 자기 삶을 이끌어 줄 큰 내러티브에 목마르다. 위대한 이야기를 아직 듣지 못했기 때문일 것이다.

위대한 초대: 예수님의 견습생으로 사는 삶

◆

집 보수 공사를 하면서 전기공, 배관공, 석공, 가구공 등 수많은 인부를 고용한 적이 있다. 이따금 인부들이 견습생을 데리고 오는 걸 보았다. 인부들은 자기 분야에서 잔뼈가 굵은 전문가다. 반면 견습생은 이제 막 일을 시작한 사람으로, 교과서가 아닌 현장에서 일을 배운다. 가구를 짜던 웨스라는 인부는 아들들에게 일을 가르치고 있었다. 자신이 일하는 모습을 아들들에게 보여 주면서, 그가 무엇을 하고 있는 건지 설명했다. 그러고 나서는 아들들이 직접 그 작업을 해 보도록 했다. 정말 아름다운 모습이었다. 옛날에는 견습생이 일에 충분히 숙달되면 장인이 이렇게 말했다고 한다. "이제 일이 그에게 **들어갔다.**"

예수님도 딱 이렇게 우리를 가르치신다. 그분은 스승이고 우리는 견습생이다. 위대한 이야기는 자연스레 그분의 견습생이 되도록 이끈다. 다른 움츠러든 이야기와는 달리, 위대한 이야기는 우리가 그 안으로 들어가도록 한다. 그리고 마침내 그 이야기가 우리에게 **들어온다**. 정말 아름다운 일이다.

내 친구인 매트와 캐서린 부부는 오랜 시간을 위대한 이야기 안에서 살아왔다. 어떤 일을 하든지 그들에게는 그리스도를 닮은 모습이 엿보인다. 그들의 삶은 구체적인 실천을 통해 그 이야기를 따르고 있다. 개인적인 삶의 영역에서 하나님과 동행하는 건 물론이고, 지역사회에도 헌신적이다. 그들은 일부러 소득 수준이 낮은 동네에 살며 지역 주민들과 관계를 만들어 간다. 위대한 이야기가 매트와 캐서린에게 들어갔으며, 그들은 이제 이야기의 증인이 되었다. 그들은 위대한 길을 걷고 있다.

우리는 안다

◆

지난 반세기 동안 교회는 학계와 대학가에 지식을 양도해 버렸다. 이제 기독교인은 **믿음**은 있으나 진짜 지식은 없는 사람들로 전락했다. 학문과 과학만이 진짜 지식의 담지자라고 여겨진다. 그러나 절대 그렇지 않다. 교회에 있는 우리는 굉장한 지식을 갖고 있다. 가령, 우리에겐 위대한 이야기가 있다. 우리는 삼위일체에 관해 알고, 창조가 단순한 물질세계의 시작보다 큰 의미를 갖는다는 사실을 안다. (창조는 이야기꾼이신 하나님의 사랑을 드러내는 아름다운 징표다.) 인간이 본능적으로 선함을 갈망한다는 것을 알며, 그 갈망이 어디서 왔는지도 안다. 예수님이 진리를 말씀하셨다는 것과, 그분이 진리 그 자체임을 안다. 우리는 하나님이 세상을 너무도 사랑하사 세상을 구원하시려고 독생자를 주셨음을 안다. 우리는 그리스도께서 죽으셨고, 다시 사셨으며, 다시 오실 것이라는 점을 안다.

나는 목사들에게 이렇게 말한다. "교회에 간판이 있으면 '우리는 안다'라고 써 넣으세요." 우리는 정말 알기 때문이다. 사람들이 진심으로 알고자 하는 것을 우리는 알고 있다. 물론 전능하신 하나님 아버지, 천지의 창조주를 **믿는다**. 하지만 **알기** 때문에 믿는 것이다. 언제나 지식이 있어야 믿음이 뒤따른다. 무언가를 알아야 그에 따라 행동할 수 있다. 지식이란 어떤 것을 적절한 방식으로 재현하는 능력을 뜻한다. 나는 테니스를 칠 줄 안다. 사실 강사 자격증도 있다. 여러 해 동안 테니스를 쳤기 때문에, 1년 정도 테니스를 쉬더라도 라켓을 잡으면 그럭저럭 경기를 해낼 수 있을 것이다. 테니스가 내게 **들어온** 것이다. 머리로도 테니스 치는 법을 알고 있다. (가령, 점수 세는 법이나 웨스턴 그립 잡는 법을 설명할 수 있다.) 하지만 대부분은 몸이 알고 있는 것이다. 대부분의 지식은 경험을 통해서 몸이 습득한다.

믿음이란 아는 바를 따라 행동하는 것이다. 내게 예수님은 지금 앉아 있는 의자만큼이나 현실적이다. 우리가 틀렸을 때는 항상 실재에 부딪힌다는 것을 기억하라. 지금껏 나는 이 위대한 이야기를 들었고, 연구했고, 묵상했고, 고민했고, 감탄했고, 어느 정도는 살아 냈다. 이 이야기는 진짜다. 참되며, 선하고, 아름답다. 마음을 사로잡는 이야기다. 그리고 깊이 알수록 더욱 신뢰하게 된다. 나의 반려견 윈스턴처럼 나도 **대상 항상성**을 배우고 있다. 이제 어둠의 골짜기를 지날 때도 전혀 두려워하지 않는다. 선한 목자이신 하나님이 함께하신다는 것을 알기 때문이다. 빛 가운데에서 나와 함께하신 하나님이 어둠 속에서도 동행하신다는 것을 신뢰한다.

윈스턴처럼 나도 **순진한 신뢰**를 배우고 있다. 하나님이 나를 사랑하시고, 돌보시며, 지키신다고 믿는다. 강하고 흔들리지 않는 하나님 나라에서 그분과 함께 살아간다. 나는 안다. 그리고 믿는다. 믿음은 지식의 연장선상이며, 지식을 기반으로 한다. 그렇기에 우리의 믿음이 별안간 훌쩍 성장하지는 않는다. 다만 우리는 믿음을 **가지고** 도약한다. 베드로는 이렇게 말했다. "하나님과 우리 주 예수를 앎으로써, 은혜와 평화가 여러분에게 더욱 풍성하여지기를 바랍니다"(벧후 1:2).

은혜는 우리 삶 가운데 임한 하나님의 역사다. 은혜는 단순한 죄의 용서를 넘어선다. 물론 죄의 용서도 포함하기는 하지만 말이다. 믿음 안에서 내딛는 한 걸음 속에서 경험하는 것이 은혜다. 성경을 펼치고 성령께서 내게 말씀하시도록 초대할 때, 나는 믿음 안에서 그렇게 한다. 그리고 그 믿음은 지식에 기반한다. 성경에 대해 알고, 성령께서 역사하시는 방법을 알기 때문이다.

평화 또한 위대한 이야기를 아는 것에서 시작한다. 평화, 다

위대한
길을
걷다

른 말로 **샬롬**은 단순히 갈등이 없는 상황을 가리키지 않는다. 평화란 삼위 하나님이 임재하심으로써, 그분의 조화, 온전, 완전, 번영, 행복, 평안이 있는 상태다. 그래서 베드로는 그렇게 축복할 수 있었다. 우리가 위대한 이야기를 알고 살아 낼 때, 우리는 은혜와 평화를 넘치도록 경험한다. 하나님과 우리 주 예수를, 책이 아니라 현실의 삶 속에서 알아가기 때문이다. 더 잘 알게 될수록 성령의 열매와 권능 안에서 더욱 크게 자라날 것이다.

위대한 여정, 위대한 혁명

◆

코넬리우스 플랜팅가는 타락을 "샬롬에 대한 반달리즘"이라고 표현한다.[2] 우린 이 세상에, 그리고 인간의 마음속에 죄악과 깨어진 모습이 있음을 안다. 그러나 동시에 예수님이 혁명을 시작하셨다는 것도 안다. 그분은 역사상 가장 위대한 혁명가다. 달라스 윌라드는 이 사실을 다음과 같이 표현했다. "역사에 드러난 하나님의 목적은 모든 것을 포용하는 사랑의 공동체를 만드시고, 그 안에서 최고의 유지자이자 가장 영광스러운 주민으로 거하시는 것이다."[3] 달라스 윌라드는 다음과 같은 기도를 자주 했다. "당신이 기쁨과 능력이 풍성한 삶을 살기를, 당신에게 기적의 열매가 넘치기를, 당신이 살아갈 하나님의 영생에 대한 뚜렷한 비전이 변치 않기를, 나날이 당신의 일에서 영원의 의미가 드러나기를, 그리고 당신이 눈부신 삶을 살고 눈부신 죽음을 맞기를 기도합니다."

이 세상에 대한 일관된 비전이자 삶을 내걸 만한 목표이며 형제애로의 초청이고 소명을 향한 부르심이다. 위대한 이야기를 듣고 그 안에 들어갈 때 위대한 여정이 시작된다. 이 여정에서 우리는 지식의 백성, 믿음의 백성, 소망의 백성, 기쁨의 백성, 평화의 백성, 지혜의 백성, 능력의 백성이 된다. 예수님은 좋은 나무가 좋은 열매를 맺을 것이라고 말씀하셨다. 위대한 이야기를 살아가는 삶은 우리를 좋은 나무로 만든다. 혼자 애쓰지 않아도 좋은 열매를 맺을 수 있게 될 것이다. 그리고 마침내 위대한 미션을 시작할 것이다. 가장 혁명적인 혁명가 예수님을 따르는 견습생으로서, 이야기꾼이신 하나님의 부르심과 보내심을 받아 포로 된 자와 눈먼 자와 갇힌 자에게 좋은 소식을 전할 것이다.

참으로 **위대한** 일이다.

한 번도 만난 적은 없지만, 한스 우르스 발타사르에게 감사를 전하고자 한다. 발타사르는 20세기 스위스의 가톨릭 신학자로, 아름다움과 선함과 진실함의 렌즈를 통해 하나님과 복음을 이해하는 것에 관해 열여섯 권 분량의 저작을 남겼다. 나는 2011년에 발타사르를 읽기 시작했다. 발타사르의 생각은 믿음을 이해하는 새로운 길을 열어 주었고, 그의 책을 한 장씩 넘길 때마다 하나님을 향한 찬송이 흘러나왔다. 내 생각을 형성하는 데 그 정도로 영향을 준 사람은 발타사르와 달라스 윌라드뿐이다.

이 책이 세상에 나올 수 있도록 도와준 많은 사람들에게 감사를 표하고 싶다. 우선, 이 책의 편집자인 신디 번치와 출판 대리인인 캐시 헬머스에게 감사하다. 두 사람은 몇 년 전 내가 이 주제에 대해서 이야기하는 것을 듣고, 저녁을 함께하면서 "이 주제에 대해서 책을 한 권 쓰시는 건 어떤가요? 사람들에게 유

위대한
이야기

익한 내용이 될 것 같아요"라고 말했다. 그때부터 지금껏 그들이 보여 준 믿음 덕분에 이 책을 완성할 수 있었다. 멋진 두 사람이 아니었다면 절대 이 책을 낼 수 없었을 것이다.

앞의 몇 장을 미리 읽고, 내가 전달하려는 내용이 무엇이며 어떻게 하면 그것을 가장 효과적으로 전달할 수 있을지 함께 고민해 준 많은 이들에게 감사를 전한다. 먼저 위치타의 채플힐 연합감리교회에서 여러 주 동안 주일 아침에 즐겁게 모였던 초기 독자 모임에는 알린 아미스, 에어러미 포터와 타일러 포터, 밥 캐스퍼와 알로 캐스퍼, 댄 베넷과 제니 베넷, 디나 로니, 로라 펙, 조시 루턴과 질 루턴, 크레이그 로즈와 로리 로즈, 맷 브레인, 호프 스미스, 자크 모리스, 맷 존슨과 캐서린 존슨이 함께해 주었다. 그리고 이 책을 완성하는 것을 도와준 최종 독자 모임에는 밥 이퍼슨과 맬로라 이퍼슨, 트레버 힌츠와 젠 힌츠, 메건 스미스, 마크 수시와 마리타 수시, 키스 키즐러와 세라 키즐러가 함께해 주었다.

짐과 제니 나이트 부부에게도 감사를 전하고 싶다. 네브래스카 오드에 있는 그들의 집에 머물며 여드레 동안 집필할 수 있도록 해 준 덕분에 2차 초안을 완성할 수 있었다.

동료인 스탠 하스타인 박사(성서학)와 크리스 케틀러 박사(신학)에게도 특별한 감사를 전하고 싶다. 두 사람은 시간을 내어 내 책을 읽고, 내용에 성서학적·신학적 오류가 없는지 검토해 주었다. 더불어 벤 데이비스에게도 감사를 전한다. 에이스 데이

서점에서 마주쳤을 때 벤이 건넨 제안은 매우 유용했다. 그리고 서점 주인인 워런 파라에게 전하는 감사는 말할 것도 없다. 지금까지 다른 책을 집필할 때와 마찬가지로, 어떤 책을 읽어 보면 좋을지 알려 주었다.

마지막으로, 가족인 메건, 제이컵, 호프에게 감사를 전한다. 오랫동안 집을 비운 나를 기다려 주었고, 그 여정을 지지해 주었다. 특별히 메건은 이 책의 챔피언이자 솔직한 비평가이며 이 길을 함께 가는 영원한 치어리더다.

제1장: 위대한 이야기를 갈망하다

준비

제1장의 서두에서 저자는 이렇게 말한다. "우리는 이야기를 단지 즐기는 데서 그치지 않고 그 속으로 들어가도록 지음받았다. 우리는 각자의 삶과 이야기를 가지고 또 다른 이야기 안으로 들어가기를 진정으로 갈망한다." 모임에서 각자가 가장 좋아하는 이야기가 무엇인지 나누라. 괜찮다면 이야기의 어느 부분에서 자신을 발견하는지도 함께 나누어 보라. (아마 등장인물 중 한 명이나 줄거리, 혹은 배경 설정 중 하나에서 찾게 될 것이다.)

탐색

1. 저자는 이렇게 질문한다. "지금까지 하나님에 대해 어떤

이야기를 들었는가? 복음에 대해서, 기독교적인 삶에 대해서, 예수님에 대해서, 십자가에 대해서, 자신이 어떤 존재인지에 대해서, 그리고 천국에 대해서는 어떤 이야기를 들었는가?" 잠시 답변을 고민해 보라. 질문 중 몇 가지만 골라도 좋다. (예를 들어서, 기독교적인 삶에 대해서 당신은 어떤 이야기를 들었는가?) 괜찮다면 모임에서 자신의 답을 나누라.

2. 저자는 아름다움과 선함과 진실함이라는 세 가지 초월적인 덕목의 정의를 다음과 같이 소개한다.

- 아름다움이란 보았을 때 즐거운 것이다.
- 선함이란 유익을 베풀며 더 낫게 만드는 것이다.
- 진실함이란 직면했을 때 작용하는 것이다.

1. 이러한 정의는 세 가지 초월적인 것을 이해하는 데에 어떤 도움을 주는가?
2. 아름다움과 선함과 진실함에 대해서 여전히 갖게 되는 의문은 어떤 것인가? 당장 그러한 의문에 답을 얻을 수는 없겠지만, 어떤 의문이 떠오르는지 구체적인 이름을 붙이면 책을 계속 읽어 나갈 때 도움이 될 것이다.
3. 아름다움이 당신을 "길 위에 멈춰 세운" 경험을 떠올려 보라. 괜찮다면 다른 사람들과 자신의 경험을 나누라.
4. 저자는 상대주의와 포스트모더니즘이 아름다움, 선함, 진

위대한
이야기

실함과 어떤 관계가 있는지 살핀다. 상대주의를 어떤 식으로 경험해 보았는가? 좋은 경험이든 나쁜 경험이든 괜찮으니 함께 나누어 보라. 이 주제에 관한 저자의 설명은 어떤 도움을 주었는가? 여전히 남는 의문이 있다면 무엇인가?

5. 저자는 사라예보의 첼리스트인 베르단 스마일로비치의 이야기를 전하며 이렇게 말한다. "비극의 한복판에서 울려 퍼진 첼로 소리는 마치 다른 세계, 곧 아름다움과 선함과 진실함이 거하는 세계에서 들려오는 소리와도 같았다. 나는 스마일로비치가 하나님의 악기였다고 믿는다. 그를 통해서 사람들은 희망과 회복을 맛보았다." 고통과 아픔의 한가운데에서 피어나는 아름다움과 선함과 진실함을 경험한 적이 있는가? 그 경험은 어떤 영향을 미쳤는가?

집중

저자는 고린도전서 13장 4-8절 말씀을 통해서 선함의 속성이 어떠한지, 그리고 선함과 아름다움과 진실함이 어떤 관계가 있는지 논의한다. 잠시 이 말씀을 여러 차례 읽으면서 조용히 묵상해 보라.

사랑은 오래 참고, 친절합니다. 사랑은 시기하지 않으며, 뽐내지 않으며, 교만하지 않습니다. 사랑은 무례하지 않으며, 자기의 이익을 구하지 않으며, 성을 내지 않으며, 원한을 품지 않습니다. 사랑은 불의를 기뻐하지 않으며, 진리와 함께 기뻐합니다. 사랑은 모든 것을 덮어 주며, 모든 것을 믿으며, 모든 것을 바라며, 모든 것을 견딥니다.

사랑은 없어지지 않습니다.

1. 이 말씀에서 선함을 나타내는 단어는 무엇이라고 생각하는가?
2. 이 말씀은 어떻게 우리가 아름다움을 바라볼 수 있도록 도와주는가?
3. 이 말씀이 진실임을 분명하게 느낀 적이 있는가?

묵상

영혼의 훈련은 우리가 주위의 아름다움을 잘 인식할 수 있도록 돕기 위해 만들어졌다. 다음의 질문은 영혼의 훈련을 더욱 잘 누릴 수 있도록 도와줄 것이다.

1. 괜찮다면 이 훈련에 어떻게 참여하고 있는지 모임에서 함께 나누라. 일기를 썼는가? 사진 일기를 남겼는가? 혹은 다른 방법으로 참여했는가? 하루 중 언제 (아침, 점심, 혹은 아무 때나) 훈련을 했는가?
2. 일주일 동안 마주친 가장 강렬한 아름다움은 무엇이었는가?

위대한
이야기

3. 궁극으로 안내하는 것의 아름다움을 통해서 궁극이신 하나님을 볼 수 있었는가? 자신의 경험을 설명해 보라. 하나님께 어떻게 감사를 표현했는가?

마무리

함께 소리 내어 다음 글을 읽으며 모임을 마무리하라.

좋은 이야기를 들으면 아름다움과 선함과 진실함이 서로 얽혀 있다는 것을 다시금 깨닫는다. 이것을 이해한다면 하나님과 함께하는 삶의 모습에 대해 새롭고 놀라운 이해가 가능해진다. 복음의 좋은 소식을 듣는 것은 천상의 음악을 듣고 그 아름다움에 눈물을 흘리는 것과 비슷하다. 복음의 좋은 소식을 경험하는 것은 누군가 처음 보는 사람을 위해 뜻밖의 선행을 베푸는 것을 볼 때 기쁨을 느끼는 것과 비슷하다. 그중 가장 좋은 소식은, 하나님이 바로 이런 분이시라는 것이다.

제2장: 움츠러든 이야기에 속다

준비

저자는 '선한 일을 하는 복음'과 '부끄럽고 두려운 복음'이라는 두 개의 움츠러든 이야기를 들었던 자신의 경험을 소개하며

제2장을 시작한다. 판단과 정죄는 접어 두고, 이 두 가지 이야기 중 어느 쪽이 자신의 바탕을 형성했는지 함께 이야기를 나누어 보라. 당신이 듣고 자란 이러한 복음의 결점과 한계는 무엇이었는가? 그렇다면 당신이 듣고 자란 복음은 (비록 한계는 있을지언정) 당신에게 어떤 도움을 주었는가?

탐색

1. 저자가 참석했던 교회 모임에서, 목사님은 모임을 마치며 이렇게 이야기했다. "인생은 끝없는 탐색입니다. 어떤 확신에 다다르는 것은 절대 불가능합니다." 이러한 믿음은 한 사람의 신앙 여정에 어떤 영향을 미치겠는가?

2. 저자가 대학교에서 학생 선교 단체 사역을 하던 프레드와 나누었던 대화를 들었을 때 어떤 생각이 들었는가? 비슷한 대화를 나누어 본 적이 있는가? 그 대화는 어떠했는가?

3. 부끄럽게 하는 복음의 움츠러든 이야기는 이렇다. "너는 악하고 하나님은 화가 나 계시지만, 예수님이 네 대신 매를 맞으셨다. 그러니 더 열심히 노력해라. 그러면 천국에 들어갈 수 있을 것이다." 이런 복음을 들어 본 적이 있는가? 그러한 경험은 당신에게 어떤 영향을 주었는가?

4. 저자는 〈로마서의 길〉을 다루는 네 개의 성경 말씀을 하나씩 살핀다. 이 소책자에 나오는 네 개의 말씀을 이전에 본 적이 있는지 함께 이야기를 나누어 보라. 말씀의 전체적

맥락에 비추어 볼 때, 소책자의 해석 방법을 보면 어떤 생각이 드는가?

5. 저자는 제2장을 마무리하며 사회적 복음과 부끄럽게 하는 복음이 어떤 공통점(혹은 공통적인 약점)을 가지는지 설명한다. 61-62쪽의 잘못된 복음의 문제 목록에서 가장 놀라운 것은 무엇인가? 이미 알고 있었던 것은 무엇인가? 왜 그런지 설명하라.

집중

누가복음 5장 1-11절에서 제자들을 부르시는 이야기를 소리 내어 읽으라.

예수께서 게네사렛 호숫가에 서 계셨다. 그때에 무리가 예수께 밀려와 하나님의 말씀을 들었다. 예수께서 보시니, 배 두 척이 호숫가에 대어 있고, 어부들은 배에서 내려서, 그물을 씻고 있었다. 예수께서 그 배 가운데 하나인 시몬의 배에 올라서, 그에게 배를 뭍에서 조금 떼어 놓으라고 하신 다음에, 배에 앉으시어 무리를 가르치셨다. 예수께서 말씀을 그치시고, 시몬에게 말씀하셨다. "깊은 데로 나가, 그물을 내려서, 고기를 잡아라." 시몬이 대답하였다. "선생님, 우리가 밤새도록 애를 썼으나, 아무것도 잡지 못했습니다. 그러나 선생님의 말씀을 따라 그물을 내리겠습니다." 그런 다음에, 그대로 하니, 많은 고기 떼가 걸려들어서, 그물이 찢어질 지경이었다. 그래서 그들은 다른 배에 있는 동료들에게 손짓하여, 와서 자기들을 도와달라고 하였다. 그들이 와서, 고기를 두 배에 가득히 채우니, 배가 가라앉을 지경이 되었다. 시몬 베드로가 이것을 보고, 예수의 무릎 앞에 엎드려서 말하였다. "주님, 나에게서 떠나주십시오. 나는 죄인입니다." 베드로 및 그와 함께 있는 모든 사람은, 그들이 잡은 고기가 엄청나게 많은 것에 놀랐던 것이다. 또한 세베대의 아들들로서 시몬의 동료인 야고보와 요한도 놀랐다. 예수께서 시몬에게 말씀하셨다. "두려워하지 말아라. 이제부터 너는 사람을 낚을 것이다." 그들은 배를 뭍에 댄 뒤에, 모든 것을 버려두고 예수를 따라갔다.

1. 시몬 베드로는 어떤 움츠러든 복음을 따라 살고 있었다고 생각하는가?
2. 예수님이 제자들을 위대한 이야기로 부르신다는 것을 이 이야기 속에서 어떻게 알 수 있는가?
3. 만약 당신이 이야기 속에 있었다면, 어떤 인물이었겠는가? (지나가는 사람? 동료 어부? 아니면 시몬 베드로?) 왜 그 자리에 있을 것이라고 생각하는가?
4. 예수님이 낡은 그물(움츠러든 이야기)을 버려두고 하나님과 함께 모험을 떠나자고 당신을 부르신다고 느낀 적이 있는가? 당신은 어떻게 반응했는가? 그 초대는 당신을 어떻게

위대한
이야기

바꾸었는가?

묵상

이번 주 영혼의 훈련은 선함에 초점을 맞추었다.

1. 당신이 발견한 선한 행동은 무엇인가?
2. 어디서 추함(선함의 반대)을 목격했는가? 그것은 당신에게 어떤 영향을 주었는가?
3. 이 훈련을 통해서 하나님과 자기 자신, 그리고 다른 사람들에 대해서 무엇을 알게 되었는가?

마무리

함께 소리 내어 다음 문단을 읽으며 모임을 마무리하라.

두려움이 아닌 기쁨에 떨게 만드는 이야기가 필요하다. 다 파악할 수 없을 정도로 크고, 모든 악과 고통의 그림자를 감당할 수 있을 만큼 방대하며, 암과 테러리즘을 이겨 낼 수 있을 만큼 거대한 이야기가 필요하다.

우리가 계속해서 위대한 이야기를 추구하기를 바란다.

제3장: 삼위일체에 참여하다

준비

가능하다면 루블료프의 〈삼위일체〉 이콘 그림을 출력하거나 빔 프로젝터로 스크린에 띄우라. (인터넷에서 쉽게 찾을 수 있다.) 삼위일체를 표현한 이 그림에 대한 생각을 나누면서 모임을 시작하라. 먼저 그림을 자세히 관찰하고, 저자의 설명과 같이 그림의 각 부분의 의미를 생각해 보라. 이콘의 어떤 부분이 당신에게 다가오는가? 당신은 지금까지 삼위일체에 관해 어떻게 배웠는가? 삼위일체를 이해하는 방법은 주님과의 관계에 어떤 영향을 미쳤는가?

탐색

1. 창세기 1장 26절은 이렇게 전한다. "하나님이 말씀하시기를 '우리가 우리의 형상을 따라서, 우리의 모양대로 사람을 만들자.'" 이 말씀에서 **우리**라는 단어에 주목해 본 적이 있는가? 이 단어를 어떻게 설명하겠는가?

2. 저자는 두 개의 거짓 내러티브를 "삼위일체는 필요 없어"와 "예수님은 하나님의 불같은 진노에서 우리를 지켜 주는 방화복이다"로 요약한다. 신앙 여정에서 주로 접한 내러티브는 둘 중 어느 쪽인가? 그 내러티브는 당신에게 어떤 영향을 주었는가? 두 이야기 모두 아름답지도, 선하지도 않다

위대한
이야기

는 저자의 말에 동의하는가? 왜 그렇게 생각하는가?

3. 잠시 존 웨슬리의 '웨슬리 사변형'을 어떻게 이해하고 있는지 이야기를 나누라. 웨슬리 사변형에 대해 궁금한 것이 있는가? 추가하고 싶은 것이 있다면 무엇인가?

4. 저자는 삼위일체의 속성이 '케노시스'와 '페리코레시스'라고 설명한다(81-86쪽). 이 단어에 대한 설명을 다시 읽어 보라. 이러한 이미지를 통해 하나님을 다르게 이해하게 되는가? 즐겁게 춤추시는 삼위일체 하나님의 이미지를 볼 때 어떤 느낌이 드는가?

5. 저자는 삼위일체의 가르침이 우리의 신앙 여정에 경외심과 놀라움과 즐거움을 가져다줄 것이라고 말한다. 경외심과 놀라움과 즐거움에 대한 소망이 당신을 삼위일체의 위대한 이야기로 이끄는가?

집중

저자는 마태복음 3장 16-17절과 갈라디아서 4장 6절 등과 같이 삼위일체에 관해 언급하는 성경 말씀을 인용한다. 다음의 갈라디아서 4장 1-7절 말씀을 소리 내어 읽으라.

내가 또 말합니다. 유업을 이을 사람은 모든 것의 주인이지만, 어릴 때에는 종과 다름이 없고, 아버지가 정해 놓은 그때까지는 보호자와 관리인의 지배 아래에 있습니다. 이와 같이, 우리도 어릴 때에는, 세상의 유치한 교훈 아래에서 종노릇을 하였습니다. 그러나 기한이 찼을 때에, 하나님께서는 자기 아들을 보내셔서, 여자에게서 나게 하시고, 또한 율법 아래에 놓이게 하셨습니다. 그것은 율법 아래에 있는 사람들을 속량하시고, 우리로 하여금 자녀의 자격을 얻게 하시려는 것이었습니다. 그런데 여러분은 자녀이므로, 하나님께서 그 아들의 영을 우리의 마음에 보내 주셔서 우리가 하나님을 "아빠, 아버지"라고 부를 수 있게 하셨습니다. 그러므로 여러분 각 사람은 이제 종이 아니라 자녀입니다. 자녀이면, 하나님께서 세워 주신 상속자이기도 합니다.

1. 이 말씀은 삼위일체의 속성에 관해 우리에게 무엇을 가르쳐 주는가?
2. 이 말씀은 어떻게 당신을 하나님의 위대한 이야기로 이끄는가?
3. 하나님의 자녀가 된다는 것과 하나님이 세워 주신 상속자가 된다는 것은 당신에게 어떤 의미인가?
4. 삼위일체에 대해 여전히 가진 의문이 있다면 무엇인가?

묵상
이번 주의 영혼의 훈련은 진리에 초점을 맞추고 있다.

1. 세상의 진리를 관찰하며, 어떤 것을 발견할 수 있었는가?
2. 사람들이 진리 안에서 행동하고 말하는 것을 보았는가?
3. 진리가 놀라운 방법으로 드러나는 것을 실제로 목격한 적이 있는가?
4. 진리를 관찰하는 것은 하나님에 대한 당신의 이해에 어떤 영향을 미쳤는가?

보너스 훈련

1. 성호를 긋는 보너스 훈련을 해 보았는가? 만약 그렇다면, 성호를 긋는 몸짓이 갖는 의미에 집중할 수 있었는가?
2. 이 훈련은 당신에게 어떤 영향을 미쳤는가?
3. 성호를 긋는 동작을 취할 때, 주의해야 하는 이유는 무엇인가?

마무리

존 오도너휴의 다음 인용문을 읽으며 모임을 마무리하라.

삼위일체로서 신이라는 기독교의 개념은 사귐을 둘러싸고 영원히 흐르는 타자성과 친밀성에 대한 가장 탁월한 설명이다. 이런 관점은 "보아라, 나는 너희를 친구라고 부른다"라고 하신 예수님의 말씀을 통해서, 어떻게 인간의 영원한 갈망이 아름답게 채워지는지를 보여 준다. 하나님의 아들이신 예수님은

스터디
가이드

우주에서 처음으로 계신 타자다. … 그분과 사귐을 누림으로써
우리는 삼위일체의 온화한 아름다움과 사랑에 들어간다. 이 영
원한 사귐이 우리를 품을 때, 우리는 감히 자유를 얻는다.

영원한 사귐의 품을 경험하며 감히 그 자유를 살아갈 수 있
기를 바란다!

제4장: 아름다움에 잠기다

준비

저자는 아름다움을 통해 하나님의 사랑을 경험한 순간을 다
음과 같이 묘사한다.

지금 이 글을 쓰면서 네브래스카 루프강 북부의 잔잔한 물줄기
와 강물 표면에 부딪힌 햇살이 반짝거리는 모습을 바라보고 있
다. 반려견 윈스턴은 내 발치에 잠들어 있고, 이어폰에서는 작
곡가 루도비코 에이나우디의 멋진 음악이 흘러나온다. 곧 야생
칠면조들이 집 앞 나무에 찾아와서 잠을 청할 것이다. 젖을 떼
기 위해 오늘 아침 송아지들을 무리에서 떨어뜨려 놓았기 때
문인지, 강 건너편에서는 암소와 송아지 무리가 애처롭게 울고
있다. 평소에는 느끼지 못한 어떤 기운이 주위에서 약동하고

위대한
이야기

262

있다. 감격에 젖은 나는 하나님을 찬양한다. 나를 감싸는 공기가 맥동한다. 시몬 베유처럼 나도 "물질을 통해 우리에게 다가오시는 예수님의 부드러운 미소"를 보는 법을 배우고 있다.

각자 "물질을 통해 우리에게 다가오시는 예수님의 부드러운 미소"를 본 경험을 떠올려 보라. 그리고 어떠한 순간을 떠올렸는지 모임에서 나누라. 무엇을 보았는가? 그 순간에 당신은 어떤 찬양을 올려드렸는가?

탐색

1. 저자는 "아름다움은 하나님이나 기독교인의 삶과는 관련이 없다. 그리고 아름다움은 인간을 하나님에게서 멀어지게 할 수 있다"라고 말하는 거짓 내러티브에 대해 설명한다. 당신은 아름다움과 기독교인의 삶에 대해서 어떤 것을 배웠고, 어떤 것을 배우지 못했는가?

2. 아름다움이 어떻게 **궁극이신 하나님께 안내하는 역할**을 하는지 자신의 언어로 설명하라.

3. '전통이 말하는 아름다움' 부분에서, 저자는 성 아우구스티누스에서 한스 우르스 발타사르에 이르는 기독교 신학자와 사상가를 인용한다. 이 절을 읽으며 가장 마음에 남거나 도움이 되었던 인용구 혹은 설명은 무엇이었는가?

4. 발타사르를 인용한 다음의 글을 읽으라. "존재하는 모든

스터디
가이드

것, 즉 모든 나무와 새와 별과 바위와 바다는, 먼저는 거룩한 예술가의 마음속에 하나의 꿈으로 존재했다. 실로 이 세상은 그 거룩한 상상이 거울로 비친 모습이며, 이 세상의 깊이를 해석하는 것은 하나님의 마음을 깊이 깨닫는 것과도 같다." 무엇이 느껴지는가?

5. 저자는 '우틸'은 '유용한' '유익한' '도움이 되는'이라는 뜻이고, '프루이'는 '즐거운' '유쾌한' '기쁜'이라는 뜻이라고 설명한다. 또한 피조 세계는 '프루이'한 동시에 '우틸'하다고 설명한다. 이처럼 유용함과 즐거움의 조화를 통해서, 인간이 단순히 생존하기만을 바라지 않으시고 이 땅을 누리며 번성하기를 원하시는 하나님의 의도를 볼 수 있다. 이러한 선포는 하나님에 대한 이해와 당신을 둘러싼 세상의 아름다움에 대한 이해를 어떻게 바꾸어 놓는가?

집중

이번 장에서 참된 내러티브는 아름다움이 하나님께로 이어진 문이라고 이야기한다. 또한 성경은 아름다움을 별로 언급하지 않지만, 대신 하나님의 **영광**(권능이 있는 선함과 아름다움과 진실함)에 대해서 말하고 있다고 지적한다. 이러한 내용을 기억하면서 다음의 시편 19편 말씀을 읽고 질문에 답하라.

하늘은 하나님의 영광을 드러내고,

위대한
이야기

창공은 그의 솜씨를 알려 준다.

낮은 낮에게 말씀을 전해 주고,

밤은 밤에게 지식을 알려 준다.

그 이야기 그 말소리,

비록 아무 소리가 들리지 않아도

그 소리 온 누리에 울려 퍼지고,

그 말씀 세상 끝까지 번져 간다(시 19:1-4).

1. 잠시 시간을 내어 자신의 언어로 시편 말씀을 다시 써 보라. 시편 기자가 피조 세계에 나타난 하나님의 선함과 아름다움과 진실함에 대해서 어떤 것을 말하고 있는지 생각하라. 괜찮다면 모임에서 당신이 다시 쓴 시편을 나누라.

2. 이 말씀은 어떻게 당신을 하나님의 위대한 이야기로 이끄는가?

3. 당신의 일상에서 이 말씀을 어떻게 기억하며 살아갈 수 있겠는가?

묵상

이번 주에는 영혼의 훈련을 통해 눈으로 아름다움을 관찰하고 하나님께 나아가는 연습을 했다.

1. 아름다움을 보기 위해 어떤 것에 시간을 썼는가?

스터디
가이드

265

2. 아름다움을 본 당신의 반응은 무엇이었는가? (감탄, 침묵, 혹은 눈물)

3. 아름다움은 당신을 어떻게 하나님께로 이끌었는가? 그것이 하나님에 대해서 가르쳐 준 것은 무엇이었는가?

마무리

함께 브라이언 잔드의 다음 인용구를 읽으며 모임을 마무리하라.

우리가 할 일은 세상을 특정한 도덕 규범에 맞추기 위해 싸우는 게 아니라, 우리를 구원하는 그리스도의 아름다움으로 세상을 끌어당기는 것이다.

기쁨과 감탄과 경이로운 마음으로 이 과업을 이루어 나가길!

제5장: 우리의 선함을 끌어안다

준비

리치 멀린스의 노래 〈예수님 날 붙잡으소서〉를 들으며 모임을 시작하라. 멀린스가 어떻게 유혹과 씨름했으며 그러한 시간을 통해 어떻게 이 곡을 쓰게 되었는지 궁금하다면,

유튜브 동영상에서 그의 이야기를 들을 수 있다. "Beaker Wouldn't Snore(Hold Me Jesus)," www.youtube.com/watch?v=6csWIQ9dfb4.

저자가 리치 멀린스와 나눈 대화에서 놀라운 점은 무엇인가? 당신이라면 멀린스의 이야기에 어떻게 반응했겠는가? 깨어진 죄인들을 통해서 놀라운 일을 이루시는 하나님을 볼 수 있게 되었는가? 그것은 기독교에 대한 당신의 이해를 어떻게 확장시키는가?

탐색

1. 널리 퍼진 부끄럽게 하는 이야기는 인간이 본성적으로 (뼛속까지) 죄인이라는 것이다. 이런 내러티브를 접한 적이 있는가? 어떤 식으로 접했는가? 이러한 이야기를 어떻게 받아들였는가?

2. 인간은 본래 선한 존재라는 것이 인간의 본성에 대한 진실이다. 저자의 말처럼 "삼위일체 하나님은 아름답고, 선하고, 진실하시다. 우리는 하나님의 형상을 따라 지음받았다. … 즉, 인간은 '본질적으로' 아름답고, 선하고, 진실하다." 이런 말을 들을 때 어떤 기분이 드는가?

3. 진실함과 선함과 아름다움이 왜곡될 때 유혹이 생겨난다는 것을 느낀 적이 있는가? 그러한 유혹은 궁극으로 안내해야 할 것을 어떻게 궁극의 자리에 가져다 놓는가?

4. 이번 장이 전하는 좋은 소식은, 우리는 숨을 필요가 없다
는 것이다. 저자는 리치 멀린스의 고백과 솔직함에서 지
혜를 발견한다. 자신을 솔직히 드러내고, 고민과 어려움을
나눌 수 있었던 사람이나 모임을 만난 적이 있는가? 자신
의 취약성을 드러내는 것은 당신을 어떻게 변화시켰는가?

집중

이번 장은 갈라디아서 4장의 말씀으로 마무리된다. 하지만
우리는 8절부터 11절까지의 말씀을 더 읽어 볼 것이다. 다음을
소리 내어 읽으라.

> 내가 또 말합니다. 유업을 이을 사람은 모든 것의 주인이지만,
> 어릴 때에는 종과 다름이 없고, 아버지가 정해 놓은 그때까지
> 는 보호자와 관리인의 지배 아래에 있습니다. 이와 같이, 우리
> 도 어릴 때에는, 세상의 유치한 교훈 아래에서 종노릇을 하였
> 습니다. 그러나 기한이 찼을 때에, 하나님께서는 자기 아들을
> 보내셔서, 여자에게서 나게 하시고, 또한 율법 아래에 놓이게
> 하셨습니다. 그것은 율법 아래에 있는 사람들을 속량하시고,
> 우리로 하여금 자녀의 자격을 얻게 하시려는 것이었습니다.
> 그런데 여러분은 자녀이므로, 하나님께서 그 아들의 영을 우
> 리의 마음에 보내 주셔서 우리가 하나님을 "아빠, 아버지"라
> 고 부를 수 있게 하셨습니다. 그러므로 여러분 각 사람은 이제

위대한
이야기

종이 아니라 자녀입니다. 자녀이면, 하나님께서 세워 주신 상속자이기도 합니다.

그런데 전에는 여러분이 하나님을 알지 못해서, 본디 하나님이 아닌 것들에게 종노릇을 하였지만, 지금은, 여러분이 하나님을 알 뿐만 아니라, 하나님께서 여러분을 알아주셨습니다. 그런데 어찌하여 그 무력하고 천하고 유치한 교훈으로 되돌아가서, 또다시 그것들에게 종노릇 하려고 합니까? 여러분이 날과 달과 계절과 해를 지키고 있으니, 내가 여러분을 위하여 수고한 것이 헛될까 염려됩니다.

1. 1-8절의 말씀에 비추어 볼 때, 하나님이 당신을 아신다는 것은 당신에게 어떤 의미인가?
2. 이 말씀에 따르면, 바울은 부끄럽게 하는 이야기에 대해 어떻게 말했겠는가? 위대한 이야기에 대해서는 어떻게 말했겠는가?
3. 당신의 삶과 당신의 이야기에 이 가르침을 어떻게 적용하겠는가?

묵상

이번 주 영혼의 훈련에서는 귀를 통해 아름다운 소리를 듣고 하나님께로 나아가는 훈련을 했다.

스터디
가이드

1. 어떤 아름다운 소리를 들었는가?

2. 아름다운 소리에 어떻게 반응했는가? 의식적으로 듣는 훈
   련을 할 때 어떤 느낌이 들었는가?

3. 하나님이 소리를 통해 당신에게 말씀하셨는가? 만약 그렇
   다면, 어떤 말씀을 하셨는가?

마무리

미셸 쿠와가 한 다음 말을 읽으며 모임을 마무리하라.

> 우리는 하나님이 아니다. 우리는 단지 하나님의 형상이며, 우
> 리가 해야 할 일은 조금씩 그 형상을 발견해서 해방시키는 것
> 이다.

우리가 하는 모든 일을 통해 하나님의 형상을 해방시키기를!

제6장: 진리를 발견하다

준비

저자는 영화 〈탤러데가 나이트〉에 나온 예수님에 대한 신학
적 대화를 소개하며 이번 장을 시작한다. 이 대화를 통해 저자
는 이렇게 말한다. "리키 바비처럼 누구나 원하는 예수님을 고

를 수 있다. 아기 예수님이든, 선생님 예수든, 구원자 예수님이든 말이다. 그러나 어떤 하나의 이미지에 예수님을 다 담을 수는 없다." 당신에게 가장 편안하게 느껴지는 예수님은 어떤 모습인가? 가장 불편하게 느껴지는 것은 어떤 점인가? 왜 그런지 이야기를 나누라.

탐색

1. C. S. 루이스의 다음 인용구를 읽으라.

기독교의 이야기는 바로 위대한 기적의 이야기다. 시공을 초월하여 영원히 스스로 존재하시는 분이 이 땅으로, 인간으로, 손수 만드신 우주에 내려오셨으며, 부활하사 만물과 함께 올라가신다고 기독교는 주장한다. 그야말로 굉장한 기적이다." C. S. 루이스는 무엇을 가리켜 '위대한 기적'이라고 표현했는가? 이러한 생각은 당신이 기독교의 이야기를 이해하는 데 어떤 영향을 미치는가?

2. 저자는 성육신을 설명하면서 이렇게 말한다. "성육신은 조건 없는 사랑의 표현이다. 그 안에서 인간과 연대하는 하나님을 경험할 수 있다." 성육신이 왜 조건 없는 사랑의 표현인지 잠시 시간을 내어 당신의 언어로 적어 보라. 그런 뒤에 모임에서 각자의 생각을 나누라.

3. 165쪽에서 저자는 이렇게 말한다. "인간이 하나님과 교제를 누리며 살 수 있도록 이 모든 것을 이루셨다. 즉, 우리는 영생을 누릴 수 있다. 그것도 바로 지금." 지금 시작하는 영생에 대해 생각이 어떻게 달라졌는가? 영생에 대한 이러한 깨달음이 당신에게 (바로 지금) 어떤 의미가 있는가?

4. 저자는 예수님과 그분의 사랑을 **깨달을 수 있다**고 지적한다. 당신이 예수님의 사랑을 **깨달은** 경험을 떠올릴 수 있는가? 원한다면 모임에서 당신의 경험을 나누라. 주님의 사랑에 대해 "우와"와 "감사합니다"를 어떻게 표현하겠는가?

집중

보이지 않는 하나님의 형상:

그 아들은 보이지 않는 하나님의 형상이시요, 모든 피조물보다 먼저 나신 분이십니다. 만물이 그분 안에서 창조되었습니다. 하늘에 있는 것들과 땅에 있는 것들, 보이는 것들과 보이지 않는 것들, 왕권이나 주권이나 권력이나 권세나 할 것 없이, 모든 것이 그분으로 말미암아 창조되었고, 그분을 위하여 창조되었습니다. 그분은 만물보다 먼저 계시고, 만물은 그분 안에서 존속합니다. 그분은 교회라는 몸의 머리이십니다. 그는 근원이시며, 죽은 사람들 가운데서 제일 먼저 살아나신 분이십니다. 이는 그분이 만물 가운데서 으뜸이 되시기 위함입니다(골 1:15-18).

저자는 이 말씀의 중요성을 다음과 같이 설명한다.

위대한 이야기에서 이 사실은 굉장히 중요하다. 그냥 중요한 정도가 아니라, 이야기를 송두리째 바꾸어 놓을 만큼 핵심적이다. 예수님은 단순히 훌륭한 스승 정도가 아니다. 단순한 희생양도 아니다. 그분으로 말미암아 모든 것이 존재하게 되었고, 그분 없이는 어느 것 하나 존재할 수 없다. 이제 그분의 가르침과 희생이 새로운 의미를 갖는다. 만약 예수님이 그냥 보통 사람이었다면, 혹은 특별한 힘을 가진 사람이었다면, "모든 것을 새롭게" 하실 수는 없었을 것이다. 굉장히 지혜롭거나, 치유하는 능력이 있거나, 물 위를 걸을 수는 있어도, 온 세상을 구원하실 수는 없다. 만유의 창조자이자 유지자이지 않고서는 말이다.

1. 이 말씀에서 가장 강렬하게 다가오는 단어나 구절은 무엇인가? 한동안 그 단어나 구절을 기억하기 위해 어떻게 할 수 있겠는가?
2. 그리스도를 만유의 창조자이자 유지자로 생각할 때, 기독교의 구속 이야기는 어떻게 달라지는가?
3. 오늘 하루를 돌아보라. 하루 동안 있었던 일의 면면을 묵

스터디
가이드

상하며, 당신이 경험한 모든 선함과 아름다움과 진실함의 창조자이자 유지자이신 예수님을 그려 보라. 이러한 관점은 세상을 바라보는 시각에 어떤 변화를 주는가?

묵상

이번 주의 영혼의 훈련에서는 코를 통해 아름다운 향기를 맡고 하나님께로 나아가는 훈련을 했다.

1. 특히 주목을 끌었던 아름다운 향기는 어떤 것이었는가? 그런 향기를 통해 어떤 기억이나 감정이 떠올랐는가?
2. 이러한 향기는 하나님과의 관계에 어떤 영향을 주었는가?
3. 계속해서 냄새에 주의를 기울이며 이를 통해 하나님께 나아가기 위해서 어떻게 할 수 있겠는가?

마무리

클레르보의 베르나르의 선포하는 기도를 읽으며 모임을 마무리하라.

천사들에게 비친 당신의 모습이 얼마나 아름다운지요, 하나님의 형상으로, 영원하시고, 하늘을 수놓은 샛별이 생기기 전부터 계신, '하나님의 영광의 빛나는 광채와 그분의 본질을 완벽히 재현하신' 주 예수여! 변치 않고 쇠하지 않는 영생의 빛이

위대한
이야기

여! 당신의 모습이 얼마나 아름다운지요, 내 주여! 그 모든 아름다움을 버리셨음에도, 주는 아름다우시나이다.

아멘!

제7장: 끝까지 달려가다

준비

저자는 딸의 치명적인 장애에 관한 충격적인 검사 결과를 들었던 순간을 전하며 이번 장을 시작한다. 이 이야기를 들으며 어떤 생각이 들었는가? 마음속에서 어떤 감정이 일어났는가?

탐색

1. 다음의 문장을 소리 내어 읽으라. "구원은 단지 죽은 뒤에 천국에 들어가는 것만을 뜻하지 않는다. 구원이란 인간을 파괴하는 적에게서 해방되는 것이다. 율법은 인간의 적이다. 율법은 죄를, 죄는 죽음을 낳기 때문이다. 고통과 유기 또한 인간의 적이다." 구원을 이렇게 이해하면 삶의 방식은 어떻게 달라지겠는가?
2. 저자는 십자가에서 이루신 속죄를 이해하기 위해 속전, 화목, 보속, 사랑의 호소, 대리 같은 여러 비유를 나열한다.

이중 가장 익숙하고 편하게 느껴지는 것은 무엇인가? 가장 불편한 것은 무엇인가? 왜 그런가?

3. 저자는 예수님이 성토요일의 지옥 강하를 통해 버림받는 경험을 하셨다고 설명한다. 그는 "삼위일체의 신학밖에는 하나님께 버림받는 하나님을 이해할 길이 없다. 그것이 성토요일의 진정한 의미다"라고 말한다. 이전에 당신은 성토요일을 어떻게 배웠는가? 저자의 설명을 통해 고난주간에 대한 이해와 느낌이 어떻게 바뀌었는가?

4. 예수님의 고난과 유기를 개인적인 경험과 연결 지으면서 저자는 이렇게 말한다. "하나님은 인간에게 고통을 주시는 우주의 사디스트가 아니다. 그분은 사랑을 베푸시는 구원자로서, 인류의 고난에 기꺼이 참여하신다. 나는 딸의 상태를 알았을 때 하나님께 버림받았다고 느꼈다. 그러나 예수님은 훨씬 더 심하게 버림받는 경험을 하셨다. 여러 날 동안 나는 홀로 고통받는다고 느꼈다. 그러나 이제는 안다. 예수님은 언제나 나와 함께하셨다는 것을. 그분은 완전한 연대 안에서, 나와 함께, 그리고 나를 위해, 그 일을 함께 겪으셨다." 잠시 하나님께 버림받았다고 느꼈던 경험을 떠올려 보라. 당신과 함께 연대하며 견디셨던 예수님을 그릴 수 있는가? 예수님의 연대를 통해서, 고난과 우리의 관계, 그리고 하나님과 우리의 관계는 어떻게 달라지는가?

집중

빌립보서 2장 5-11절 말씀을 소리 내어 읽으라.

　여러분 안에 이 마음을 품으십시오.
　그것은 곧 그리스도 예수의 마음이기도 합니다.

　그는 하나님의 모습을 지니셨으나,
　하나님과 동등함을
　당연하게 생각하지 않으시고,

　오히려 자기를 비워서
　종의 모습을 취하시고,
　사람과 같이 되셨습니다.

　그는 사람의 모양으로 나타나셔서,
　자기를 낮추시고,
　죽기까지 순종하셨으니,
　곧 십자가에 죽기까지 하셨습니다.

　그러므로 하나님께서는 그를 지극히 높이시고,
　모든 이름 위에 뛰어난 이름을
　그에게 주셨습니다.

스터디
가이드

그리하여 하늘과 땅 위와 땅 아래 있는 모든 것들이
예수의 이름 앞에
무릎을 꿇고,

모두가 예수 그리스도는 주님이시라고 고백하여,
하나님 아버지께 영광을 돌리게 하셨습니다.

1. 5절부터 7절의 첫 세 줄까지를 읽으라. 이 부분은 제6장에서 논의했던 성육신의 중요성과도 연결된다. 성육신의 중요성에 관해 기억나는 것을 짧게 나누라.
2. 7절 마지막 줄부터 8절까지를 소리 내어 읽으라. 이 부분에서, 저자는 "하나님은 예수님이 인간으로서 겪을 수 있는 최악의 일을 겪도록 하실 것이다. 그렇게 하심으로써 삼위일체는 우리를 적으로부터 구하실 것이다"라고 말한다. 이 여정을 통해 당신이 구원받는다는 것은 당신에게 어떤 의미인가?
3. 마지막으로, 주님이시며 만유의 창조자이자 유지자이신 예수님을 묵상하며 9-11절을 천천히 읽으라. 당신을 위해서, 그리고 온 인류를 위해서 예수님이 하신 일을 기념하고 찬양하기 위한 방법을 한 가지 생각해 보라.

위대한
이야기

묵상

1. 여러 재료를 만질 때, 당신과 함께하시는 하나님의 임재를 느낄 수 있었는가? 경험한 하나님의 임재를 설명해 보라.

2. 마가복음의 '그리스도 형상'을 묵상했던 경험을 떠올리라. 어떤 점에 주목하며 이야기 속으로 들어갔는가?

3. 이야기의 어떤 부분에서 "우와!"라고 외쳤는가?

4. 당신이 기다릴 때, 성령께서 당신을 부르셨는가? 그분께서 무엇을 알도록, 혹은 행하도록 당신을 초청했다고 느끼는가?

마무리

세비야의 이시도르의 다음 인용구를 읽으며 모임을 마무리하라.

오늘 그는 왕으로서 감옥에 오셨다. 오늘 그는 청동 문짝을 부수고 쇠못을 부러뜨리셨다. 다른 모든 이들과 같이 죽어서 지옥에 내동댕이쳐진 그는, 하나님 안에서 지옥을 황폐케 하셨다.

아멘!

제8장: 만물을 새롭게 하다

준비

J. R. R. 톨킨의 단편 《니글의 이파리》를 소개하는 부분을 다시 읽어 보며 모임을 준비하라. 저자는 니글의 이야기를 통해서 이렇게 말한다. "니글은 무엇을 깨달았는가? 자신이 평생을 바친 작품이 선물이었다는 것이다. 게다가 그의 삶에서 작업했던 작품이 다음 생에서 완전한 모습을 찾게 된다는 사실을 발견했다." 그리고 그는 아내와 함께 언젠가 딸 매들린을 다시 만나는 날, 어떤 느낌이 들지 생각하며 이번 장을 마무리한다. 모임에서, 각자가 지금까지 어떤 일에 헌신했으며 어떤 꿈을 좇았는지 나누어 보라. 언젠가 그것이 온전하게 완성된 것을 보게 된다면 어떤 기분이 들겠는가?

탐색

1. 저자는 영화 〈한밤중의 도적〉을 본 경험을 나누며 이번 장을 시작한다. 이 영화를 보았거나 《레프트 비하인드》 시리즈를 읽어 본 적이 있는가? 만약 그렇다면, 영화나 책을 보고 어떤 느낌이 들었는가? 휴거 이론의 잘못된 점에 대한 설명을 읽으며 어떤 생각이 들었는가?

2. 이야기의 끝에 대한 전망이 이 세상에서의 삶의 모습을 결정한다. 저자는 "예수 안에서 죽고 부활한 이들은 부활의

위대한
이야기

백성으로서, 이제 그리스도와 함께 이 세상을 구원하는 파트너다. (버리고 떠나는 게 아니라!) 그리스도의 제자들은 하늘에서와 같이 이 땅에서 인간의 문화를 새롭게 하는 데 참여하도록 부름받았다"라고 말한다.

3. 인생의 즐거움은 사실 그 너머에 있는 무언가를 가리키는 성례라고 생각해 본 적이 있는가? 이러한 관점은 일상을 대하는 태도를 어떻게 바꾸는가?

집중

잠시 시간을 내어 새 하늘과 새 땅의 개념을 제시하기 위해 사용된 핵심 성경 구절을 찾아보라(마 19:28; 행 3:20-21; 벧후 3:13; 계 22:1-2).

1. 이 말씀에서 제시하는 천국은 무서운 이야기나 구름 속 천국의 이야기가 묘사하는 천국과 어떻게 다른가?
2. 이 말씀들은 위대한 이야기에 어떤 의미를 더욱 더해 주는가?
3. 이 말씀을 통해서, 당신은 어떤 삶을 살도록 부름받는가?

묵상

이번 장의 영혼의 훈련은 음식의 아름다움에 집중하는 훈련이었다. 친구들과 함께 〈바베트의 만찬〉을 보며 음식을 나누었

스터디
가이드

을 수도 있다.

1. 맛을 음미하며 식사를 즐기고, 음식의 아름다움을 느끼는 과정에서 어려운 점은 무엇이었는가?
2. 이 훈련을 하며 어떤 긍정적인 효과를 보았는가?
3. 맛을 의식하며 식사를 할 때 하나님께 찬양을 드릴 수 있었는가? 만약 그렇다면, 어떤 느낌이 들었는가? 만약 그러지 못했다면, 왜 찬양을 드릴 수 없었는가?
4. 영화 〈바베트의 만찬〉을 보았다면, 영화에서 어떤 메시지를 얻었는지 나누라.

마무리

N. T. 라이트의 다음 글을 읽으며 모임을 마무리하라.

하나님은 이 시공간과 물질세계를 없애 버리지 않으실 것이다. 다만 그분은 이 세상을 새롭게 하시고 회복하시며 새로운 기쁨과 즐거움과 의미로 가득 채우시고 이 땅을 더럽힌 모든 것을 제거하실 것이다. … 새 창조는 예수님 안에서 시작되었다. 십자가와 빈 무덤에서 시작해서 하나님의 새 창조로 이어지는 여정에는 순례자의 대로가 놓여 있다.

함께 순례자의 대로를 걸어 나가길!

제9장: 위대한 길을 걷다

준비

저자는 "[예수님은] 스승이시고 우리는 견습생이다. 위대한 이야기에 귀를 기울인다면 자연스레 그분의 견습생이 될 것이다. 다른 움츠러든 이야기와는 달리, 위대한 이야기는 우리를 그 안으로 끌고 **들어간다**. 결국 그 이야기가 우리에게 들어온다"라고 말한다. 위대한 이야기 안으로 들어간 사람들, 그래서 위대한 이야기가 그 사람들 안으로 **들어왔다**고 말할 수 있을 만한 사람들을 본 적이 있는가? 그들과 그들이 따르는 예수님은 어떤 점에서 특별한가?

탐색

1. 저자는 자기가 키우는 반려견 윈스턴의 신뢰, 충성심, 자유로움, 장난기 가득한 삶을 묘사하며 이번 장을 시작한다. 이러한 모습의 삶은 위대한 이야기에 속해 있다는 것을 어떻게 알 수 있는가?

2. 이번 장을 통해 우리는 초기 그리스도인들이 자신을 그리스도인이라고 칭하지 않았다는 것을 배웠다. 대신 그들은 스스로를 '도'를 배우는 사람들이라고 설명했다. 이것은 당신에게 어떤 의미인가?

3. 당신이 경험한 기독교에는 개인을 넘어서는 큰 내러티브

가 있는가? 그것은 당신의 신앙 여정에 어떤 영향을 주었는가? 이 책은 당신이 생각하는 기독교의 위대한 이야기를 어떻게 확장시켰는가?

4. 저자는 굉장히 중요한 점을 지적한다. "언제나 지식이 있어야 믿음이 뒤따른다. 알아야 행동할 수 있다. 지식이란 무언가를 적절한 방식으로 표현하는 것을 뜻한다." 지식이 있어야 믿음이 뒤따른다는 사실에 대해 이야기를 나누라. 이것은 믿음에 대한 일반적인 생각과 어떻게 다른가? 지식에 대해서, 특별히 지식은 정신적인 것일 뿐만 아니라 경험과 몸의 영역이라는 점에 대해서 이야기를 나누라.

5. 저자는 예수님을 '혁명적인 혁명가'라고 묘사한다. 그는 예수님의 혁명적인 삶에서 네 개의 특징을 꼽는데, 그것은 (1) 세상과 역사, 현실에 대한 통일되고 일관된 비전, (2) 일과 삶과 죽음이 가리키는 뚜렷한 목표, (3) 모든 사람을 향한 보편적 형제애로의 부르심, (4) 소망이 없는 자에게 소망이 있다는 좋은 소식을 전하려는 사명감과 헌신이다. 이 네 가지 조건을 염두에 두고, 당신의 언어로 예수님의 '도'를 설명해 보라.

집중

요한복음 14장 1-7절을 두 번 읽으라.

위대한
이야기

"너희는 마음에 근심하지 말아라. 하나님을 믿고 또 나를 믿어라. 내 아버지의 집에는 있을 곳이 많다. 그렇지 않다면, 내가 너희가 있을 곳을 마련하러 간다고 너희에게 말했겠느냐? 나는 너희가 있을 곳을 마련하러 간다. 내가 가서 너희가 있을 곳을 마련하면, 다시 와서 너희를 나에게로 데려다가, 내가 있는 곳에 너희도 함께 있게 하겠다. 너희는 내가 어디로 가는지 그 길을 알고 있다." 도마가 예수께 말하였다. "주님, 우리는 주님께서 어디로 가시는지도 모르는데, 어떻게 그 길을 알겠습니까?" 예수께서 그에게 말씀하셨다. "나는 길이요, 진리요, 생명이다. 나를 거치지 않고서는, 아무도 아버지께로 갈 사람이 없다. 너희가 나를 알았더라면 내 아버지도 알았을 것이다. 이제 너희는 내 아버지를 알고 있으며, 그분을 이미 보았다."

1. 안다는 것은 단지 머리만의 일이 아니라 몸과 경험의 일이라는 것을 기억할 때, 예수님의 다음 말씀을 어떻게 설명하겠는가? "너희가 나를 알았더라면 내 아버지도 알았을 것이다."

2. 예수님의 이 말씀을 몇 분 동안 묵상하라. "나는 길이요, 진리요, 생명이다." 어떻게 하면 그 '길' 위에서 더욱 온전하게 살아갈 수 있겠는가?

3. 지금껏 배운 하나님의 위대한 이야기에 비추어 보면 이 말씀을 어떻게 새롭게 이해할 수 있는가?

묵상

이번 장에는 영혼의 훈련이 없다. 하지만 앞서 했던 다른 영혼의 훈련을 다시 떠올려 보면 좋을 것이다. 다시 해볼 만한 훈련이 있는가? 함께 훈련에 임하며 서로를 격려할 공동체가 있는가?

마무리

베드로후서 1장 2절 말씀을 읽으며 서로를 축복하라.

하나님과 우리 주 예수를 앎으로써, 은혜와 평화가 여러분에게 더욱 풍성하여지기를 바랍니다.

아멘!

제1장: 위대한 이야기를 갈망하다

1. **아름다움은 오감을 통해 느낄 수 있도록 드러난 선함이다:** 달라스 윌라드, 웨스트몬트 대학 예배 설교, 캘리포니아 샌타바버라, 2011년 9월 12일, www.youtube.com/watch?v=XzzzH9z0SRE.

2. **실재란 잘못된 길을 갈 때 앞을 가로막는 것이다:** 이 말은 달라스 윌라드가 자주 하는 말이다.

3. **그리스도의 이야기는 간단하게 말해 진실된 신화다:** C. S. Lewis, *Letters of C. S. Lewis* (San Diego: Harvest Books, 2003), 288.

4. **아름다움은 다른 두 형제와 분리되지도 않을 것이고, 두 형제에게 쫓겨나지도 않을 것이다:** Hans Urs von Balthasar, *The Glory of the Lord*, vol. 1, *Seeing the Form* (San Francisco: Ignatius Press, 2005).

5. **인간은 가슴속에 자신보다 더 큰 신비를 지닌 존재다:** Hans Urs von Balthasar, *Prayer* (San Francisco: Ignatius Press, 2012), 22-23.

6. **진실함과 선함에서 자라난 매우 분명하고 올곧은 가지가 꺾이고 부서져서…:** 알렉산드르 솔제니친, 1970년 노벨문학상, 그레고리 울프 인용, *Beauty Will Save the World* (Wilmington, DE: ISI Books, 2011).

7. **아름다움이 세상을 구원할 것입니다:** Fyodor Dostoevsky, *The Idiot* (New York: Bantam Books, 1983), 370. 《백치》(열린책들, 2009).

제2장: 움츠러든 이야기에 속다

1 **프레드가 추구하는 방식의 복음도 교회사에 간혹 등장하지만:** 프레드와 비슷한 복음을 이야기했던 첫 번째 인물은 퀸투스 셉티미우스 플로렌스 테르툴리아누스(Quintus Septimius Florens Tertullianus, AD c. 155-240)였다. 테르툴리아누스는 수많은 저작을 남긴 다작가였다. 또한 라틴어로 글을 썼던 최초의 기독교 작가로, 로마의 사법 체계에 영향을 받아 하나님의 구원 사역을 묘사할 때 법정의 이미지를 사용했다. 우리 인간은 유죄지만 예수님이 대신 처벌을 받으셔서 우리 죄가 용서받는다. 이런 테르툴리아누스의 설명은 초대교회에서 복음을 이야기하는 주요한 방식은 아니었고, 그 이전이나 이후 시대에도 마찬가지였다. 그러나 서방 기독교(라틴 교회, 가톨릭을 거쳐 개신교로 이어지는 전통)에서는 테르툴리아누스의 묘사가 속죄를 설명하는 하나의 이론으로 남게 되었다. 그의 접근은 "회개하라, 그러고 나서 믿으라"라고 할 수 있다. 이러한 복음은 중심에 하나님의 사역 대신 인간의 행위를 놓는다.

이러한 방식으로 복음을 설명했던 인물이 11세기에 다시 등장한다. 캔터베리의 안셀무스라는 신학자는 (예수님을 희생 제물로 보는) 테르툴리아누스와 동일한 은유를 사용했다. 하지만 그의 영향력은 더 컸다. 중세의 로마가톨릭 교회는 이러한 이야기가 전염병을 이해하는 좋은 방법이라고 생각했다. 하나님이 인간에게 화가 나셔서 전염병이 창궐하는 것이라고 설명했다. 구원은 이 땅에서 하늘로 옮겨졌고, 결국 교회가 유일한 구원 자판기가 되었다. 교회가 티켓(면죄부)을 판매하기 시작했을 때, 마르틴 루터가 일어나 반칙을 선언하고 개혁을 요구했다. (그 개혁의 결과 교회는 여럿으로 갈라졌다.)

정확히 말하면, 루터, 칼뱅, 존 웨슬리 모두 프레드식의 복음을 인정하지도, 부정하지도 않았다. 하지만 그들은 복음의 이야기를 **바꾸지는**

위대한
이야기

않았다.

2 **누구든지 성서나 성서의 일부분을 이해한다고 여기면서:** *On Christian Doctrine*, bk. 1, chap. 40.《기독교 교양》(CH북스, 2017).

3 **아름다움 안에 있으면 온 인격이 떨린다:** Hans Urs von Balthasar, *The Glory of the Lord*, vol. 1, *Seeing the Form* (San Francisco: Ignatius Press, 2005). 247.

제3장: 삼위일체에 참여하다

1 **초월적 세 가지를 각각 세 위격에 견주어 생각해 볼 수도 있다:** 이것은 한스 우르스 폰 발타사르가 삼위일체의 위격을 진·선·미와의 관계 속에서 설명하기 위해 사용한 방법이다. 그의 방대한 16권짜리 조직신학 저작은 이러한 패턴을 따른다.

2 **진리의 성령은 예수님의 제자들을 더욱더 멀리 인도하여:** Mark McIntosh, "Trinitarian Perspectives on Christian Spirituality," *The Blackwell Companion to Christian Spirituality*, ed. Arthur Holder (Sussex, UK: Wiley, 2011).《기독교 영성 연구》(기독교문서선교회, 2017).

3 **삼위일체 결핍 장애:** 이 표현은 리처드 로어의 책 *The Divine Dance: The Trinity and Your Transformation* (New Kensington, PA: Whitaker House, 2016)에서 빌려 왔다.

4 **기독교인은 실제 삶에서는 그냥 '일신론자'나 다름없다:** Karl Rahner, *The Trinity* (New York: Crossroad, 1999), 10-11.

5 **삼위일체라는 말은 성경에 없다:** 삼위일체라는 말은 3세기에 테르툴리아누스가 처음 사용했다.

주

6 **주교들은 신학적, 교리적으로 중요한 문제를 결정하기 위해 공의회를 소집했다:** 주교들은 예수님의 본성에 관한 잘못된 가르침에 대해 논의하기 위해 니케아 공의회에서 모였다. 그것은 예수님이 신인가 인간인가 하는 문제였다. 많은 인기를 얻었던 아리우스라는 학자는 예수님은 본래 하나님의 위격 가운데 하나가 아니었으며, 성부에 의해 창조되었고 성부보다 못한 존재라고 주장했다. 예수님이 신성한 존재이기는 하지만 하나님은 아니라는 가르침이었다. 하나님이 예수님을 창조하셨고, 세상을 구원하시기 위해 하나님의 부하인 예수님을 보내셨다는 것이다. 참 별것도 아닌 문제로 신학 논쟁을 벌인다고 생각할 수도 있지만, 사실 중요한 문제였다. 예수님과 성부 하나님이 온전히 연합된 존재가 아니라면, 수많은 문제가 생길 여지가 생긴다. 그중 하나가 부끄럽게 하는 복음이다.

7 **성부에게 있는 모든 것은 성자에게도 있으며, 성자가 가진 모든 것은 성부의 것이기도 하다:** Gregory of Nyssa, *Epistle* 38.8, T. F. Torrance, *Trinitarian Faith: The Evangelical Theology of the Ancient Catholic Faith* (New York: T&T Clark, 2000), 63쪽에서 인용.

8 **삼위일체 안에는 계급이 없다:** 달라스 윌라드는 여러 강연에서 이 말을 반복적으로 언급했다.

9 **각자의 정체성을 잃어버리지 않는 연합이 있다:** Marty Folsom, What Is Perichoresis?, Trinity in You(블로그), 2016년 12월 7일 접속, http://trinityinyou.com/welcome-to-trinity-in-you/19-2.

10 **삼위일체로서 신이라는 기독교의 개념은 사람을 둘러싸고 영원히 흐르는 타자성과 친밀성에 대한 가장 탁월한 설명이다:** John O'Donohue, *Anam Cara: A Book of Celtic Wisdom* (New York: HarperCollins, 1998), 15.

11 **우리 안에서 거룩한 삶을 잉태하는 엄마:** Simon Chan, *Spiritual*

Theology: A Systematic Study of the Christian Life (Downers Grove, IL: IVP Academic Press, 1998), 72.

12 **일본 작가 엔도 슈사쿠:** 엔도 슈사쿠의 작품 *A Life of Jesus* (New York: Paulist Press, 1978)의 역자 서문에서 이 정보를 얻었다. 《예수의 생애》(가톨릭출판사, 2003).

13 **바로 지금 인류가 마주하는 가장 큰 질병은 깊고 고통스러운 단절감이다:** Richard Rohr, *Divine Dance*, 39.

제4장: 아름다움에 잠기다

1 **물론 아름다움을 보는 것만도 대단한 혜택이지만, 우리는 그 정도에서 만족하지 않습니다:** C. S. Lewis, *The Weight of Glory* (New York: HarperCollins, 2001), 42. 《영광의 무게》(홍성사, 2019).

2 **무시무시한 건, 아름다움이 신비로우면서도 동시에 끔찍하다는 것이다:** Fyodor Dostoevsky, *The Brothers Karamazov* (New York: Everyman's Library, 1992), 104. 《카라마조프 가의 형제들》(민음사, 2012).

3 **오늘날 예술은 … 지식인들의 종교:** 톰 울프의 말, Patrick Sherry, *Spirit and Beauty* (Norwich, UK: Hymns Ancient & Modern, 2002), 20쪽에서 인용.

4 **기독교인은 대체로 창조 이야기가 나오는 성경의 처음 두 장은 그냥 넘겨버리고:** 나의 친구이자 동료인 키스 키즐러 덕분에 이러한 통찰을 얻을 수 있었다.

5 **대신 영광이라는 단어를 자주 사용한다:** 유대인의 정서로 아름다움이라는 단어를 하나님께 사용하기는 어려웠을 것이다. 아름다움은 여성적인 속성으로 여겨질 때가 많기 때문이다. 다른 언어나 문화에서도 마

찬가지다. 일례로, 포르투갈어를 사용하는 브라질에서는 나의 책 《선하고 아름다운 하나님*The Good and Beautiful God*》의 제목이 《선하고 멋진 하나님*O Maravilhoso e bom Deus*》으로 번역되었다.

6 **생명을 위해 집을 지으시는 창조주의 이야기:** 하나님과 창조에 대한 어떤 논의도 창조론과 진화에 관한 오늘날의 뜨거운 논쟁을 피해 갈 수 없을 것이다. 누가 언제 어떻게 이 세상을 (지구와 태양계와 은하계를) 존재하게 했는가 하는 문제를 놓고 많은 이들이 논쟁한다. 그런데 이상하게도 과학적 사실과 창세기 1장의 이야기가 대립 구도를 이루어 왔다. 창세기 1장은 창조주 하나님과 창조에 관한 놀랍고 번뜩이는 이야기다. 하지만 창세기 1장의 저자들은 언제, 정확히 어떤 방법으로 세상이 존재하게 되었는지 말하지 않는다. 성서학자 존 H. 월튼은 이 점을 잘 설명했다. "[창세기는] 인간의 기원에 관한 과학적인 입장과 경쟁하는 주장을 펼치지 않는다. 그렇다고 과학이 옳다는 건 아니다. 단지 과학과 경쟁하는 주장이 성경에는 없다는 뜻이다. 성경이 주장하는 바는, 무슨 일이 일어났건 간에, 하나님이 하셨다는 것이다. 하나님은 우리 인간을 존재하게 하시고 구별하신 단 한 분이다. 구체적인 과정이나 기간과는 무관하게 말이다. 성경은 하나님이 어떻게 세상을 창조하셨는지 정확히 밝히지 않는다. 따라서 인간의 기원을 성경에서 찾지 못할 수도 있다. 다만 성경은 인간 기원의 궁극에는 하나님이 계시다고 주장한다." (John H. Walton, *The Lost World of Adam and Eve* [Downers Grove, IL: IVP Academic, 2015], 77).

성경의 주장은 분명하다. 무슨 일이 어떻게 일어났든, 모두 하나님이 하신 것이다. 그것도 아주 멋지게 하셨다. 똑똑한 기독교인이면서 진화론을 거부하고 문자 그대로의 6일 창조와 젊은 지구 창조론을 믿는 친구들이 있다. 또한 똑똑한 기독교인이면서 진화론을 받아들이고 하나님이 수십억 년 전에 빅뱅을 통해 우주를 창조하셨다고 믿는 친구들도

위대한
이야기

있다. 두 관점에 대해 왈가왈부하진 않겠다. 나는 '21세기'라는 시점에, 대단찮은 별(태양)에 딸린 작은 행성에 살고 있으며, 왜 우주가 이리도 아름답고 선하며 진실한지 이해하려 애쓰고 있다. 창조론이 옳든 진화론이 옳든, 우주가 지적으로 설계되었다는 것만큼은 확언할 수 있다. 창세기 1장은 누가 어떻게 우주를 설계했는지를 이야기해 준다. 나는 그 이야기에 마음이 움직인다. "태초에 하나님이 천지를…"(창 1:1).

7 **만약 하나님이 자기 존재를 드러내려 하지 않으셨다면:** Michael Kendrick, *Your Blueprint for Life* (Nashville: Nelson, 2012), 18-19.

8 **나는 지구에게 물었다:** Augustine, *Confessions* 10.6. 《고백록》(CH북스, 2016).

9 **오직 아름다운 것만이 사랑받는다:** Augustine, *On Music* 6.13.

10 **따라서, 만물이 갈망하고 염원하며 사랑해야 할 것은 아름다움과 선함이다:** Dionysius the Areopagite, "The Devine Names," *Pseudo-Dionysius: The Complete Works*, Classics of Western Spirituality (Mahwah, NJ: Paulist Press, 1987)에 수록.

11 **내 말을 믿으라. 책보다 숲속에서 더 많은 가르침을 얻을 것이다:** Bernard of Clairvaux, *Epistola* 106, sect. 2; Edward Churton, *The Early English Church* (London: Pickering, 1873)에서 인용.

12 **내 심장아 무엇을 원하느냐:** John of the Cross, *Love Poems from God: Twelve Sacred Voices from the East and West*, ed. Daniel Ladinsky (New York: Penguin Compass, 2002), 314.

13 **피조 세계는 창조자와 피조물 사이에 흐르는 사랑의 징표다:** Simone Weil, *On Science, Necessity and the Love of God*, R. trans. R. Rees (Oxfor: Oxford University Press, 1968), 129.

14 **하나님은 우주와 자기 아들을 창조하셨는데:** Simone Weil, *Waiting on God* (New York: Routledge, 2010), 60.

15 **물질을 통해 우리에게 다가오시는 예수님의 부드러운 미소:** Simone Weil, *Waiting on God*, 120.

16 **모든 아름다움 가운데 은혜의 순간이 있다:** Hans Urs von Balthasar, *Epilogue*, 66.

17 **우리 주위에는 두 눈으로 미처 다 확인하기 어려울 만큼 아름다운 것들이 많이 존재한다:** Rich Mullins, "Here in America," *A Liturgy, a Legacy, & a Ragamuffin Band*, Reunion Records, 1993에 수록.

18 **존재하는 모든 것, 즉 모든 나무와 새와 별과 바위와 바다는:** Hans Urs von Balthasar, *Epilogue*, 109.

19 **얼룩진 것으로 인해 하나님께 영광 있을지어다:** Gerard Manley Hopkins, "Pied Beauty," 1877.

20 **발타사르는 아름다움에 감사하지 않는다면:** Hans Urs von Balthasar; Gregory Wolfe, *Beauty Will Save the World* (Wilmington, DE: ISI Books, 2011), 15쪽에서 인용.

21 **더 이상 멈춰 서서 놀라고 감탄하며 넋을 잃지 못하는 사람은 죽은 것이나 다름없다:** Albert Einstein, *Living Philosophies* (New York: Simon & Schuster, 1931).

22 **아름다움을 보는 눈을 잃어버리면:** John O'Donohue, *Beauty: The Invisible Embrace* (New York: Harper Perennial, 2005), 6.

23 **여러분의 구원에 아름다움과 진실함과 선함으로 하나님과 함께하는 삶이 없다면:** 달라스 윌라드, 캘리포니아주 샌타바버라의 웨스트몬트 대학 채플 설교에서, 2011년 9월 12일, www.youtube.com/watch?v=XzzzH9z0SRE.

24 **우리가 할 일은 세상을 특정한 도덕 규범에 맞추기 위해 싸우는 게 아니라:** Brian Zahnd, *Beauty Will Save the World* (Lake Mary, FL: Charisma House, 2012), xvii.

위대한
이야기

제5장: 우리의 선함을 끌어안다

1 '형상'과 '모양'의 구분에 관해: 많은 학자들이 '형상'과 '모양'을 구분하지 않는다는 걸 잘 알고 있다. 하지만 많은 초대 교부들은 두 개념을 구분했다. 대런 J. 토빅 박사는 이렇게 말했다. "교부들에 따르면 '형상'과 '모양'은 완전히 같은 의미는 아니다. … 인류는 존재가 시작된 그 순간부터 하나님의 형상을 부여받았으나, 인간은 점차적으로 하나님의 모양을 취할 수 있을 뿐이다. 성 요하네스 크리소스토무스는 우리는 인간으로서 힘이 닿는 데까지 하나님의 모양을 닮아 간다고 말했다(*Fathers of the Church. Homilies on Genesis* 1-17. 성 요한 크리소스토무스 저). 우리는 그분의 온유하심을, 그리고 온화하시며 선하신 그분의 성품을 닮는다. 더 나아가서, 그리스도의 모양에는 진리, 순종, 정의, 겸손, 그리고 인류에 대한 사랑이 포함된다(*The First-Created Man*, 새로운 신학자 성 시므온 저)." [대런 J. 토빅 박사의 글 "The Image and Likeness of God," *St. George Serbian Orthodox Church*(2017년 1월 31일 접속, www.stgeorgeserbian.us/darren/darren03.htm)를 보라.]

나는 이러한 구분이 매우 유용하다고 생각한다. 특히 영성 훈련에 관한 나의 작업에서는 더욱 그렇다. 우리는 하나님의 형상을 따라 지음받았다. 이건 지울 수 없는 사실이다. 그러나 우리는 그리스도의 모양을 향해 성장할 수 있고, 또한 마땅히 그래야만 한다.

2 **인간은 선을 위해 지음받았기 때문에:** Anthony J. Ciorra, *Beauty: A Path to God* (Mahwah, NJ: Paulist Press, 2013), 20.

3 **인간의 죄된 본성에 관해 자주 인용되는 말씀:** 아우구스티누스의 원죄 교리를 뒷받침하기 위해 로마서 5장도 자주 사용된다. 이 구절에서 바울은 예수님의 구원 사역을 강조한다. 그러나 많은 사람들은 이러한 바울의 전체적인 의도를 보기보다는 12절("그러므로 한 사람으로 말미암아

주

죄가 세상에 들어왔고, 또 그 죄로 말미암아 죽음이 들어온 것과 같이, 모든 사람이 죄를 지었기 때문에 죽음이 모든 사람에게 이르게 되었습니다.")에 초점을 맞추어 원죄 교리의 근거를 찾는다. 원죄 교리는 모든 인간이 죄에 대한 필연성을 선천적으로 갖고 태어난다는 것이다. 그러나 이 구절의 의미는 그게 아니다.

한 사람으로 말미암아 죄가 세상에 들어왔다? 맞는 말이다. 그 죄로 말미암아 죽음이 들어왔다? 맞는 말이다. 그 후에 바울은 이렇게 말한다. "**모든 사람이 죄를 지었기 때문에** 죽음이 모든 사람에게 이르게 되었습니다." 바울은 "아담은 죄된 본성을 갖고 있었고, 또 그 본성을 후대의 모든 사람들에게 선천적으로 물려주었습니다"라고 말하지 않는다. 사실 선천적이나 **인간의 본성 같은 이야기는 로마서 5장에 나오지도 않는다!** 제시 모렐은 이러한 사실을 분명하게 꼬집는다. "아담은 인류가 선악에 대한 눈을 뜨게 해서 지옥의 문을 열었지만, 지옥으로 가는 길은 스스로 잘못되었다는 걸 알면서도 행하는 본인의 선택이 있어야만 가능하다."(제시 모렐, "Appendix 2: Original Sin Proof Texts Explained," *Does Man Inherit a Sinful Nature?* [Lindale, TX: Biblical Truth Resources, 2013] 4.7.d에 수록). 타락 이후, 모든 사람은 태어날 때부터 선과 악을 알고 있다. 우린 무엇이 선하며 무엇이 악한지 안다. 그리고 선과 악 중에 하나를 고르는 건 우리 자신이다. 죄는 생명을 거스른다. 이게 우리가 아담으로부터 물려받은 것이다.

덧붙여서, 만약 아담이라는 한 사람의 죄가 모든 사람에게 전가되었다면, 예수님의 순종 또한 모든 사람을 의롭게 하셔야 한다. 이러한 생각은 '모든 사람이 구원을 받을 것'이라고 가르치는 만인구제설로 이어진다. 로마서 5장은 예수님이 하신 일로써 모든 사람이 의롭게 되었다고 가르치지 않는다. 우리는 개인으로서 의로움을 얻는다. 그건 예수님을 신뢰함으로써 선의 길을 택한 본인의 선택에 의한 것이다. 바울

위대한
이야기

은 여기서 영적인 죽음이 모든 사람들에게 이르게 된 이유는 '모든 사람이 죄를 지었기 때문'이라고 말하고 있다. 로마서 5장 12절을 올바르게 이해하고 나면, 비로소 그 가르침이 성경의 다른 구절과 연결되는 것을 볼 수 있을 것이다. 우리 모두가 각자 자신의 죄에 책임이 있다. 아담이 물려준 것은 죄가 아니라 (두 눈을 시퍼렇게 뜨고도) 죄를 선택하는 인간의 습성이다. 우리 모두가 불완전한 인간으로서 아담의 죄를 반복한다는 의미다.

4 **의인법:** Luke Timothy Johnson, *Reading Romans* (Macon, GA: Smyth & Helwys, 2001), 115.

5 **그러나 아우구스티누스 이전에는 그런 식의 합의가 이루어진 적이 없다:** Karl Giberson, *Saving the Original Sinner: How Christians Have Used the Bible's First Man to Oppress, Inspire, and Make Sense of the World* (Boston: Beacon Press, 2015), 29.

6 **하나님이 스스로 인간이 되셨기에, 인간은 하나님이 될 수 있다:** Athanasius, *On the Incarnation* 54.3.

7 **평범한 사람은 없다:** C. S. Lewis, *The Weight of Glory* (New York: HarperCollins, 2001), 40. 《영광의 무게》(홍성사, 2008).

8 **의심과 신뢰에 대한 마이클 폴라니의 관찰:** 마이클 폴라니; Curt Thompson, *The Soul of Shame* (Downers Grove, IL: InterVarsity Press, 2015), 101쪽에서 인용.

9 **우리는 어쩔 수 없이 믿음을 갖도록:** Curt Thompson, *Soul of Shame*, 101.

10 **금단의 열매를 먹겠다고 결정하는 것은:** Ray Anderson, *Theological Foundations for Ministry* (Edinburgh: T&T Clark, 2000), 12.

11 **공허하고, 무력하고, 의존적이며, 불확실한 존재:** Luke Timothy Johnson, *Faith's Freedom* (Minneapolis: Fortress Press, 1990), 61-62.

주

12 **우리는 하나님이 아니다. 우리는 단지 하나님의 형상이며:** 미셸 쿠와;
Ciorra, *Beauty*, 51쪽에서 인용.

제6장: 진리를 발견하다

1 **엉뚱한 데서 신학자들과 맞닥뜨리는 경우가 있다:** *Talladega Nights: The Ballad of Ricky Bobby*, directed by Adam McKay (Culver City, CA: Sony Pictures, 2006).

2 **기독교의 이야기는 바로 위대한 기적의 이야기다:** C. S. Lewis, *The Grand Miracle* (New York: Random House, 1988), 55.

3 **앤드루 피터슨은 〈사랑의 수고〉라는 노래에서:** Andrew Peterson, "Labor of Love," *Behold the Lamb of God*, Fervent Records, 2004 수록.

4 **크리스 라이스는 〈우리 세상에 오신 것을 환영합니다〉라는 노래에서:** Chris Rice, "Welcome to Our World," *Deep Enough to Dream*, Rocketown Records, 1997 수록.

5 **만물과 함께 올라가시기로:** C. S. Lewis, *Grand Miracle*, 55.

6 **천사들에게 비친 당신의 모습이 얼마나 아름다운지요, 주 예수여!:** Bernard of Clairvaux, *On the Song of Songs II*, sermon 45.

7 **예수님이 이 세상에 오셨을 때:** Norval Geldenhuys, *Commentary on the Gospel of Luke*, New International Commentary (Grand Rapids: Eerdmans, 1979), 81.

8 **예수님은 가장 혁명적인 혁명가다:** 이 구절에 대해서는 나의 친구이자 동료인 키스 키즐러에게 공을 돌린다.

9 **예수님의 강림은 인간이 하나님께로 나아가는 게 아니라, 하나님이 인**

간에게 오시는 것이다: 한스 우르스 폰 발타사르; Anthony J. Ciorra, *Beauty: A Path to God* (Mahwah, NJ: Paulist Press, 2013), 83쪽에서 인용.

10 복음의 핵심 질문은 어떻게 구원받는가 하는 것이 아니라: 스캇 맥나이트의 강의에서 저자가 필기.

11 모든 인간은 예수님의 생활 방식을 받아들일 때: Mark McIntosh, *Mystical Theology* (Oxford: Blackwell, 1998), 102.

12 예수님은 이야기의 완성을 위한 해결책이다: N. T. 라이트의 강의에서 저자가 필기.

13 누군가가 말과 행동을 통해 깊은 선입견을 드러내는 것을 보는 건 굉장히 당혹스러운 일이다: Kenneth E. Bailey, *Jesus Through Middle Eastern Eyes* (Downers Grove, IL: IVP Academic, 2008), 223. 《중동의 눈으로 본 예수》(새물결플러스, 2016).

14 엄청난 규모의 정교한 영성 훈련이 제자들의 마음속에서: 위의 책, 225.

15 오랫동안 나는 성육신의 신성한 신비에 집착했다: Brian Zahnd, *Beauty Will Save the World* (Lake Mary, FL: Charisma House, 2012), 38.

16 누군가 그리스도가 진리를 벗어나 있다는 점을 증명하거나, 아니면 정말로 진리가 그리스도를 배척한다면: Fyodor Dostoevsky, "To Mme. N. D. Fonvisin," *Letters of Fyodor Mikhailovich Dostoevsky to His Family and Friends*, trans. Ethel Colburn Mayne (1974; repr., Whitefish, MT: Kessinger, 2006), 71쪽에 수록.

제7장: 끝까지 달려가다

1 내 지은 죄 주홍빛 같더라도: Horatio G. Spafford, "It Is Well with My Soul," 1873.

주

2 **N. T. 라이트의 비유:** N. T. Wright, *Simply Good News* (New York: HarperCollins, 2015), 66-69.《이것이 복음이다》(IVP, 2017).

3 **복음을 소개하는 방식의 주요한 문제 가운데 하나는:** Dallas Willard, "The Nature of God's Kingdom: A Reign of Grace," 샌프란시스코 에서 열린 강연, 2005.

4 **인간 존재의 그 어떤 영역도, 그리스도께서 '내려가시지' 않은 곳이 없 다는 의미다:** J. 워런 스미스와 필립 클레이턴; Heather Hahn, "Did Jesus Descend into Hell or to the Dead?," United Methodist News, 2011년 4월 22일, www.umc.org/news-and-media/did-jesus-descend-into-hell-or-to-the-dead에서 인용.

5 **초대교회의 교부들도 성토요일에 일어난 예수님의 지옥 강하를 인정 했다:** 이레네오, 대교황 그레고리오, 세비야의 이시도르의 인용문은 Hans Urs von Balthasar, *Mysterium Paschale* (San Francisco: Ignatius Press, 1990), 167쪽, 175-176쪽에서 발췌.

6 **최고의 순종:** Hans Urs von Balthasar, *Mysterium Paschale*, 174.

7 **성토요일을 빼놓고는 그리스도의 죽음이 주는 많은 유익을 놓치게 될 것 이다:** John Calvin, *Institutes of the Christian Religion* 1.2.16.8.《기 독교 강요》(CH북스, 2015).

8 **대열이 희생자들 앞을 지났다:** Elie Wiesel, *Night* (New York: Hill & Wang, 2006), 64-65.《나이트》(예담, 2007).

9 **성자께서 무덤 속에서 고통과 죽음, 복종을 향해 내려가실 때 하나님의 영광이 가장 온전하게 드러나기에:** Anne Murphy, "Hans Urs von Balthasar," "Theological Trends: Contemporary Theologies of the Cross, I," *The Way* 28, no. 2 (April 1988): 150-151쪽 수록.

10 **인간이 자유를 남용할 것을 미리 아셨지만 용인하셨다:** Aidan Nichols, introduction to Balthasar, *Mysterium Paschale*, 7.

위대한
이야기

11 **아름다움이 세상을 구원할 것입니다:** Fyodor Dostoevsky, *The Idiot* (New York: Bantam Books, 1983), 370.《백치》(열린책들, 2009).

12 **교회 장식으로 사용되는 모든 십자가는 그 자체로 한 편의 설교다:** Brian Zahnd, *Beauty Will Save the World* (Lake Mary, FL: Charisma House, 2012), 60.

13 **우리는 무한한 아름다움이신 하나님을 마주 보며:** Thomas Dubay, *The Evidential Power of Beauty* (San Francisco: Ignatius Press, 1999), 275.

14 **기독교의 주된 이야기는 하나님이 어떻게 예수님의 모습으로 세상에 오셔서:** Simon Chan, *Spiritual Theology: A Systematic Study of the Christian Life* (Downers Grove, IL: IVP Academic, 1998), 78.

15 **예수님의 부활로 하나님의 새 프로젝트가 시작되었다:** N. T. Wright, *Surprised by Hope* (New York: HarperOne, 2008), 293.《마침내 드러난 하나님 나라》(IVP, 2009).

제8장: 만물을 새롭게 하다

1 **난파선과 같은 이 세상을 바라봅니다:** D. L. Moody, "That Gospel Sermon on the Blessed Hope," *New Sermons, Addresses and Prayers* (St. Louis: N. D. Thompson, 1877), 16번째 설교에서.

2 **20세기가 되어 이 이론은 더욱 확고해졌고:** 다비의 휴거 이론이 복음주의자들의 주류 내러티브가 된 역사에는 스코필드 주석 성경(Scofield Reference Bible)의 영향을 빼놓을 수 없다. 스코필드는 최초의 주석 성경이었는데, 여기엔 세대주의적인 내용이 들어 있었다. 많은 사람은 주석 성경에 적힌 내용이니 세대주의가 성경적인 근거를 가지고 있을 거라 생각했다. 1980년대에는 할 린지의 책《위대한 행성 지구의 종말*The*

Late Great Planet Earth》이 큰 영향을 미쳤다. 첨언하자면, 루터, 칼뱅, 웨슬리 모두 세대주의에 관해서는 들어 본 적도 없었을 것이다.

3 **왕을 이 세상으로 모시는 의장대:** J. Richard Middleton, *A New Heaven and a New Earth: Reclaiming Biblical Eschatology* (Grand Rapids: Baker Academic, 2014), 234.《새 하늘과 새 땅》(새물결플러스, 2015).

4 **하나님은 이 시공간과 물질세계를 없애 버리지 않으실 것이다:** N. T. Wright, "The Road to New Creation"(영국 더럼, 더럼 대성당에서 2006년 9월 3일 설교).

5 **교회는 지금도 펼쳐지는 어떤 이야기의 일부다:** Simon Chan, *Spiritual Theology: A Systematic Study of the Christian Life* (Downers Grove, IL: InterVarsity Press, 1998), 113.

6 **'선파국'은 '갑작스럽게 일이 잘 풀리는 좋은 결말'을 뜻한다:** *Oxford Living Dictionaries*, 2017년 2월 20일 접속, http://blog.oxforddictionaries.com?s=eucatastrophe.

7 **살아 계신 하나님이 예수 그리스도를 통해 치유와 희망을 가지고 오셨다:** N. T. Wright, "Road to New Creation."

8 **이 땅의 만물을 향해 하나님을 대신하여 그분의 능력을 책임 있게 행사하는:** Middleton, *New Heaven and a New Earth*, 39.《새 하늘과 새 땅》(새물결플러스, 2015).

9 **기독교의 원대한 소망은 이 세상의 모든 고통에서 벗어나는 것이 아니라:** Keas Keasler, "Honey, We've Shrunk the Gospel," *For the Kingdom*(블로그), 2017년 2월 1일 접속, www.keaskeasler.com/2010/05/honey-weve-shrunk-the-gospel.

10 **저세상으로 가는 구원에만 모든 기대를 걸면:** Middleton, *New Heaven and a New Earth*, 237.《새 하늘과 새 땅》(새물결플러스, 2015).

11 **진실된 자기희생을 통해 이루어 내고 고난받은 모든 것은:** Hans Urs

위대한
이야기

von Balthasar, *Life Out of Death* (San Francisco: Ignatius Press, 2012), 41-42.

12 **삶의 기쁨:** Scot McKnight, *The Heaven Promise* (Colorado Springs: WaterBrook, 2015), 78.

13 **그들의 눈에 비친 그의 모습은 더 이상 사자가 아니었다:** C. S. Lewis, *The Last Battle, Chronicles of Narnia* (New York: HarperCollins, 2002), 228. 나니아 연대기 중《마지막 전투》(시공주니어, 2001).

제9장: 위대한 길을 걷다

1 **제자란 예수님께 하나님 나라를 살아가는 법을 배우는 견습생:** 달라스 윌라드는 여러 강연에서 이 말을 반복했다.

2 **샬롬에 대한 반달리즘:** Cornelius Plantinga, *Not the Way It's Supposed to Be: A Breviary of Sin* (Grand Rapids: Eerdmans, 1996), title of chap. 1.《우리의 죄 하나님의 샬롬: 오늘 우리를 위한, 성경적 죄 탐구서》(복있는사람, 2017).

3 **역사에 드러난 하나님의 목적은 모든 것을 포용하는 사랑의 공동체를 만드시고:** 달라스 윌라드; Richard Foster, *Prayer: Finding the Heart's True Home* (San Francisco: HarperOne, 2002), 254쪽에서 인용.《기도》(두란노, 2011).

주

위대한 이야기

제임스 브라이언 스미스 지음
이대근 옮김

2021년 10월 11일 초판 1쇄 발행

펴낸이 김도완
등록번호 제2021-000048호
　　　　(2017년 2월 1일)
전화 02-929-1732
전자우편 viator@homoviator.co.kr

펴낸곳 비아토르
주소 서울시 종로구 삼일대로 428, 500-26호
　　　　(우편번호 03140)
팩스 02-928-4229

편집 최은하
제작 제이오

디자인 임현주
인쇄 민언프린텍

제본 정문바인텍

ISBN 979-11-91851-06-9 03230

저작권자 ⓒ 제임스 브라이언 스미스, 2021